KB056368

갈등과 화합의 재일코리안 단체의 역사

조직의 변화를 중심으로

이 저서는 2016년 대한민국 교육부와 한국학중앙연구원(한국학진흥사업단)의 한국학총서사업의 지원을 받아 수행된 연구임(AKS-2016-KSS-1230011)

재일코리안100년사 – 한민족으로서의 생활과 문화 04

갈등과 화합의 재일코리안 단체의 역사
조직의 변화를 중심으로

초판 1쇄 발행 2021년 12월 31일

지은이 | 김인덕
펴낸이 | 윤관백
펴낸곳 | 도서출판 선인

등 록 | 제5-77호(1998.11.4)
주 소 | 서울시 마포구 마포대로 4다길 4 곶마루 B/D 1층
전 화 | 02) 718-6252 / 6257
팩 스 | 02) 718-6253
E-mail | sunin72@chol.com

정가 22,000원

ISBN 979-11-6068-666-1 94900
ISBN 979-11-6068-662-3 (세트)

· 잘못된 책은 바꿔 드립니다.
· www.suninbook.com

한국학 총서 재일코리안100년사 – 한민족으로서의 생활과 문화 04

갈등과 화합의 재일코리안 단체의 역사

조직의 변화를 중심으로

김인덕 저

도서출판 선인

▌발간사 ▌

청암대학교 재일코리안연구소가 2016년 12월부터 수행한 한국학중앙연구원 한국학총서사업 '재일코리안100년사–한민족으로서의 생활과 문화'가 드디어 총 8권의 연구총서 시리즈로 결실을 맺게 되었습니다. 먼저 이 학술 프로젝트에 참여해 주신 국내외 연구원들께 심심한 감사의 말씀을 드립니다.

이 학술 프로젝트는 재일코리안의 생활과 문화를 입체적으로 고찰함으로써 재외한인 연구의 새로운 패러다임을 제시하는 것에 목적을 두고 시작되었습니다. 구체적으로는 기존의 정치, 경제, 외교사 중심의 연구를 넘어 문화와 일상 속의 100년이 넘는 재일코리안의 모습을 총체적으로 규명하고자 하였습니다. 특히 전문가들의 비교연구를 통해 새로운 재외동포 연구의 모델을 모색하여, 이민사와 일상사 연구를 보다 심화시킬 수 있도록 노력하였습니다. 동시에 대중학술서라는 총서의 취지에 맞게 전문성에 기초한 대중성을 적극 결합하여 연구의 보편화와 사회적 확산도 염두에 두고 진행되었습니다.

이러한 연구 목적을 달성하기 위해 재일코리안 100년의 생활과 문화의 일상을 시기, 영역, 주제별로 8개 영역으로 나누어 완결성을 목표로 하여 연관성과 독자성을 갖는 연구 성과를 도출하고자 하였습니다. 간단히 각 권의 연구내용을 소개하자면 다음과 같습니다.

총서 1권 『재일코리안의 문화예술과 위상–기억을 위한 소묘』에서는 재일코리안의 문화예술 활동을 미술, 음악, 연극, 영화, 무용, 체육 등의 분야로 나누어 조망하고 재일코리안의 문화예술 활동의 의의와 가치, 역할과 위상에 대한 시사점을 제공하고 있습니다.

총서 2권 『재일코리안의 이주와 정주–코리아타운의 기억과 지평』에서는 100년이 넘는 재일코리안의 이주사에 기초한 이주와 정주, 코리아타운의 형성과 변천, 과거와 현재의 변화 등을 종합적으로 조명하고 있습니다.

총서 3권 『재일문학이 그린 재일코리안』에서는 재일코리안 문학 연구의 추세와 동향에 대한 총괄과 함께 재일코리안의 생활과 문화의 궤적을 문학 담론을 통해 통시적으로 분석하고 있습니다.

총서 4권 『갈등과 화합의 재일코리안 단체의 역사–조직의 변화를 중심으로』에서는 재일코리안의 단체를 중심으로 갈등과 화합의 역사를 구성하고, 조직을 중심으로 한 재일코리안의 정치적 본질에 접근하고자 시도하고 있습니다.

총서 5권 『항일과 친일의 재일코리안운동』에서는 1945년 광복 이전 재일코리안의 일상을 통해 재일코리안운동의 역사를 조명하고 항일이나 친일만으로는 규정할 수 없는 재일코리안의 생동감 있는 역사와 문화의 중요성을 제시하고 있습니다.

총서 6권 『차별과 싸우는 재일코리안』에서는 일본 사회의 차별적 구조 속에 지금도 존재하는 재일코리안의 대항적 양태를 시기별 사회 변동과 연결하여 살펴보고, 재일코리안이 전개한 반차별 운동의 흐름과 의의를 재조명하고 있습니다.

총서 7권 『재일코리안 기업의 성장과 모국 기여활동』에서는 재일코리안 사회의 근간을 형성하고 있는 경제와 모국 기여라는 두 가지 측면의 현실적인 문제를 짚어보고 재일코리안 사회의 과거와 미래를 전망하고 있습니다.

총서 8권 『재일한인 민족교육의 역사와 현재－민족교육을 지키기 위한 노력과 한계 그리고 과제』에서는 재일코리안의 민족교육의 흐름을 조망하고 현재 직면한 재일코리안의 교육문제에 대한 진단과 현실적 대안을 제시하고 있습니다.

이렇게 발간된 우리의 연구 성과가 재일코리안의 생활과 문화, 역사와 운동, 경제와 교육 등 재일코리안 전반에 대한 재평가와 재조명은 물론 연구 지평의 확장에도 크게 기여할 것임을 믿어 의심치 않습니다. 아무쪼록 이 연구총서 시리즈가 재일코리안의 과거와 현재를 조망하고 나아가 발전적인 미래를 모색하는 계기가 되기를 기대합니다. 다시 한 번 이번 학술 프로젝트에 참여해 주신 연구원들의 노고에 깊이 감사드립니다. 아울러 이 학술 프로젝트에 많은 관심과 격려, 그리고 조언을 주신 교내외 여러 선생님들께도 감사를 드립니다. 앞으로도 청암대학교 재일코리안연구소가 소기의 목표를 달성할 수 있도록 많은 관심과 아낌없는 격려를 부탁드립니다. 마지막으로 어려운 여건 속에서도 항상 재일코리안연구소의 많은 간행물을 출판해 주시는 도서출판 선인 윤관백 사장님과 편집진 여러분에게도 감사드립니다.

청암대학교 재일코리안연구소장 김인덕

▎저자 서문 ▎

우리 인간은 코로나19시대에 산다. 이 변화하는 세계는 이전과 달리 우리의 이동을 부자연스럽게 만들었다. 실제로 코로나19 직전의 시대는 모빌리티의 시대였다. 존 어리는 『모빌리티』(아카넷, 2016)에서 20세기 과학은 뉴턴적 과학 요소를 제거했고 복잡성의 전환의 길을 마련했다. 20세기 이전의 과학은 뉴턴적 시간, 즉 불변적 시간, 공간 단위로 분할 가능한 시간, 길이로 측정 가능한 시간, 숫자로 표현 가능한 시간, 가역적인 시간의 관점을 갖고 작동했다는 것이다. 그것은 불변적이고 측정 가능한 그리고 전후방으로 움직이는 길이로 구성된 데카르트적 공간으로 간주될 수 있는 시간이다. 20세기 과학은 그러한 개념을 제거한다. 아인슈타인은 관성계와 독립된 고정적이고 절대적인 시간은 존재하지 않음을 보여주었다. 공간과 시간은 동시에 창조되었으며 우주의 시스템적 속성의 일부에 해당된다. 더 나아가 양자 이론은 전자가 특정한 조직으로 결정되기 전에 모든 가능한 미래로 동시에 나아가는 가상의 상태를 설명한다.

한편, 과학의 발전은 인간을 말살하는데도 기여했다. 인간을 중심에 두고 역사를 서술한다면 제국주의시대 식민지배에 대해 논의할 때에도 말살되는 인간에 주목해야 한다. 식민지배는 우리의 현재적 숙제이다. 그리고 이것은 재일코리안사회 속에 그대로 나타나고 있다.

본 연구는 단체를 중심으로 재일코리안의 단체 변천, 특히 조직의 변화만을 단순히 정리했다. 복잡한 인간의 삶을 그린다는 것은 정말 힘든 일이다. 단순 비교만이라는 본 연구의 한계를 명시적으로 기술한다.

우주로 열려있는 지구촌은 모든 생물이 적극적으로 공생하는 살아있는 장이어야 한다. 미미 셸러는 『모빌리티 정의』(앨피, 2018)에서 기후변화, 질주하는 사회가 낳은 여러 병폐들에 대응하려면 에너지 수요 감소와 비탄소 연료 전환에 만족할 것이 아니라, 비판적 자세를 견지하면서 속도의 감소와 더 유연하고 더 덜 파괴적인 모빌리티를 추구하며 궁극적으로는 속도 경쟁과 공중 장악에 큰 가치를 부여하는 사회적 평가를 거부해야 한다고 했다. 네트워크 자본이 소수의 손에 집중되고 있지만, 지구에 사는 대부분의 인간은 강요 없이 이동하거나 거주할 역량이 포함된 잠재적 모빌리티 역량을 회생시켜야 할 것이다.

나아가 인구 이동이 많은 시대 공유경제의 개념을 유지하는 것도 이 자본주의 시대를 사는 또 다른 방법이라고 할 수 있다.

재일코리안은 코로나19를 넘어 일본에 살고 있다. 이들에게는 보통 일본의 거주자가 갖는 정치적 사회적 문제에 더한 민족적 문제를 안고 산다. 이들은 역사 속 영원한 변두리의 거주자로서 코로나19를 비롯해 각종 질병과 성인병에 노출되어 있다. 노년을 맞은 재일의 1세대, 2세대는 지역 공동체에서 소외의 또 다른 모습이다. 그리고 청년의 민족적 고민은 그대로이다. 미래를 사는 것은 무엇인가.

2021년 11월

김인덕 씀

목 차

머리말

1. 재일코리안의 역사와 단체

재일코리안[1] 1세의 도일로부터 현재 110년 이상이 지나갔다. 현재 재일코리안은 1에서 5, 6세로 이어져 오고 있다. 1세의 삶은 고난 그 자체였다. 그럼에도 불구하고 이들은 적극적으로 삶을 개척해 왔다. 일하면서, 독립운동하면서 자신의 민족성을 지켰다. 그리고 민족학교도 세워 지금도 교육을 하고 있다. 1세에 뒤이어 재일코리안 사회를 주도해 온 2세는 일본사회의 차별적인 환경 속에서 존재해 왔다. 자신의 권리를 지키려고 투쟁을 벌였다. 그리고 민족문화를 계승하고 발전시키는데도 적극적이었다. 3세, 4세 그리고 5, 6세대로 이어지고 있다. 그리고 뉴커머의 새로운 집단이 또 다른 정치권력을 형성해 오고 있는 것도 사실이다.

이런 재일코리안에게 1945년 해방은 새로운 시대를 열었다. 일본의 패

[1] 이하의 내용에서는 필요에 따라 일본에 사는 한민족을 대상으로 하는 용어로 재일코리안, 재일조선인, 재일한인, 재일동포, 자이니치(在日) 등을 혼용한다.

전과 함께 다가온 한민족의 해방은 재일코리안에게 새로운 구심을 생산하게 했다. 재일본조선인연맹(이하 조련)이 결성되었다. 당시 조련은 새로운 한민족의 중심이 되었다. 조련은 재일코리안 사회를 새롭게 구성해 갔다. 이른바 동포 사회는 하나의 길을 가지 않았다. 재일본조선거류민단(이하 민단)도 결성되었던 것이다. GHQ와 일본은 재일코리안의 움직임에 절대적인 세력이었다. 외국인등록령이 시행되었다. 그리고 '조선인 설립학교에 취급에 대해'라는 통달이 발령되었다. 1948년 4.24한신교육투쟁[2]이 일어났다. 조련은 해산의 길을 갔다. 강제 해산되어 새로운 단체를 만들어 갔다.

재일코리안 사회는 귀국의 길을 선택했다. 그리고 시간이 흐르면서 정주의 길로 갔다. 재일코리안 사회는 단체가 형성되는 과정에서 일본 사회와 GHQ와 전면적으로 대항하는 길로 가게 되었다. 한반도의 정세 변화에 재일코리안은 대응했다. 이런 재일코리안 사회는 운동하는 사회였다. 단체가 그 운동의 중심이었다. 해방 공간 조련은 한민족의 구심이었다.

1945년 일본은 패전하고 한국은 해방되었다. 재일코리안은 일본에서 해방을 맞이했다. 재일코리안에게 일본의 패전은 해방의 기쁨이었다. 기쁨의 표현 방식은 다양했다. 그러나 원하지 않는 사람도 있었을 것이다. 재일코리안의 조련은 결성 과정에서 친일과 이념의 벽이 존재했다. 친일과 이념은 쉬운 벽이 아니었다. 재일코리안의 단체는 끊임없이 재조직되었다.

재일코리안은 식민지 조선 사람이 아닌 한반도 출신으로 또 다른 갈등 속에서 단체를 만들고 일본 사회 속에서 존재해 오고 있다. 일본사회

---

2) 한신교육투쟁에 대해서는 다음의 글을 참조할 것. 金慶海,『在日朝鮮人民族教育の原點』, 田畑書店, 1979(다음의 책으로 번역되었다. 정희선 외 옮김,『1948년 한신교육투쟁』, 경인문화사, 2006).

와 연대하면서 일본사회의 구성원으로 존재하고도 있다. 1945년 이후 재일코리안은 식민지적 경험을 정체성의 역사를 통해 구현하고 시대를 넘어 현재도 존재하고 있다. 이념과 정치를 넘어 차별의 구조에 살게 된 재일코리안의 일상은 전후사의 새로운 재일코리안의 모습을 보여주고 있다.

이에 필자는 해방 공간 이후 재일코리안 단체의 역사를 통해 '재일의 정치적 본질'에 접근해 보고자 한다. 단체의 이합집산을 살펴보면서 갈등과 화합의 전후사를 조명해 본다.

2. 선행 연구

전후의 재일코리안의 동향을 다룬 연구는 우선 가지무라 히데키(梶村秀樹)가 주목된다고 생각한다. 강연 자료인 『解放後の在日朝鮮人運動』(神戸学生青年センター出版部, 1980)에서 재일코리안 연구에 많은 시사점을 제시하고 있어 이를 먼저 소개한다. 그는 재일코리안운동이 "조선 해방운동의 일환을 일본에서 담당한다", "조선의 남북 분단이 재일조선인운동에 어떤 영향을 미쳤는가", "일본사회 그 자체와 일본의 법률, 제도 그리고 경제, 사상이 어떻게 재일조선인운동에 어떠한 영향을 미쳤는가", "민중의 일상생활 속에서 문화와 교육이 어떻게 이어져 오고 있는지"의 관점을 제시하여 본격적인 재일코리안 연구의 큰 틀을 제시했다. 그 내용을 보면, "첫 번째는 재일조선인운동이 해방 이전인 1920년 이후부터 지금까지 전체적으로 항상 이중의 과제를 짊어져 왔다는 점입니다. 이중의 과제를 항상 동시에 추구하며 진행하지 않을 수 없었고 앞으로도 그렇다고 생각합니다. 이중이란 어떤 의미에서는 조선의 민중운동과 일체가 되고, 다른 의미로는 일본에서 조선 해방운동의 일익을 담당하는 것

입니다.” 그리고 “두 번째 조선의 남북 분단이라는 사정이 재일조선인운동에 어떤 영향을 미쳤는가 또는 특별히 관계없는 일인가 하는 점입니다. 즉, 조선인운동사를 일본 안에서만의 문제로 생각할 것인가, 본국 사정의 변화에 따라서 직접은 아니라도 간접적으로 영향을 받으면서 전개해 온 것은 아닌가 하는 논점이 있습니다.”, “세 번째는 조금 다른 관점인데 일본사회 그 자체와 일본의 법률, 제도 그리고 경제, 사상이 어떻게 재일조선인운동에 어떠한 영향을 미쳤는가 하는 점입니다.”, “네 번째 민중의 일상생활 속에서 문화와 교육이—이 경우 문화라고 해도 넓은 의미에서 생활 감각이나 가치관, 사회관계 등을 포함한다. 물론 언어도 포함되지만 단순히 그것만은 아니다.—특히 1세들의 문화가 공공 교육이나 가정을 시초로 하지 않은 것을 기화로 어떻게 이어져 온 것인가 아니면 이어져 오지 않은 것인가의 실태를 일정한 기준을 세워 해방 이후 변화 속에서 추적할 필요가 있습니다.”[3]

가지무라 히데키의 이런 시점은 이후 재일코리안 연구에서 방향성을 제공했다고 할 수 있다. 실제로 전후 갈등과 화합의 재일코리안의 역사와 관련하여 선행 연구는 기존의 연구사를 통해 확인할 수 있다. 아울러 임영언, 도노무라 마사루(外村大) 등의 연구사를 통해 큰 틀을 확인할 수 있다.[4] 임영언 등은 기존의 연구사에서 세대별 연구와 시대적 흐름을 연동하여 서술했다.

첫째, 재일코리안 연구의 제1세대는 해방 전후 조선인의 역사적인 관점에서 분석한 연구들이 많았다. 연구자들의 특징도 일본인 역사학자들에 의해서 주도되어 왔으며, 나중에는 재일코리안의 실태와 현황에 대한

3) 가지무라 히데키 저, 김인덕 역, 『해방 후 재일조선인운동(1945~1965)』, 선인, 2014, 14~20쪽.
4) 임영언, 김인덕, 「재일코리안연구」, 윤인진 외 지음, 『재외한인 연구 동향과 과제』, 북코리아, 2011.

연구들이 재일코리안 사학자들을 중심으로 계승되어 왔다는 점을 지적할 수 있다. 또한 시대적으로 혼란한 시기를 거쳐 1965년 한일국교정상화를 둘러싼 논쟁으로 재일코리안 스스로가 자기문제를 성찰할 수 있는 연구가 비교적 적은 시기였다.

둘째, 1980년대 이후 재일코리안 연구자 2세대는 재일코리안 사회의 민족차별, 취업차별, 법적 지위, 참정권을 둘러싼 치열한 논쟁의 시기였다. 또한 이 시기는 일본에서 글로벌시대가 주창됨에 따라 일본의 동화정책으로 재일코리안 2~3세의 세대교체기와 맞물려 귀화자 증가와 민족정체성의 약화가 재일코리안 사회의 중요한 이슈 중의 하나였다. 따라서 재일코리안 연구자에 의해 민족정체성 의식이나, 재일코리안 기업의 부상에 따른 민족기업 연구, 재일코리안 사회에 대한 문화인류학적 연구가 한국인 학자들을 중심으로 이루어졌다. 특히 1980년대 이전보다 재일코리안 연구에 대한 연구 접근방법이나 주제가 다양화되었으며 한국인 연구자들이 대거 재일코리안 연구에 합류하게 되었다는 점이 특징이다.

셋째, 1990년대 후반부터 일본에서 다문화사회가 주창되면서 2000년대 이후는 다문화공생이 강조되고 대중문화 개방과 한류의 영향으로 코리안 디아스포라가 새롭게 조명받는 시기로 이전보다 연구주제나 접근방식이 훨씬 다양하게 전개되었다. 특히 2000년대 이후 한국 정부의 재일코리안에 대한 관심이 고조되면서 연구자들의 중심이 일본인에서, 재일코리안, 한국인 학자들로 이동하는 추세를 보이고 있으며 기존의 재일코리안 실태나 차별연구가 문화, 축제, 다문화공생, 네트워크 등 다양한 양상을 보였다.

전후 재일코리안의 역사는 갈등과 화합의 역사로 단체사의 성격을 보이고 있다. 이런 관점에서 선행 연구를 보면, 먼저 1945년 이후 주요한 단체의 성립과 변천에 대해 개설서에서 언급하는 것을 들 수 있다.[5] 특히 단체사에 대한 연구에서도 임광철[6]이 주목되는데, 그에 의해 재일코리안사가 역사적으로 언급되기 시작했다. 그는 이미 전후의 재일코리안의 역사를 현재적 관점에서 보고 있다.

일찍이 재일조선인운동의 성격을 규정했는데, 박경식은 재일조선인운동사를 통사적으로 서술하고 이를 선도했다. 이런 그는 전후 재일코리안의 역사를 다룬 책을 썼다.[7] 그는 재일코리안의 역사를 1980년대까지 쓰고 있는데, 각종 민족단체, 일본공산당의 방침, 관련 여러 사건들이 서술되고 있다. 특징적으로 재일코리안의 민족통일운동에 대해 서술하면서 백무의 민족통일운동에 대해 별도로 언급하기도 했다.[8] 이러한 박경식의 연구는 선구적인 것이지만, 활동 경험에 기초하여 서술되어 다소 편향된 해석이 보인다.

전후 재일코리안 단체와 관련한 연구에서는 재일본조선인연맹(이하 조련), 재일본대한민국민단(이하 민단), 재일조선민주통일전선(이하 민전), 재일본조선인총연합회(이하 총련), 재일본한국인연합회(이하 연합회) 등에 대해 개별적인 연구가 진행되었다. 먼저 조련에 주목할 필요가 있는데 박경식, 최영호, 고바야시 토모코(小林知子), 김태기 등의 연구가 주목된다.[9]

---

5) 필자가 주목하는 단체 중심의 서술에서 다음의 글이 주목된다(外村大, 『在日朝鮮人社會の歷史學的研究－形成・構造・變容－』, 綠蔭書房, 2004; 梁仁實, 「前後日本の映像メデイアにおける「在日」表象－日本映畵とテレビ番組を中心に－」, 立命館大學大學院 博士論文, 2003; 전준, 『조총련연구』(1), 고려대학교출판부, 1973, 金贊汀, 『在日コリアン百年史』, 三五館, 1997).

6) 林光澈, 「在日朝鮮人問題」, 『歷史學研究』(特輯 「朝鮮史の諸問題」), 1953; 김인덕, 「임광철의 재일조선인사 인식에 대한 소고」, 『사림』 (59), 수선사학회, 2017.1 참조.

7) 朴慶植, 『在日朝鮮人運動史研究－8・15解放前－』, 三一書房, 1979; 朴慶植, 『解放後 在日朝鮮人運動史』, 三一書房, 1989.

8) 朴慶植, 「解放後における在日朝鮮人の民族的統一運動の再檢討」, 『在日朝鮮人史研究』 (15), 1985.

9) 최영호, 『재일한국인과 조국광복 : 해방 직후의 본국귀환과 민족단체활동』, 글모인, 1995; 小林知子, 「8・15直後における在日朝鮮人と新朝鮮建設の課題－在日本朝鮮人聯盟の活動を中

최영호는 해방 직후의 국내 귀환과 관련해 민족단체의 활동을 정리하면서 조련의 창립 과정과 친일파 추방, 인민공화국 지지의 문제에 주목하고 있다. 이러한 최영호의 연구에 의해 조련의 실체가 본격적으로 밝혀졌으나, 결성대회 자체의 성격과 내용에 특별히 주목하지는 않았다. 고바야시 토모코는 조련의 신조선 건설과 관련한 활동과 본국관에 관해 서술하고 있다. 해방 정국의 핵심적인 민족적 과제였던 신국가 건설과 관련한 고바야시 토모코의 이 연구는 조련에 대한 기술의 내용이 기존 연구를 수렴했다. 김태기는 GHQ의 정책과 관련해서 조련의 활동을 살펴보고, 조직의 특성에 대해 서술하고 있다. 그러나 정책과 관련한 내용에 지면의 많은 양을 할애하고 있어 초기 조련의 상을 바라볼 때 한계가 없지 않다.

아울러 홍인숙, 진희관, 양영후 등의 연구가 확인된다. 홍인숙은 1차 자료에 기초하여 대회별 조련의 흐름과 주요 활동가의 성향을 정리, 분석했다. 이러한 홍인숙의 연구는 대회 기록의 선택적 정리를 하고 있는 것이 주목된다고 생각한다. 진희관은 총련을 언급하면서 조련에 대해 개괄하고 있다. 양영후는 오사카지역사를 언급하면서 이 지역 조련 활동에 대해 서술했다.[10]

최근의 전후 재일코리안사에 대한 연구는 넓은 진영을 확보하고 있다. 그 지형에서 본격적인 새로운 연구가 나오고 있다고 할 수 있다. 정영환은 조련의 자치대에 주목했고, 조련의 주요 활동가의 성향과 교육과정을

心に－」, 『在日朝鮮人史研究』(21), 1991; 小林知子, 「戰後における在日朝鮮人と‘祖國’－1945~1952－」(미간행 레포트); 金太基, 「‘前後’在日朝鮮人問題の起源」, 一橋大學大學院法學研究科, 1996(金太基, 『戰後日本政治と在日朝鮮人問題』, 勁草書房, 1997).

10) 홍인숙, 「1945~48년 재일조선인연맹의 조직과 활동」, 『근현대 한일관계와 재일동포』, 서울대학교출판부, 1999; 진희관, 「조총련연구」, 동국대학교 박사학위논문, 1999; 梁永厚, 『戰後・大阪の在日朝鮮人運動 1945-1965』, 未來社, 1994.

살펴보았다. 그는 박사논문에서 조련의 활동가에 주목하면서 1945년부터 1950년에 대해 쓰고 있다.[11]

국내에서도 박미아의 조련 시기 암시장에 대한 연구가 있다. 조련 자체를 연구의 대상으로 삼고 있지는 않지만, 재일산업의 출발점으로서의 암시장, 재일코리안의 역할 그 자체에 주목한 연구는 현재까지는 거의 전무한 실정이다.[12] 재일코리안 민중의 상황에 대한 연구는 정치사 중심의 연구에서 주변적 소재가 되어 온 한계와 향후의 계층 연구의 새로운 이정표가 될 것으로 전망한다.

조련 연구는 전후 재일조선인 생활사와 관련한 연구에서도 확인된다. 김경호는 전후 일본의 재일코리안의 생활이 곤궁한 문제에 관한 역사 경위의 해명 시도하여,[13] 1945년 8월 15일 이후에는 재일코리안의 자주적 활동이 전국 각지에서 광범위하게 전개되었고, 당사자인 재일코리안은 해방 직후부터 각종 활동 속에서 여러 자료를 남겼다면서, 이로부터 당시 그들이 처한 상황을 이해하고자 했다. 이와 함께 강정훈의 조련의 조세 관련 대책에 대한 연구도 있다.[14]

아울러 조련 활동의 한 축을 이룬 민족교육에 대해서도 전후 재일조선인 민족교육과 관련한 연구에서 언급되기도 했다. 오영호는 조선학교의 역사를 언급하면서, 초기 민족교육사를 서술하면서 전국적 규모의 조

11) 鄭榮桓, 「'解放'直後在日朝鮮人自衛組織に關する一考察－朝連自治隊を中心に－」, 『朝鮮史研究會論文集』(44), 2006.10; 鄭榮桓, 「'解放'後在日朝鮮人における活動家層の形成と展開－在日本朝鮮人聯盟を中心に－」, 一橋大學大學院 修士論文, 2005; 鄭栄桓, 「「解放」後在日朝鮮人史研究序説(1945-1950년)」, 一橋大学大学院博士学位論文, 2010.

12) 박미아, 「해방 직후 재일조선인의 경제활동 : 1945~1950년 암시장을 중심으로」, 서강대학교 박사학위논문, 2016.

13) 金耿昊, 「戦後日本における在日朝鮮人の生活困窮問題—民族団体による生活権擁護運動を中心に—」, 東京大學 博士學位請求論文, 2017, 10쪽.

14) 姜晶薫, 「解放後在日朝鮮人社會における'公益'擁護運動(1945~1947)」, 『한일민족문제연구』(32), 2017.

련의 민족교육에 주목하고 있다.[15]

오규상은 1945년 8월 15일부터 1949년 말을 대상으로 조련의 활동과 그 가운데 재일코리안의 활동에 주목하고 있다. 총련 내부의 각종 자료와 인터뷰 관련 조사에 기반한 본서는 다른 선행 연구가 갖지 못한 장점을 갖고 있다. 자료에 충실함이다. 역사와 활동, 부록으로 책을 구성하면서 서술의 주체를 분명히 하고 있다. 활동에 대한 서술에서는 생활옹호투쟁, 4.24교육투쟁 등의 민족교육, 외국인등록문제, 북한 정부 수립 문제, 재산취득문제, 언론출판활동, 활동가 양성에 지면을 할애하고 있다.[16]

한편 조련에 대해서는 김인덕의 선행연구도 있다.[17] 필자는 박경식의 자료집에 기초하여 창립과정과 결성대회 이후의 4차례에 걸친 전체대회에 대해 접근을 시도했다. 1차 자료에 기초해 조련 대회에만 국한한 연구를 수행했다. 서술의 주된 내용은 창립 준비과정과 결성대회의 모습, 그리고 이후 4차례의 전체대회, 총 5차례 대회의 활동 등이다.

다음으로 단체사 가운데 시간적으로 조련 이후에 결성된 조직이 민단이다.

민단에 대한 자료와 연구를 보면[18]는 민단 자체의 보고서와 민단사 그리고 재일코리안 역사의 일부로 연구, 서술되고 있다. 특히 이 가운데 박경식의 자료집은 주목된다.[19] 최근에는 재일조선인 단체사 속에서 서

15) 呉永鎬, 「1950~60 年代における朝鮮学校教育史」, 一橋大学 博士學位請求論文 참조. 물론 그 이전에 오자와 유자쿠와 김덕룡의 연구가 있다(小澤有作, 『在日朝鮮人教育論』, 亞紀書房, 1988; 金德龍, 『朝鮮學校の戰後史－1945~1972－』, 社會評論社, 2002).

16) 呉圭祥, 『ドキュメント在日本朝鮮人連盟－1945~1949－』, 岩波書店, 2009.

17) 김인덕, 『재일본조선인연맹 전체대회 연구』, 경인문화사, 2007.

18) 박경식 편, 『재일조선인관계자료집성(전후편)』 (3), 불이출판사, 2000, 1쪽.

19) 재일본대한민국민단 홈페이지(www.mindan.org); 『민단50년사』, 재일본대한민국민단, 1997; 『민단신문』; 『민족시보』; 김인덕, 「재일동포가 걸어온 두 갈래 길, 민단과 조총련」, 『한일관계 2천년 보이는 역사, 보이지 않는 역사』, 경인문화사, 2006; 정진성, 「민단－총련 관계의 변화: 남북한관계에 미칠 영향에 대한 탐색」, 『사회와 역사』 제82집, 2009.

술하는데, 민단을 태동기, 성장기, 발전기, 정체기로 나누어 특징을 열거하기도 한다.[20] 태동기는 한국정부의 공인단체, 조련과의 주도권 경쟁, 민단 내부의 갈등 표출, 성장기는 총련계 동포의 한국 국적 획득, 한국에 대한 지지와 반대라는 조직의 혼란 가중, 총련에 대한 조직적 열세의 극복, 발전기는 지방참정권 획득운동의 전개, 총련과의 교류 모색, 일본정부에 대한 동포의 권익운동 전개, 올림픽과 IMF 지원, 정체기는 조직 개혁과 차세대 육성, 총련과 민단의 5.17교류합의 및 결렬, 한상련의 탈퇴 및 복귀를 특징으로 들고 있다.

1950년대 대표적인 단체는 민전이다. 이 민전의 선구적 연구는 고바야시 토모코의 것이 있다. 그는 「戦後における在日朝鮮人と『祖国』—朝鮮戦争期を中心に」[21]라는 글을 썼는데, 이 글은 민전과 그 산하단체의 활동가와 재일조선인이 운동 과정에서 남긴 유산과 선행 연구에 민전시대를 정리한 것이다. 그런데 오규상은 전후 재일조선인문제를 논할 경우, 항상 세 가지 점이 문제가 된다고 한다. 그것은 재일조선인의 생활과 운동에 크게 영향을 미치는 요소로, 첫째, 조국 한반도의 동향이며, 둘째, 거주지 일본의 동향, 셋째는 재일조선인 자신이라는 것이다. 그는 이런 관점은 민전에도 해당된다고 생각을 피력하고 있다.

총련에 대해서는 국내의 연구와 북한의 성과 그리고 최근 일본 내 총련 내부의 연구가 있다. 한국의 대표적인 사전인 민족문화대백과사전은 결성대회에서는 재일코리안의 북한 주위로의 결집, 조국의 평화통일, 재일코리안의 민주적·민족적 권리 옹호, 민족교육 실시, 북일 친선과 세계평화에의 공헌 등이 강령으로 채택되었다고 했다.[22] 결성 시에는 한덕

20) 지충남, 『재일한인 디아스포라』, 마인드탭, 2015, 130쪽.
21) 『朝鮮史研究会論文集』(34), 1996.
22) 한국민족문화대백과사전 참조.

수 등 6명의 의장단 집단지도체제가 만들어졌다.

기존의 총련에 대해서는 정치적인 입장에서 연구가 진행되어 왔다.[23] 주요한 연구는 오규상을 비롯하여 정진성과 강철수, 그리고 오영호의 연구를 들 수 있다. 특히 오영호는 총련의 민족교육에 대한 새로운 연구 성과를 내고 있다. 총련과 관련해서는 박경식이 모은 자료집도 간행되었다. 새로운 자료의 발굴과 연구가 지속적으로 기대된다.[24]

단체로서 최근에 주목되는 것이 연합회이다. 이 조직은 뉴커머 중심의 단체라고 할 수 있다. 일부의 뉴커머는 민단과 총련에 가입해 활동하지만 다수는 이곳에 최근 모이고 있는 것도 사실이다. 6개의 지역 조직인 연합회는 재일조선인 뉴커머가 중심이다. 이들은 1980년대 이후 많은 수가 일본으로 간 사람들이다. 이들 가운데 여성이 많았지만, 1997년의 외환위기 이후 한국에서 고학력의 교육을 받고 일본에서 비즈니스를 전개하는 유형의 뉴커머도 적지 않다고 생각된다.[25]

일본 내 한국계 뉴커머[26]는 이승엽, 윤석민, 마츠다 도시히코(松田利彦), 지충남, 임영언, 류혁수, 손미경 등의 연구가 있다. 특히 이승엽, 윤석민의 연구에 따르면, 1990년 전후에는 유학생 출신 등으로 식당·음식점을 비롯한 식료품·국제 전화 대리점·비디오 대여점·이사 업체·송금 업무 등에 종사했다. 1990년대 중반이 되면 민족 사업이 다변화되어 한국 식품·사우나·화장품·법률 상담·여행사·의류 수선 등 업종이

23) 전준, 『조총련』 1, 2, 고대출판부, 1972; 진희관, 「조총련연구 : 역사와 성격을 중심으로」, 동국대학교 박사학위논문, 1999; 재일본조선인총련합회, 『총련』, 조선신보사, 2005; 呉圭祥, 『記録 在日朝鮮人運動朝鮮総 連50年』, 有限会社RAS, 2005; 朴斗鎮, 『朝鮮總連』, 中央公論社, 2008.

24) 각종 대회의 자료는 본문 내용의 서술에 부분적으로 활용한다.

25) 실제로 뉴커머는 1945년 전후에 간 사람들로부터 여러 형태의 집단이 있다. 필자는 여기에서 주로 1980년대 이후 일본에 간 사람들은 중심으로 재일동포 뉴커머로 규정하고 서술한다.

26) 필자의 선행 연구를 참조한다.

추가되었다. 2000년대에는, 송금 업무는 일본 경찰의 단속으로 인해 사양화되지만, 신규 업종으로 약국 · 리사이클숍 · 건강식품 · 사진 스튜디오 등이 나타났다. 불법적인 풍속 산업(에스테틱 · 출장 서비스) 등도 번성했다.[27] 이들 한국계 뉴커머를 '이주형 국제 이동'이라고 규정한다. 최근의 연구에서는 일본에 입국한 지 10년 이상 된 사람을 '정주(定住) 단계'에 있다고 본다.[28] 그러한 지표 중 하나는 비디오, 귀금속, 시스템 엔지니어 등 각 업종별로 연합회가 형성되고 있다는 점이다. 그러나 이러한 협회 조직이 대부분 제 기능을 하지 못한다는 지적도 있다.[29]

최근에는 단체사 연구로 연합회를 태동기, 성장기, 정체기로 나누어 설명하고 있다. 그리고 시기별 특징으로 태동기는 민단의 뉴커머 무관심, 뉴커머 권리와 이익 실현, 인지도 제고의 활동 전개, 성장기는 조직의 외연 확장에 주력, 뉴커머를 위한 생활 프로그램 제공, 한일 간의 민감 사안에 대한 무개입 표명, 정체기는 5개 뉴커머한인회 설립, 신구 지도부 갈등 표출, 혐한시위의 확산으로 인한 자영업 회원들의 위축을 들고 있다.[30]

본 연구는 기존의 조련, 민단, 민전, 총련, 연합회 연구의 내용에서 단체를 중심으로 갈등과 화합의 역사를 구성한다.[31] 특히 조직을 중심으로 '재일(在日)의 정치적 본질'에 접근할 것이다. 그리고 중요 활동을 통해 전체적인 위상을 자리매김해 보겠다.

---

27) 李承珉, 「韓国人ニューカマーの定住化と課題」, 川村千鶴子, 『「移民国家日本」と多文化共生論 多文化都市 · 新宿の深層』, 明石書店, 2008, 121~122쪽.

28) 李承珉, 「韓国人ニューカマーの定住化と課題」, 川村千鶴子, 『「移民国家日本」と多文化共生論 多文化都市 · 新宿の深層』, 明石書店, 2008, 133쪽.

29) 林永彦, 『韓国人企業家ニューカマーの企業過程とエスニック資源』, 長崎出版, 2004, 242쪽.

30) 지충남, 『재일한인 디아스포라』, 마인드탭, 2015, 130쪽.

31) 본 연구는 다른 재일코리안 단체에 대해서는 부분적으로만 언급한다.

제 1 장

일본의 패전과 재일코리안 사회의 움직임 (1945~1948)

제1장
일본의 패전과 재일코리안 사회의 움직임 (1945~1948)

1. 재일코리안의 전전 상황

1) 전전 재일코리안 단체운동

(1) 전기 재일조선인 운동의 양태[1]

1945년 해방 이전 이른바 전전에 일본에 간 재일조선인[2]은 절대로 행복하지 않았을 것이다. 이들 재일조선인은 오랫동안 다수가 자신의 해방을 위해 싸웠고 실제로 일본에 간 재일조선인은 민족적, 계급적 이중의 고통에 시달렸다. 그들은 천황제와 자본주의에 대해 철저하게 '적개심'을 갖게 되었다. 재일조선인의 일본에서의 투쟁은 민족적 문제와 함께 여러 다양한 문제가 함께 했던 것이 사실이다.

1) 일제강점기 재일조선인의 운동을 전기와 후기로 구분한다. 그 분기점은 일반적으로 1929년으로 재일조선인 운동의 해체논의를 축으로 한 운동진영의 변화에 주목한다.

2) 전전의 재일코리안은 재일조선인으로 통칭한다.

일본에서 재일조선인의 최초의 기록해야 할 '반일운동'은 언제부터였을까. 필자는 3·1운동에 앞서 있었던 도쿄의 유학생의 운동이었다고 생각한다. 문제는 이 운동이 일본인 대중과 '재일조선인'에 대해 어떤 대중적 움직임을 하게 만들지 못한 운동이라는 점이다. '소수 학생만의 문서활동'이라고 규정하기도 하고 '반봉건적인 입신양명을 위한 운동'으로 규정하기도 할 수 있다.[3)]

결과를 불문하고 2·8운동은 재일조선인 운동에서 한 획을 긋는 역사적 사실이었다. 1910년 한일병합 이후 재일조선인 사회는 유학생 중심으로 구성되기 시작했고, 그것은 당시의 상황에서는 당연한 일이었는지도 모른다.[4)] 1910년대 초 재일조선인 유학생은 여러 형태로 유학했다. 주로 경제적인 이유와 정치적인 이유가 있었다. 당시 국권회복을 부르짖는 사람이 절대 다수는 아니었다고 판단된다.

반면에 일본 사회는 재일조선인에 대해 그리 많은 관심이 없었던 것도 사실이다. 조선에 대한 식민지라는 생각이 지배적이었고 잠시 지배의 대상 정도의 관심이 있었다고 생각된다. 물론 지식사회의 모습과 일반 사람들의 생각과 분위기는 분명 별도였을 것이다.

이들 유학생의 중심 거주지역은 대체로 대도시 중심이었다. 도쿄(東京)와 오사카(大阪), 나고야(名古屋) 등지의 대도시에서 이들은 자연스럽게 학교를 다니게 되었다. 당시 이들은 모임을 갖고 조직화를 도모하는데 도쿄의 경우는 그 중심지가 동경조선기독교청년회의 회관이었다. 이곳은 기독교인뿐만 아니라 동경조선유학생학우회(이하 학우회)를 비롯한 재일조선인 유학생의 결정적인 모임의 공간이었다. 유학생의 근거지

3) 林光澈,「渡航史－並にその性格」,『民主朝鮮』(33), 1950.7, 45쪽.
4) 정혜경,「재일한인의 정착과 생활(1920-1928)」,『일본 한인의 역사』(상), 국사편찬위원회, 2009, 68쪽.

로 동경조선기독교청년회는 재일조선인 유학생운동의 메카로서의 기능을 일제강점기 전 기간 하게 된다. 그리고 실제로 1919년 2·8운동을 비롯한 수많은 반일운동은 바로 이곳과 주변에서 준비되었다.

재일조선인 사회에서 이렇게 유학생은 반일운동의 중심이었다. 그리고 조선인 사회의 중심이었다. 이들이 곧 일정하게는 다른 모습의 보였다. 노동자의 모습과 반일 투사의 모습이 유학생의 다중적 모습이라고 생각된다.

실제로 재일조선인 사회가 단체 중심의 반일적 모습을 전면적으로 보이기 시작한 것은 언제부터였을까. 1919년 3·1운동 이후 국내에서의 반일투쟁의 활발한 전개와 더불어 재일조선인 사회와 반일운동의 양상이 변전되었다. 재일조선인들은 단체를 중심으로 반일운동을 전개한다. 재일조선인 운동에서 본격화인 조직화의 계기는 니이가타현(新潟縣) 조선인노동자 학살사건이었다. 이 사건은 1922년 7월 니이가타현 수력발전소 건설현장에서 일하던 조선인 노동자 100여 명이 학살되었다. 이 사건을 통해 재일조선인 활동가들은 힘을 모으기 시작했다. 그리고 이후 재일조선인 사회는 각종 반일운동과 일본 사회 내 경제, 정치적 문제에 적극 대응해 나가기 시작했다.

1920년대 초 재일조선인 사회에는 다양한 단체들이 조직되어 갔다. 여기에는 일본적 영향과 함께 국내의 영향, 특히 조선인 사회의 내적 동력이 중요하게 작용했을 것으로 보인다. 필자는 단체 중심의 움직임에서 사상단체에 주목할 필요가 있다고 생각한다. 도쿄와 오사카 등지의 재일조선인 사회에서는 일본 사상단체와 유사하거나 연대하여 일부 유학생과 지식인 사이에 사상단체가 등장했다. 이들의 사상적 기조는 여러 형태였다. 사상단체가 만들어진 당시에는 사상적으로 저급한 아나키즘과 사회주의가 구별되지 않는 내용이 널리 유포되어 있었다. 이것은 물론 일본적 영향이 크게 작용했다고 생각된다. 북성회와 함께 이후 계급의식과 투쟁을 선동한 조직으로 동경조선무산청년동맹, 여성조직으로 삼월회가 당시와 이후의 재일조선인 사회와 일본사회 내의 영향력을 생각하면 주목된다. 물론 아나키즘을 표방한 흑도회도 있어 별도로 움직이지는 않았지만 분리적 행태를 보이기도 했다.

분명히 1920년대 초 재일조선인 사회의 반일운동과 반제운동은 사회주의와 아나키즘 등에 기초했다. 이런 사상의 영향과 영향력은 지대했다. 그렇지만 국내와 마찬가지로 1920년대 초 재일조선인 운동에서는 민족주의계열의 종교단체의 역할을 무시할 수 없다. 동아시아의 종교는 근대적 형태로 변화의 길을 가고 있었다. 여기에는 일본적 영향력을 절대 무시할 수는 없다. 실제로 민족주의계열의 종교단체로 반일투쟁세력을 형성했던 계열은 천도교와 기독교계열이었다. 천도교는 1921년 2월 천도교종리원을 창립, 동경천도교청년회도 결성되었다. 기독교의 경우는 전술한 동경조선인기독교청년회가 있었다. 이런 단체 안에는 사상적으로는 사회주의적, 아나키즘적 경향성을 보인 사람이 다수였다. 그리고 조직의 구성원으로 존재했던 것도 사실이다.

일제강점기 재일조선인 단체의 역사에서는 노동운동과 청년운동 그리고 공산주의 조직이 중요한 지점에 존재했다. 1920년대 초반의 경우는 동경조선노동동맹회, 오사카조선노동동맹회, 1920년대 중반의 경우 재일본조선노동총동맹, 재일본조선청년동맹, 조선공산당 일본부와 총국, 고려공산청년회 일본부와 총국, 그리고 1920년대 중반 이후 신간회 도쿄지회, 도쿄조선인단체협의회 등이 그것이다. 이들 단체는 독자성과 함께 연대와 공동투쟁의 모습을 적극 보였다. 심지어는 일정한 기간에는 조직원이 이중, 삼중으로 활동한 경우도 있었고 조직적인 지도와 피지도 관계를 형성하기도 했다.

이 가운데 재일조선인 노동운동 단체로는 재일본조선노동총맹이 결성되었다. 일본 내에서 전국적 조직을 갖던 이 조직은 국내와 일본의 노동운동 및 반제운동 세력과 함께 활동했다. 물론 초기에는 상호부조와 친목을 목적으로 하는 경향도 있었다. 그러나 조직적 발전과 병행하고 노동자계급의 성장과 함께 계급해방을 내건 조직으로 성장해 갔던 역사적 사실이 있다. 그리고 재일조선인 청년운동이 전국적으로 조직된 조직이 재일본조선청년동맹이다.[5] 이 조직과 재일본조선노동총동맹은 조직적으로 조선공산당 일본 조직과 유기적으로 연계되어 있는 사실은 잘 알려져 있다.

1920년대 재일조선인 반일운동과 반제운동의 단체 중심의 역사에서 결정적 단체는 무엇일까. 재일조선인의 운동의 경우 1920년대 중반 이후 대중운동이 성장해 갔다. 그리고 재일조선인 전위 조직도 조직되었다. 이 조직은 국내의 연계 속에서 여러 조직이 있었다. 이 가운데 조선공산당의 지도 아래 조직된 것으로 조선공산당 일본부와 조선공산당 일본총국, 고려공산청년회 일본부와 일본총국이 있었다. 전위조직이었던 조선공산당 일본총국과 고려공산청년회는 각종 단체에 플랙션을 두었고, 조직 내부에서 지도와 실제 투쟁을 선도하고자 했다.[6] 그 모습은 다른 대중운동과의 유기성에서 전개되었다.

실제로 전체 재일조선인 반일운동은 단체운동의 조직적 성과를 무시할 수는 없었다. 그리고 여기에는 전위 조직의 조직적 역량이 주요한 요인으로 작용했던 것은 사실이다. 이와 함께 재일조선인 사회는 오늘날과 유사하게 국내 정치의 변화에 직접 영향을 받았다.[7] 신간회는 동경에 조

5) 『大衆新聞』 1928年 4月 1日, 朴慶植 編, 『朝鮮問題資料叢書』(5), 三一書房, 1982, 388쪽.

6) 「在留朝鮮人運動狀況」(1930), 朴慶植 編, 『在日朝鮮人關係資料集成』(2-1), 三一書房, 1975, 137쪽.

직을 결성했는데 이것은 바로 그런 모습의 하나라고 생각한다. 1920년대 중반 이후 재일조선인운동도 대중성을 띤 형태가 나타났고 신간회 동경지회가 창립되면서 선도한 부분도 있다. 그러나 이보다는 동경조선인단체연합회가 대중성과 조직적 역량에 기초한 투쟁을 적극적으로 선도했다. 신간회가 일본 내에서 전국조직화를 도모한 것과 달리 동경조선인단체연합회는 아나키즘계열까지 포용하는 모습을 보이면서 조직적 기반을 강화하고자 했다.

재일조선인 사회는 일본에 존재했기 때문에 국내보다는 투쟁적이었다. 특히 반제운동에 있어 일본 사회 내부에 적극적으로 들어가 있었다. 물론 이것은 사상단체나 노동운동 단체에도 마찬가지였다. 따라서 일본 사회와 사람과 전면적으로 함께 했다. 1929년 재일조선인운동의 운동은 코민테른의 지도로 그 방향을 바꾸어야만 했다. 그리고 바꾸었다. 재일조선인 사회는 갑자기 자신들이 전개하던 기존의 운동을 보다 계급적인 관점에서 추진해야만 했다. 단체운동의 역사가 변화되기 시작했다고 볼 수 있다. 임광철은 "재일조선인의 계급적 혁명운동은 일본공산당이 지도하는 일본의 혁명운동의 일부로, 그 조직적, 전술적 지도 아래 들어가 일본노동자계급과 혁명적으로 결합하게 되었다."[8]고 했다. 이후 재일조선인운동은 공산주의적 영향 아래 있던 진보적인 세력과 연대하면서 반제민족해방운동의 길로 전면적으로 가야만 했다. 이전까지 재일조선인 사회와 운동은 민족적 문제와 경제적 문제 정치적 문제, 종교적 문제 등에 대해 단체라는 이름 아래 함께 하는 모습이 종종 있었다. 그것이 이제는 쉽게 가능하지 않은 상태가 된 것이다.

일반적으로 어떤 사회든지 모두가 정치적이고 제도화된 틀에 대항적

[7] 당시에는 일본적 영향이 국내에도 미쳤으나 오늘날은 그런 모습은 미미하다.
[8] 林光澈, 「在日朝鮮人問題－その歷史的發展について」, 『歷史學硏究別冊』, 1953.6, 69쪽.

이지는 않다. 재일조선인 사회도 그 모습은 유사하다. 일본이라는 지리적인 요건 때문에 재일조선인 사회는 보다 민족적인 부분이 국내보다는 강했던 것도 사실이다. 그렇기 때문에 반민족적 부분이 전면적으로 드러나기도 한다고 말할 수 있다. 군국주의 일본은 재일조선인 가운데 반민족적 세력을 조직화했다. '이기적 야심가'를 이용하여 '어용단체'를 조직하여, 재일조선인을 침략전쟁에 이용하려고 기도했다. 이들이 황민화운동의 선두에 섰다. 1920년 대표적인 재일 '반일주구' 단체가 존재했다. 바로 상애회이다.[9] 상애회는 1923년에는 10만의 조직이 되어 재일조선인 사회를 또 다르게 대표했던 것도 사실이다. 그리고 이들의 영향력은 지속적으로 연계 조직되는 단체를 통해 1945년 일본의 패전 때까지, 나아가 이후에도 일정하게 계속되었다.

(2) 후기 재일조선인 운동의 양태

전술했듯이 1929년 재일조선인 운동은 변화를 맞이했다. 절대적인 코민테른의 영향은 재일조선인 사회를 지배했다. 운동 전선의 '방향전환'이 야기되었다. 이른바 '방향전환'을 야기한 것은 해체논의였다. 당시에 해체논의는 재일본조선노동총동맹과 내용적으로 일본공산당과 일본노동조합전국협의회(이하 전협)이 선도했다. 핵심 구성원은 김두용, 김호영 등이었다. 김두용은 1929년 9월부터 재일본조선노동총동맹 내부에서 해체논의를 실제로 주도했다. 그에 의해 재일조선인운동에서 해방 공간까지 일본공산당과 전협의 영향력이 지대해졌다. 재일조선인은 세몰이에 선택이 쉽지 않았다. 지역에서의 활동가는 날벼락이었을지도 모른다. 단체 운동사의 관점에서 보면, 단체가 갑자기 없어지고 다른 단체에 들어

---

9) 金斗鎔, 『日本に於ける反朝鮮民族運動史』, 鄕土書房, 1947, 3쪽.

가 활동한 것은 대중을 잃게 되는 결정적 요인이라고 할 수 있다. 결국 '방향전환'을 초래한 해체논의는 재일조선인 운동을 일본 사회운동 속에서 일본 사회운동과 연계하여 진행해야 한다는 부담을 재일조선인 진보적 혁명가에게 주었다. 당시 코민테른의 국제주의는 조선공산당의 영향력 아래 있던 단체에게는 절체절명이었다.

1930년대 재일조선인 단체운동은 변했다. 일본 사회운동 속의 재일조선인의 활동은 일본사회 운동 세력과 원칙적으로는 함께 했다. 일본공산당 조직 내로 재일조선인 공산주의자들은 대거 들어갔다. 당시 일본 노동운동에 있어 1930년대 전투적 투쟁은 전협이 주도했다.[10] 여기에 산하 조직으로 조선인위원회가 만들어졌고, 그 중심세력은 재일조선인이었다. 이 조직은 재일본조선노동총동맹원이 다수였으며, 재일본조선노동총동맹은 조직적으로 해체되었다.

이런 모습은 전체 재일조선인운동에서 일부였다. 그 영향력은 절대적이었다. 이런 움직임을 보였던 단체와 그룹이 당시 재일조선인 운동에서 선도적이었기 때문이다. 그리고 그 구성원들은 그 어떤 단체의 구성원보다 역량이 있고 헌신적이었다.

일본 사회의 반제운동에 재일조선인 사회는 이전부터 함께 했다. 재일조선인 운동 진영의 '방향전환'이 진행되면서 재일조선인은 반제운동에 보다 적극적이었다. 재일조선인은 적극적으로 국제주의적 경향이 강한 일본반제동맹에 가입해 활동했다.[11] 재일조선인 좌익과 인테리층은 민족주의운동에 한계를 느끼고, 여기에 가입했다. 재일조선인은 일본반제동맹이 개인이나 조직의 이해관계와 무관하게 민족·사회적 혁명을 재

10) 김광열, 「1930년대 일본 혁신노동조합의 한인조합원운동－일본노동조합전국협의회를 중심으로－」, 『일본역사연구』 (23), 2006.

11) 박한용, 「일제강점기 조선 반제동맹 연구」, 고려대학교 박사학위논문, 2012, 123쪽.

정, 정치적으로 원조할 것이라는 내용에 매력을 느끼기도 했다. 그러나 전체 일본 사회운동 속에서 그 모습은 절대적이지는 않았다. 재일조선인에게는 유의미했던 것은 부정할 수 없다.

재일조선인 사회에서 일본 사회의 전국적인 흐름은 지역을 넘어 전국화에는 다소 시간과 단체 조직원의 활동이 작용하는 것을 주목해야 한다. 1930년대 재일조선인 운동에서 민족주의적 경향을 띤 단체운동이 존재했다. 이 가운데 주목되는 것이 동아통항조합으로 이 단체는 자주운항운동을 전개했다.[12] 이것은 오사카 재일 제주인이 중심이 되어 전개한 독자적인 운동으로 재일제주인은 독자성과 정치적인 선도성을 보여주었다. 동시에 경제적인 실리의 추구도 부정할 수 없는 내용이 있었다. 그 운동의 중심은 오사카이고, 제주가 부중심 그리고 사람은 김문준이었다. 김문준은 방향전환의 과정에서 초기에 반대하다가 지역적 정서와 전체 재일조선인 운동의 지형변화의 불가피함을 인정했던 인물이다.

김문준과 같은 지역에서 반일 반제운동을 전개한 사람들은 조직적으로 지역민과 결합되어 있었다. 따라서 재일조선인에 의해 독자적으로 1930년대에는 반일운동이 독자적으로 전개되기도 했다. 어떻게 보면 이것은 당연한 일인지도 모른다. 운동의 반향에 따른 노선의 차이에서 보면 불가피한 현실이었다. 재일조선인은 신문사를 통해 신문을 만들고, 대중적인 선전과 선동에 노력을 경주했다. 조선신문사와 민중신문사가 이를 대표했던 단체였다. 물론 그 이외에도 존재했던 것은 사실이다.

전시체제기가 되면 일본 사회도 급변한다. 제도로서의 일본의 파시즘은 전면화되었다. 여기에 재일조선인은 순응적이지 않았다. 재일조선인 단체운동은 지배 권력에 무능력하게 당하기만 하지 않았다. 일본에 간

12) 梁永厚,『戰後 大阪の朝鮮人運動 1945-1965』, 未來社, 1994, 19~29쪽.

재일조선인은 탄압에 적극 저항했다. 당시 학생과 청년은 지역과 대학 내 조직을 통해 일상적인 문제에 주목했다. 1930년대 중반 이후 재일조선인 사회는 변했다. 변화되는 재일조선인 사회는 일상의 문제에 적극 나서게 되었다. 주택 임대와 관련한 차가인투쟁, 참정권투쟁, 민족교육투쟁, 의료문제, 소비조합과 생활조합 문제 등 재일조선인 단체는 변화되는 사회에 전면적으로 대응했던 것이다.[13] 물론 각종 정치적인 현안에 대해서도 적극 대응했다. 이전의 재일조선인 단체와는 다른 모습이었다.

특히 강제연행기 재일조선인은 태업, 파업, 폭동 등을 일으켰다. 그리고 노동 압제를 피해 도주하기도 했다. 그러나 쉽게 도주는 성공되지 않았다. 당시 재일조선인 유학생은 적극적으로 소규모 단체를 만들었다. 청년, 노동자 등과 함께 단체를 조직하고 반일투쟁을 전개했다. 비밀결사가 나타나 새로운 투쟁 양태를 보이기도 했다.[14]

2) 재일코리안과 해방의 기억

1945년 8월 15일 일본은 패전했다. 그리고 한민족은 해방되었다. 재일코리안에게 이 해방은 새로운 출발점이었다.

그러면 재일코리안에게 해방은 무엇이었을까. 그것은 경험한 사람에 따라 그 층위가 절대적으로 다양하다. 어떤 사람은 '관동대진재'를 떠 올렸다고 한다.[15] 이것은 분명한 제노사이드에 대한 기억 때문이었을 것으로

13) 주택 임대와 관련한 차가인문제, 참정권 문제, 민족교육 문제, 의료문제, 소비조합과 생활조합 문제 등이 당시 재일한인 사회의 생활적인 차원에서 진행되었던 내용도 확인된다(정혜경, 「일제하 在日한국인 민족운동의 연구 : 大阪지방을 중심으로」, 한국정신문화연구원 한국학대학원 박사학위논문, 1999, 197~202쪽).

14) 변은진, 『파시즘적 근대체험과 조선민중의 현실인식』, 선인, 2013.

15) 그는 강철이다(「강철－재일코리안의 삶을 정리한 '재일코리안 연표'」, 『재일코리안의 삶과 문화(2) '교육, 학술'편』, 선인, 2015).

추측할 수 있다. 다양한 지형의 여러 형태의 1945년 8월 15일 해방의 기억은 전전에서 전후를 사는 재일코리안에게는 분명 '중요함' 그 자체였다.

먼저 역사학자의 경우와 재일코리안 활동가들의 구술과 회고, 각종 자료의 기억은 일본의 패전은 조선의 해방으로 기쁨 그 자체였다. 그것은 〈표 1〉 '재일코리안 역사학자, 활동가의 8·15해방에 대한 기억'이 내용을 보여준다. 이 가운데 재일코리안은 민족을 생각하고, 새로운 나라의 상을 그렸다. 그리고 조선 땅으로 돌아오는 것을 희망했다. 결국은 고향에 가고 싶고, 또 가서 사는 것이 낫다고 생각한 사람들은 일본 땅을 떠나 고국으로 돌아왔다.

그런가 하면 민단의 단장을 지낸 박병헌의 회고는 사실적이라는 생각을 갖게 한다. 두려움과 기쁨이 보통 조선인, 재일코리안에게는 중첩되었다. 1944년 12월부터 히로시마의 공장에서 복무하다가 전쟁이 끝나자 남한에 돌아온 정충해는 실업에 빠지면서 생존과 귀환을 위해 투쟁에 나서기도 했다. 그의 해방은 지속적인 투쟁의 과정 그 자체였다.

김석범의 소설 『1945年夏』은 해방 공간 조선인과 일본인의 모습을 동시에 그려 흥미롭다고 생각된다. 여기에서 작가 김석범은 작은 공장에서 조선인과 일본인의 모습을 동시에 보여주고 있다. 첫째, 조선인은 "전쟁에서 진 것은 일본이고, 조선은 다르다. 알겠어? 마침내 우리는 조선의 나라를 되찾은 것이다.…지금까지는 어쩔 수 없이 일본인으로서 살아왔지만 이제부터는 다르다.…음 그래서 나도 지금까지는 어쩔 수 없이 일본인으로서 살아왔지만, 앞으로는 명실상부 조선인으로서의 우리 동포를 위해서 서로 노력하지 않으면 안 된다고 생각하고 있다."고 했다. 또한 일본인의 모습이 보인다. "일본이 졌다는 것만은 확실하게 하지 않았냐? 훌쩍훌쩍 여자아이가 울기 시작한 것 같다. 보니 여학교 3학년인 주인의 딸이 눈시울을 누르고 있었다. 공장에서 사는 젊은 동포 공원이 2,

3명 섞여 있었는데, 이들도 이상하게 얼굴을 일그러뜨리고 슬픔을 참고 있는 것 같았다. 주인은 자기 혼자만 마시려고 끓이게 한 차를 홀짝거리며 느긋하게 행동하고 있었지만, 그 표정은 말과는 어울리지 않게 굳어 있었다."[16]고 했다. 김석범은 이렇게 작은 공장이라는 공간 속의 해방의 날, 8월 15일의 일상을 서사화하고 있다. 해방과 패전이 이들에게는 동시에 떠올랐고, 그 상황은 하나였다. 그리고 일본인과 조선인은 한 공간에 존재했다. 한편 황국소년으로서의 정신세계를 그대로 갖고 있던 사람도 있었다. 특이한 경우로 박사갑은 전쟁에 죽으러 가려는 목적을 달성할 수 없게 된 것에 대한 슬픔으로 울었다고 했다.[17] 어떻게 생각하면, 당시 일본 사회 속의 재일코리안의 일상은 현재의 우리가 원치 않지만 이런 사람이 많았을 수도 있다. 이들의 다수는 표현하지 않았을 것이다. 하지 못했다고 하는 표현이 맞을 수도 있다.

〈표 1〉 재일코리안 역사학자, 활동가의 8 · 15해방에 대한 기억[18]

분야	이름	주요 구술 내용
역사학자	임광철	제2차 세계대전에서 소동맹의 결정적 역할에 의해 조선 민족은 일본제국주의의 식민지적 노예의 상태에서 해방되었다. 이것은 일본제국주의의 최대의 희생과 피해를 받은 재일조선인과 그 해방운동에 큰 전환을 가져왔다. 강제적으로 동원되었던 수백만의 노동자는 그 노예적인 모든 직장에서 해방되었고, 징병으로 전장에 나갔던 수십만의 청년도 해방되었다. 재일조선인은 모두 해방의 기쁨과 지금까지의 지배자이고 피압박자였던 일본의 위정자들에 대한 증오와 소박한 복수의 마음과 귀국을 급히 서두르면서, 일본 인민에게는 이해가 불가능했던 일도 일어났는데, 모두가 하나같이 생각했던 것은 조금이라도 빨리 귀국하는 것이었다. 그 때문에 조선인 노동자는 고용주에 대해 당연히 요구해야 할 많은 권리와 배상을 방기하여 많은 조선인이 막대한 손실을 감수하면서 귀국했다.

16) 金石範, 『1945年夏』, 筑摩書房, 1974, 244~245쪽.

17) 朴四甲, 「わたしは軍國少年だった」, 前田憲一 · 山田昭次他 編, 『百萬人の身世打鈴』, 東方出版, 2021, 82쪽.

	강덕상	1945년 해방의 날 미야기현(宮城縣)에 있었다. 그리고 농지를 개간하고 있었는데, 중대 방송이 있으니 모이라고 해서 집합해서 천황의 방송을 들었다. 그런데 실제로 방송은 일본말이어서 못 알아들었다. 그리고 오후 2시경에 하숙에 가니 '천황이 떨어졌다'고 했는데, 자기는 비통함보다는 다른 느낌이 들었다. 나는 역시 일본 사람과 다르다는 생각을 했다.
	박경식	환희와 기쁨의 도가니였다. 나이든 사람은 살아왔다면서 눈물을 흘렸고, 젊은 사람들은 귀국해서 어떻게 조국 건설에 매진할 것인가를 고민했다.
	김찬정	그날 우리는 일본이 연합국에 항복한 사실을 몰랐다. … 그러나 16일 낮 일본이 항복했다는 이야기가 들려 왔고 모두 일하던 곳에 달려갔다. 노무 담당자는 전원 어디에 모습을 숨겼는지 한 사람도 없었다. 조선인들은 모두 흥분해 웅성거렸는데, … 식료품이 쌓여 있었다. 이후에 판명되었는데, 탄갱에는 연행되어 간 조선인이 1,000명 정도였다. 그 가운데 500명 정도가 도망했기 때문에 1,000명분의 배급품을 정부로부터 받아 창고에 쌓아 놓았다. … 끌려가 쌀밥을 먹었던 것은 이때가 처음이었는데, 흰 쌀밥으로 배가 불렀던 때에 해방을 실감했다.
활동가	박병헌	드디어 라디오에서 정오를 알렸다. 일본 국가가 먼저 연주되고는 이에 조서(詔書)가 낭독되었다. -사람들은 아직도 '정신 차려, 똑바로 해라'로 믿고 있었다. 일본인으로서는 일본의 승리 없는 종전은 꿈에도 생각지 않는 듯 했다. 아무리 귀 기울여도 라디오에서 흐르는 말은 가늠이 안 됐다. 다만 재일동포들이 '와!' 하며 기쁜 함성을 질러대는 걸 보고 '일본이 항복했나 보다'고 짐작했다.
	정충해	라디오 앞에서 무조건 항복을 한다고 하는 천황의 방송을 듣고 있던 우리 한국인들은 내심 날뛸 듯이 기뻤다. 그러나 지금 이 장소에서는 기뻐할 수도 없고, 그렇다고 하여 슬퍼할 수도 없는 미묘한 입장이었다. 눈을 감고 우리에게 이제부터 펼쳐질 여러 가지 일을 상상하면서 그리운 고국의 산과 강, 꿈에도 잊지 못한 부모님 형제들과 처자식을 눈앞에 그리며, … 이제 돌아갈 수 있다. 우리에게 때가 온 것이다. 자유세계의 자유로운 몸. 튼튼한 사슬로 꽉 매어 있던 몸이 일시에 풀어난 것 같다. 이 순간의 환희, 어떻게 필설로 나타낼 수 있을까.

18) 林光澈, 「在日朝鮮人問題」, 『歷史學研究別冊』, 1953, 6~7쪽; 강덕상 구술(2013.4.5, 도쿄 아리랑센터(청암대학교 재일코리안연구소 비공개 자료)); 朴慶植, 『解放後在日朝鮮人運動史』, 三一書房, 1989, 43~44쪽; 金贊汀, 『在日コリアン百年史』, 三五館, 1997, 130~131쪽; 박병헌, 『숨 가쁘게 달려온 길을 멈춰 서서(전 재일민단 단장 박병헌의 회고록)』, 재외동포재단, 2007, 45쪽; 鄭忠海, 井下春子 譯, 『朝鮮人徵用工の日記』, 河合出版, 1990, 151쪽.

이렇게 1945년 해방의 날, 재일코리안 사회의 모든 공간의 사람들이 동일하게 한쪽 방향으로 움직이지 않았다. 재일코리안이 절대 다수가 살던 조선촌의 경우는 극명하게 해방 그 자체가 보였을지 모르지만, 김석범이 그린 작은 공장은 그렇지 않았을 것이다. 이미 상당수의 조선인은 일본인으로 살아가는 것이 일본 내에서는 자연스럽게 되었을지도 모른다.

절대 다수의 재일코리안은 일본인으로 살아가는 것이 일본 내에서는 자연스럽다고 생각한지 모르겠다. 시간이 지나면서 일본에서 생활기반을 두고 사는 것이 좋다고 생각하는 부류가 나타나기 시작했던 것은 분명하기 때문이다.

3) 귀국

패전한 일본은 식민지에 대한 적극적인 원상 복귀를 해야 했다. 그러나 현실은 달랐다. 일본 정부는 외형적으로 강제연행자의 귀국을 주선했다. 실제로는 1945년 10월 일본 후생성은 조선인 후송을 시작할 것이라고 했다. 1945년 12월 말까지 집단 이주 노동자를 어느 정도 귀국시킨 연합국총사령부(GHQ)는 1946년 2월이 되자 다시 재일코리안 가운데 귀국 희망자 등록을 진행했던 것은 사실이다.

1945년 이후 해방 공간 재일코리안 사회의 대표적인 단체는 조련이다. 당시 조선인의 귀국에서 재일코리안 사회를 대표했던 단체는 조련이었다. 조련은 귀국과 각종 재일코리안 사회의 여러 일에서 중심적인 역할을 하게 된다. 실제로 조련은 조직 초기부터 귀국에 가장 적극적이었다. 그것이 당시 재일코리안의 절대 다수가 희망하는 일이었기 때문이다.

결론적으로 말해 140만의 조선인이 한반도로 귀국했다. GHQ의 방침과 대한민국 정부의 수립, 조선민주주의인민공화국 정부의 수립 등의 문제와 연동되어 조선인은 일본 국적을 잃었다. 대한민국 국적이나 조선민주주의인민공화국 국적 중 하나를 선택해야 했다. 그리고 선택은 지금도 진행형이다. 그 선택은 귀국이 첫 시점이었다.

실제로 다수의 재일코리안은 1945년 8월 15일 해방을 일본에서 맞아 자연스럽게 귀국을 생각했다. 그리고 행동으로 옮기는 사람들이 있었다. 그냥 고향이 좋아 집을 팔아서 배를 구했다. 그리고 귀국을 선택했다. 패전한 일본 정부는 이미 9월 1일 「조선인 집단이주노동자 등의 긴급조치의 건」을 통고하여 강제연행자의 귀국을 주선하기 시작했다. 전술했듯이 10월 22일에는 후생성에서 일반 조선인의 '귀환' 취급요령이 발표되어 집단 이주 노동자인 강제연행자의 우선 수송이 종료된 이후 일반 조선인 후송을 시작할 것을 고지했다. 그러나 집단 이주 노동자의 귀국이 계획대로 진행되지 못했다. 차질을 빚자 후속조치가 발령되었다. 이러한 조치는 귀국을 희망하는 재일코리안에게는 흡족한 일이 아니었다.[19]

한편 연락선에 의한 수송이 계획대로 처리되지 못하자 그에 앞서 많은 조선인들이 일본의 소형선박을 이용하여 귀국을 서두르게 되었다. 1945년 연말까지 사선을 통한 귀국은 계속되었다. 그 가운데 사고도 생겼다. 미군이 투하한 어뢰나 해적·풍랑 등에 의해 배가 침몰하는 사태가 발생하여 피해를 입는 재일코리안이 속출했다.[20] 우키시마마루(浮島丸)의 침몰 사건이 일어났다. 8월 22일 해군특별수송선이었던 이 배는 재일코리안 노동자와 가족 3,735명과 해군승무원 255명을 태우고, 아오모리(青森)현의 오미나토(大湊)항을 출발하여 부산으로 갈 예정이었다. 문제는 교토의 마이즈루(舞鶴)만에서 어뢰 폭발로 침몰하게 된다. 조선인 524명과 일본인 승무원 25명이 사망했다. 그리고 그 역사는 아직도

19) 전준, 『조총련연구』(1), 고려대학교출판부, 1973, 364쪽.

20) 深川宗俊, 『鎮魂の海峡 : 消えた被爆朝鮮人徴用工 246名』, 現代史出版會, 1974, 57~58쪽.

미궁에 빠져 있다.

당시 일본에는 귀국을 할 수 있는 여러 항구가 있었다. 센자키의 경우 인양원호국(출장소)에는 하루에 2만 명에 달하는 한국인이 밀려오는 일도 있었다. 시모노세키역 부근에 귀국을 희망하는 재일코리안이 운집했다. 야마토마치(大和町) 외곽지역에는 100채 이상의 판잣집 음식점과 많은 상점이 생겨났다고 했다. 결국 이들은 9월 1일 고안마루(興安丸)로 센자키를 떠나 귀국할 수 있었다.[21)]

전술했듯이 1946년 2월이 되자 다시 재일코리안 가운데 귀국 희망자의 등록을 지령했다. 이들은 1946년 2월 17일에, 귀환등록성명을 발표하여 3월 18일까지 귀환희망자는 등록을 할 것과 등록을 하지 않거나 희망하지 않는 자는 귀국의 특권을 상실한다고 했다. 이 결과에 따라 귀국 희망자에 대한 집단 수송 계획이 세워졌고, 이것은 시행되었다.[22)] 반면에 귀국을 포기한 재일코리안은 일본국 거주자로서 일본내무성의 출입국 통제를 받도록 했다. 거주는 선택의 문제였으나 경제적, 정치적 요소가 작용하여 재일코리안 사회를 흔들었다. 당시의 거주는 귀국과 일본 정주 가운데 항상 가변적이었다. 이것은 지금과 분명히 다르다.

재일코리안 연구자 최영호의 연구에 따르면, 1945년 3월 말 일본 전국의 탄광노동자 약 41만 6천 명 중에서 재일코리안 노동자는 33%에 달하는 약 13만 5천 명이었다고 한다. 따라서 재일코리안 노동자의 귀국은 일본 석탄업계에는 큰 타격이었다. 그럼에도 불구하고 재일코리안의 귀국은 필연이었다. 1945년 10월 28일 현재 재일코리안 귀국자 총수는 176,015명이었다. 미군정 참모 제2부 조사에 따르면, 1945년 8월 15일부터 1945년 12월 31일까지의 일본에서의 귀국자수는 510,459명이었다.

---

21) 萩原晉太郎, 『さらば仙崎引揚港: 敗戰・激動の峡間から』, マルジュ社, 1985, 65~68쪽.

22) 森田芳夫, 『在日朝鮮人處遇の推移と現狀』, 法務研修所, 1955, 59쪽.

1947년 9월 일본에서 온 귀국자 수는 1,862,678명이다.[23] 최영호는 일본에서 1945년 8월부터 1946년 12월까지 1,038,596명이 귀국했다고 한다.[24] 당시 일본의 노동 시장은 크게 흔들렸다. 특히 탄광의 경우는 다른 산업에 비해 그 여파가 컸을 것이다.

오늘날 재일코리안은 아직도 재일한다. 해방 이후 시간이 지나면서 일본에 잔류하는 재일코리안의 수가 늘어갔고 지금도 그 후손은 일본에 살고 있다. 당시 문제는 생계나 정치적인 문제, 불안한 한반도의 정치 상황 때문에 잔류자가 증가한 사실이다. 또한 1948년에 '제주4 · 3항쟁'이 발발했을 때와 '여순사건'이 발발했을 때 그리고 한국전쟁이 일어났을 때 많은 사람들이 일본으로 밀입국했던 역사가 존재한다는 점이다. 한반도에 살고 있는 사람에게 일본 땅은 친척이 있는 또 하나의 선택지였다. 지금도 일본에 가고 있다.

2. 재일본조선인연맹과 재일코리안 사회의 발전

1) 재일본조선인연맹 준비기[25]

패전 이후 일본 사회에는 새로운 미래를 향한 재건에 착수한 사람들 중에 우선 공산주의자들과 재일조선인이 있었다고 할 수 있다. 전자에게 '패전'이란, 천황제 파시즘 국가 일본이 붕괴되고 민주화를 거쳐 사회주

[23] 고향에 대한 그리움과 조국 건설에 대한 꿈이 다수의 재일코리안에게는 가슴 깊이 새겨 있었다고 할 수 있다(조경달 저, 정다운 역, 『식민지기 조선의 지식인과 민중』, 선인, 2012, 315쪽).

[24] 최영호, 『재일한국인과 조국광복』, 글모인, 1995, 94~141쪽.

[25] 이하 조련의 역사는 준비기, 전기, 후기로 나누어 총 다섯 차례의 전체 대회를 통해 조직적 변화에 주목하여 결성, 성장, 해체의 전 과정을 보겠다.

의혁명으로 이행하기 시작하는 출발점, 후자에게 '패전'이란, 36년간에 걸친 일본제국주의에 의한 식민지 지배에서 해방되어 새로운 민족국가를 건설하고자 움직이기 시작하는 출발점을 의미했기 때문이다. 양자는 동일한 '적'에 의해 오랜 기간에 걸친 혹독한 탄압과 목숨을 건 저항을 반복한 역사를 공유하고 있었다.[26]

선행 연구에 기초하면 재일코리안 단체의 역사는 해방 공간의 경우 먼저 조련에서부터 보는 것이 타당하다고 생각한다. 조련은 해방과 함께 재일코리안의 중심 세력으로 등장했기 때문이다.[27] 조련이 결성되기 이전부터 재일코리안 사회는 여러 단체를 결성했다. 도쿄를 비롯한 가나가와현(神奈川縣) 일대에서는 재일코리안의 단체가 조직되었다.[28] 이 단체들이 중심이 되어 전국적 조직을 서둘렀고, 여기에서는 재일본조선인회와 조선인연맹준비위원회가 관동일대의 재일코리안을 조직했다.

조련 준비기 주요한 날은 1945년 9월 10일이다. 이날 14개 단체의 대표와 방청객 60명이 모였다. 그 자리에서는 '재일조선인연맹중앙결성준비위원회'('조련중앙결성준비위원회'로 약칭함)를 조직하고 간부를 선출했다. 이를 주도적으로 준비한 사람은 준비위원회 위원장 조득성이었다. 당시 집행부는 일심회의 간부와 공산주의자를 중심으로 구성되었던 점이 주목된다. 이렇게 '조련중앙결성준비위원회'가 조득성을 위원장으로 한 이유는 GHQ와의 충돌을 고려해서였다. 영어가 능통했던 그는 점령군의 진주를 고려하여 위원장으로 추대되었다.[29] 이 '조련중앙결성준비위원

26) 임경화, 「목소리로 쇄신되는 '조선':1946~1955년의 일본 좌파운동과 조선 이미지」, 『한림일본학』 22, 2013, 91쪽.

27) 이하 조련의 일반적인 자료와 연구는 필자의 다음의 책을 참조한다(김인덕, 『재일본조선인연맹 전체대회 연구』, 선인, 2007).

28) 당시 도쿄에는 7단체가 생겼다. 재일본조선건국촉진동맹, 재류조선인대책위원회, 관동지방조선인회, 재일본조선인귀국지도위원회, 재일본조선인대책위원회, 재일본조선인거류민연맹, 재일본조선인거류민단이다(朴慶植, 『解放後在日朝鮮人運動史』, 三一書房, 1989, 49쪽).

회'는 조련의 선언 및 강령을 준비했다. 이것은 이후 조련의 선언, 강령의 기본적인 틀이 되었다.[30)]

'조련중앙결성준비위원회' 시절은 이른바 조련 창립 준비과정으로 당시 노선은 막연하고 구체적이지 않았다고 할 수 있다. 단지 내용상 신조선 건설, 세계 평화, 생활 안정, 대동단결, 일본 국민과의 우의를 강조했던 것이 특징적이다.

이후 '조련중앙결성준비위원회'의 조득성 위원장 등은 활동을 전개했다. 이들은 조련이 정식으로 결성되기 이전에 일본 수상과 면담하고, SCAP[31)]의 귀환업무를 담당하던 참모 제3부를 방문하여 조련 활동에 관련하여 요구사항을 제시했던 일은 알려져 있다.[32)]

2) 재일본조선인연맹 전기(제1~3회 전체대회)

(1) 재일본조선인연맹의 결성대회

실제로 '조련중앙결성준비위원회' 이후 조련은 조직되었다. 전체 조련의 전체대회는 다섯 차례 열렸다. 다섯 차례의 전체 대회는 전반기 제3회 대회까지와 후반기 제4, 5회 전체대회로 대분할 수 있다. 먼저 역사적인 결성대회는 1945년 10월 15일 열렸다. 히비야공회당(日比谷公會堂)[33)]에서

29) 권일, 『권일회고록』, 한민족, 1982, 57쪽.

30) 宣言(草案) : 人類의 歷史上 比類없는 第2次世界大戰도 『폿담』宣言에 의하야 終結되고 우리 朝鮮도 맏음내 自由獨立의 榮光이 約束되엿다. 우리는 總力을 다하야 新朝鮮建設에 努力할 것이며 關係 各當局과의 緊密한 連絡下에 우리의 當面한 日本國民과의 友誼維持 在留同胞의 生活安定 歸國同胞의 便宜를 企圖하려한다.(원문 그대로: 필자) 綱領(草案) : 1. 우리는 新朝鮮建設에 獻身的努力을 基함. 1. 우리는 世界平和의 恒久維待를 期함.1. 우리는 日本國民과의 互讓友誼를 期함. 1. 우리는 在留同胞의 生活安定을 期함. 1. 우리는 歸國同胞의 便宜와 秩序를 期함. 1. 우리는 目的達成을 위해 大同團結을 期함(『會報』 創刊號, 1945년 9월 25일).

31) 연합군 최고사령부이다.

32) 金太基, 「'前後'在日朝鮮人問題の起源」, 一橋大學大學院法學研究科, 1996, 158~159쪽.

개최된 대회는 준비위원장 조득성이 임시의장을 맡았다. 그리고 부위원장 권혁주가 경과보고를 했다. 김정홍의 동의로 '재일본조선인연맹을 결성할 것', '재일 조선 민족 3백만 명은 3천만 민족의 총의로 수립되는 조국의 민주정부를 지지하고, 건국의 위업에 진력할 것' 등을 만장일치로 가결시켰다. 또한 준비위원회가 작성한 대회선언, 강령, 규약을 채택했다. 그리고 사법성으로 가서 옥중에 있는 정치범 박열 등의 석방을 요구하여 석방 약속을 받는 성과를 내기도 했다. 당시 채택된 조련의 선언, 강령은 기본적으로 준비기의 내용과 동일하다고 할 수 있다. 단, 창립 준비과정에서 채택되었던 것과 비교해 보면, 강령 초안이 결성 대회에서는 순번이 바뀌었다. 아울러 선언에서는 일본의 식민체제 속에서 조선인들이 한 행동에 대해 전혀 언급하지 않고 있는 점이 다르다.[34]

전체대회 첫째 날 분위기는 그리 긍정적이지만은 않았다. 공산주의자에 의한 친일파 추방의 분위가 고양되었고, 험악한 상황이었다.

조련은 둘째 날 회의 장소를 옮겼다. 장소를 료고쿠공회당(兩國公會堂)으로 옮겨 진행되었다. 이날 문제의 사건이 발생했다. 실제로 사건은 전날 밤에 시작되었다. 이다바시(板橋)의 이병석의 집에서 김두용 이하 약 20여 명은 친일파를 배제하자는 등의 내용을 갖고 회의를 했다.[35] 둘째 날에는 대회 개회 전에 전날 밤의 준비에 따라 삐라와 함께 『民衆新聞』(특집호)가 배포되었다. 여기에는 「친일파와 민족반역자를 철저적으로 조련에서 일소하라」(원문 그대로 : 필자)는 기사가 게재되어 있었다. 회의 자리에서는 부위원장 권혁주, 강경옥, 이능상 등이 김달수를 비롯한

33) 『朝日新聞』(大阪版) 1946년 10월 16일.

34) 최영호, 『재일한국인과 조국광복 : 해방직후의 본국귀환과 민족단체활동』, 글모인, 1995, 170~171쪽.

35) 坪井豊吉, 『在日朝鮮人運動の概況』, 法務研修所, 1959, 86~88쪽.

10여 명에 의해 별실에 감금되었다. 회의는 진행되어, 임원을 선출하는 동안 김천해는 연단에 올라 연설을 했다. 이후 김정홍을 위원장으로 하는 임원이 발표되었다.

당시 조련의 결성 대회는 역사적 사건이었다. 『民衆新聞』(특집호)는 창립의 의의를 서술하고, 친일세력에 대한 입장을 정리하고 있다. 또한 결성대회에 대해서는 '재일코리안을 하나로 묶었다'면서, 결성 준비위원회 기간에 함께 활동했던 반민족적 분자를 배제하여 민족적 단결을 확보했다고 평가했다.[36)]

한편 조련은 결성대회 이후 일상적인 업무와 주요한 결의를 지속적으로 했다. 제2회 임시전체대회까지 두 차례의 중앙위원회가 열렸는데, 그 내용을 정리해 보면 다음과 같다.

〈표 2〉 조련 결성대회 이후 제1회 중앙위원회[37)]

사항	내용
장소 및 날짜	1945년 10월 16일 밤 조련 사무소
참가자수	약 70명
토론 및 결정사항	통일정부 수립 촉진을 위한 대동단결, 조련을 대내외적으로 재일코리안의 공적 기관으로 인정시킬 것, 재일코리안의 귀국대책을 위해 下關, 博多, 仙崎에 조련의 출장소 개설, 강제연행 노동자의 귀국여비와 식량의 요구, 외국인으로서의 주식, 연초, 술 등의 특별 배급 요구, 친일 민족반역자의 조사와 숙청 등
주요 임직원	위원장 : 윤근 부위원장 : 김정홍 · 김민화 총무부 부장 : 신홍식, 차장 : 한덕수 지방부 부장 : 배철, 차장 : 박제섭 재무부 부장 : 박용성, 차장 : 한우제 정보부 부장 : 김두용, 차장 : 신현필 외무부 부장 : 이병철, 차장 : 은무암 사회부 부장 : 정기섭, 차장 : 이종태 문화부 부장 : 이상요, 차장 : 김만유

36) 林光澈, 「在日朝鮮人運動・10年の歩み(上)」, 『新朝鮮』(8), 1955.9, 73쪽.

먼저 조련 제1회 중앙위원회 본회의에서는 몇 가지 사항을 결정했다. 우선 조련 중앙본부의 상임부서와 위원이 결정되었다. 이 가운데 유학생과 사회주의계열의 운동을 한 사람들이 조련 조직 활동에서 중심에 서게 된다. 아울러 재일본조선인연맹 지방본부의 조직과 위원장, 조직책임자도 조직되었다. 당시 조련은 빠른 속도로 확대되었다. 이러한 조련의 조직과 조직의 구성력은 지방 본부의 활동을 통해 보다 강화되었다고 평가할 수 있다.

한편 중앙과 지방 조직의 활동의 유기성 확보와 일상적인 활동을 위해 확대중앙상임위원회를 열었다. 11월 18일 조련 제10회 확대중앙상임위원회가 개최되었다. 이 자리에는 중앙위원, 청년학생 등 약 100명이 모였고, 조직과 운영에 대한 사항을 결정했다. 특히 여기에서는 친일파와 민족반역자를 지명했던 사실이 주목된다.[38] 그리고 이후 각 현 본부에서 추방인민대회를 열었다. 이와 함께 제10회 확대중앙상임위원회는 본국의 민주 단체와 연락 강화를 위해 특파원 파견을 결의하기도 했다. 중요한 회의가 11월 18일 효율적으로 정리되었다.

1945년 10월 결성 이후 초기 조련은 재일코리안 단체를 망라하는 조직이었다. 준비과정에서 확인되듯이, 결성 이후에는 재일코리안 운동의 중심기관으로 발전해 갔다고 할 수 있다. 처음에는 귀국 주선이나 실업문제, 일본인과의 화의와 협조를 맺는 문제와 같이 사회사업적인 내용이 주된 일이었다. 그러나 시간이 지나면서 진정한 재일코리안 사회의 중심으로 조선인의 정치, 경제, 문화 등을 대표하는 성격으로 변화되었다.[39]

---

37) 朴慶植, 「解放直後後の在日朝鮮人運動」, 『在日朝鮮人史硏究』 (1), 1977, 61쪽; 坪井豊吉, 『在日朝鮮人運動の概況』, 法務硏修所, 1959, 87쪽; 朴慶植, 『解放後在日朝鮮人運動史』, 三一書房, 1989, 57쪽.

38) 坪井豊吉, 『在日朝鮮人運動の概況』, 法務硏修所, 1959, 88쪽.

39) 金斗鎔, 「在日朝鮮人聯盟に就て」, 『民衆新聞』 1945년 11월 15일.

11월에 이르면 조련에는 조직적인 변화가 있었다. '조련중앙결성준비위원회'가 부일협력자들에 의해 주도되었던 것과 달리 활동가 출신이 주도된 일이다. '조련중앙결성준비위원회'와 달리 많은 조선인 대중의 지지를 기반으로 조직을 확장했고, 적극적으로 조직 활동이 전개되었다. 결성을 위한 '조련중앙결성준비위원회'가 사회단체의 성격을 띠고 있었던 것에 비해, 정치적 민족단체로서의 성격이 강화되었다. 그리고 조련 지방본부가 1945년 10월 16일까지는 28개 본부였고, 12월 20일까지는 36개 본부가 되었다. 조직의 전국화가 적극 추진되어 성과를 거두었다. 당시 조련의 결성 초기는 조직 전체를 공산주의자가 장악하지 못했다. 이 단계에서는 조련 중앙의 주요 자리와 전국의 중앙위원 가운데 공산주의자가 있었던 것은 사실이나 공산주의자가 정치적 색채를 분명히 하지 못했다.

〈표 3〉 조련 결성대회 이후 제2회 중앙위원회[40)]

사항	내용
날짜 및 장소	1946년 2월 2일 芝田村町의 조련 사무소
중심의제	윤근 이하 조국방문 특파원의 귀환보고와 서울에서 선언된 조선인민공화국 지지문제가 중심 의제였다. 이날 회의는 원만하게 진행되지 않아 회장을 多摩川練成道場으로 옮겨 야간토론을 했다. 반대파는 김재화, 변영우, 오우영, 서상한 등이었다.
특이사항	청년문제의 중요성이 논의되어, 청년부의 지도 강화가 결정되었다. 당시 청년부의 행동강령을 결정했다. (1) 우리는 봉건적 제국주의 잔존세력을 철저히 타도한다. (2) 우리는 일체의 민족반역적 행위를 박멸한다. (3) 우리는 진보적 민주주의를 고양한다. (4) 우리는 재일본조선청년운동의 통일전선을 도모한다. (5) 우리는 조국의 완전 자립, 독립에 협력한다.

이런 가운데 조련에서는 조선인민공화국 지지의 문제가 논의거리였

40) 朴慶植, 『解放後在日朝鮮人運動史』, 三一書房, 1989, 6쪽.

다. 이 문제는 다음인 제2회 임시전체대회로 미루었다.

(2) 재일본조선인연맹 제2회 임시전체대회

전국 조직 조련은 전체대회를 다섯 차례 개최했다. 제2회 전체대회는 임시대회였다. 1946년 2월 27일부터 28일 나가타쵸(永田町)의 국민학교 강당에서 제2회 임시전체대회가 열렸다.[41]

대회는 이틀 동안 열렸다. 첫날인 2월 27일 중심 의제가 분명했다. 제2회 중앙위원회에서 넘어온 조선인민공화국 지지안이었다. 대의원석과 방청객은 초만원이었다. '독립의 아침'의 합창으로 개시된 회의에서,[42] 윤근의 일반보고에 이어 역시 제2회 중앙위원회로부터 현안이던 조선인민공화국 지지안이 제안되었다. 김재화는 긴급동의로 조련 중앙 간부의 총퇴진 요구를 제안했다. 그에 따르면 조련 중앙 간부가 정세 판단을 잘못하여 '재일동포'에 대한 지도를 잘못했다는 것이다. 조직적인 관점에서 그의 행동은 돌발적이었다. 이미 준비된 의제와 무관한 행동이었기 때문이다. 신탁통치안을 놓고 활발한 논의도 이날은 있었다.

이틀째인 2월 28일 회의가 속개되었다. 조련 제2회 임시전체대회 이틀째 회의가 열렸다. 이날의 분위기는 전날과 사뭇 달랐다. 전날 긴급동의를 했던 김재화 등은 참가하지 않았다. 따라서 첫날 회의에서 조련 중앙 간부 총퇴진을 제안한 '김재화의 제명 처분'이 결의되었다. 준비된 대로 회의는 진행되었던 것 같다. 그리고 '귀국동포의 원조대책', 조선민주주의민족통일전선 가맹, 조선인민공화국과 신탁통치안의 지지 등의 내용이 결정되었다.[43] 전날 회의에 이어 신탁통치문제에 대해 결의했다. 그

---

41) 『民衆新聞』 1946년 3월 25일.

42) 『民衆新聞』 1946년 3월 25일.

43) 1) 귀국동포의 원조대책, 가) 仙崎, 下關, 博多 출장소의 존속, 나) 총사령부의 귀국희망자

내용을 보면, 조선에는 신탁통치란 것은 없다면서, 이 문제를 어떤 분자들이 이용하여 민족통일전선을 '착난'시키는 것은 용서할 수 없는 반역적 반동행위라고 규정했다.[44] 또한 이날 선언, 강령, 규약의 수정안을 심사하고, 자구수정은 신임 상임위원회에 일임하고 원안대로 결정했다.[45]

또한 조련 제2회 임시전체대회는 조직 내부의 주요한 결정 사항을 확인하게 한다. 이른바 소란 사건과 관련하여 정찬진, 정백우, 기관호, 박열, 이강훈, 김광남, 권혁주 등을 민족반역자로 규정했다. 또한 재일코리안 사회의 중요한 사항인 건청과 건동을 반동단체로 규정했다. 이것은 조련 조직의 개별화로 볼 수 있는 요소를 제공한 일이었다.

1946년 2월 조련은 제2회 임시전체대회에서 정치노선을 명확히 했다. 친일파의 조사와 규탄, 건청 그리고 건동과의 대결이 분명해졌다. 내용적으로 이후 재일코리안 사회의 지형 변화는 본격화되기 시작한다고 볼 수 있다. 동시에 조련은 제2회 임시전체대회에서 결성 이후 지방대표들, 하부조직을 만들어 가진 처음 대회라고 할 수 있다.[46]

그런가 하면 전체대회에 연동하여 조련은 중앙위원회를 일상적으로 개최했다. 조련은 제3회 중앙위원회에 뒤이어 제4회 중앙위원회를 열었다.[47] 친일파, 민족반역자, 건청, 건동을 비슷한 반열에 두고 투쟁을 적

의 조사 대조, 다) 동포의 여비와 위문금품의 요구, 라) 형사재판 중 동포의 귀국희망 유무 조사, 마) 총사령부의 형사재판권, 각서, 연구대책위 구성, 2) 조선민주주의민족통일전선 가맹 결의, 3) 조련 서울위원회 조직 승인, 4) 친일파 민족반역자의 전국적 규모로 조사 및 규탄, 가) 건동과 건청 분쇄투쟁의 강화, 나) 청년부, 부인부의 지도대책, 5) 민족교육과 청년교육 강화, 가) 초등학원 신설, 나) 東京에 3·1정치학원 설치, 다) 大阪에 8·15 정치학원 설치, 6) 조선인민공화국의지지, 7) 조직 내부의 통제강화, 8) 재일동포의 생활권의 확보와 민생안정(坪井豊吉, 『在日朝鮮人運動の概況』, 98쪽; 朴慶植, 『解放後在日朝鮮人運動史』, 三一書房, 1989, 63~64쪽).

44) 『民衆新聞』 1946년 3월 25일.

45) 『民衆新聞』 1946년 3월 25일.

46) 오규상 선생의 교시에 기초한다(2020년 2월 3일).

47) 呉圭祥, 『ドキュメント在日本朝鮮人連盟－1945~1949－』, 岩波書店, 2009, 29쪽.

극적으로 할 것을 권고했다. 24일 뒤에는 계속해서 제5회 중앙위원회가 열렸다. 지속적으로 건동과 건청에 대한 대책이 논의되고 내각 타도 인민대회 참가, 일본총선거대책 등을 결의했다. 이 회의는 지속성과 보다 진전된 활동의 내용을 보이고 있다. 특히 내각 타도 인민대회 참가와 관련한 내용을 보면, 1946년 4월 7일 히비야공원(日比谷公園)에서 개최된 대회에 조련 조직원 약 2천 명이 참가했던 일이 있었다.

제6회 중앙위원회는 1946년 5월 25일부터 26일 열렸다. 교바시공회당(京橋公會堂)에서 36개 지방 조직에서 84명의 중앙위원이 모여 열렸다.[48] 이 회의에서는 조선민주임시정부 수립 촉진운동, 또한 '건동과 건청의 반동분쇄'와 청년조직 강화 등의 내용을 결정했다. 이러한 제6회 중앙위원회의 결의에 따라, 6월 10일에는 전국 10개소에서 조선민주임시정부수립촉성인민대회가 개최되었다. 당시 도쿄에서는 우에노공원(上野公園) 광장에서 약 3천 명이 참가하여 인민대회가 열렸다. 김천해, 윤근, 하종환 등이 연설하고 북조선인민위원회와 남조선민주주의민족전선에 보내는 메시지가 채택되었다.

이렇게 활발하게 움직인 조련의 조직은 위원장 윤근, 부위원장 김정홍, 김민화체제가 유지되었다.[49] 또한 47개 지방본부와 조선인상공회, 학생동맹총본부, 학생동맹관동본부, 학생동맹관서본부가 활동했다. 당시에는 도쿄와 오사카지방본부의 구성원도 확인되는데. 도쿄본부는 박제섭이 위원장을, 오사카본부는 위원장이 김민화였다.[50]

약간의 시간적 간격을 두고 제6회 중앙위원회 이후 1946년 8월 제7회 중앙위원회가 열렸다. 1946년 8월 2일부터 4일까지 3일 동안 열렸다.[51]

---

48) 『民衆新聞』 1946년 6월 5일.

49) 解放新聞社 編, 『解放年誌』 1946년 10월 1일.

50) 朝鮮民衆社 編, 水野直樹 譯, 『寫眞集 朝鮮解放1年』, 新幹社, 1994, 87~93쪽.

그 어떤 회의보다 활발한 내용을 확인할 수 있는 이 회의는 정세보고, 질의, 문답과 토의로 진행되었다. 특히 둘째 날은 조련의 향후 활동방침에 대한 문제점과 대안을 수립했다. 그리고 해방 기념행사에 주목하기도 했다.

〈표 4〉 조련 결성대회 이후 제7회 중앙위원회[52]

중앙위원회	사항	내용
7회	날짜 및 장소	1946년 8월 2~4일
	토론 및 결의 사항	- 첫째 날 : 8월 2일 오전 11시 20분부터 오후 6시 10분까지 열렸다. 의장 윤근의 개회사와 김훈의 〈자격심사보고〉가 있었고, 〈국제 정세 보고〉(하종환), 〈본국 정세 보고〉(이종태) 이후 오후 1시 30분에 휴회, 오후 2시에 속개되었다. 속개된 회의에서는 〈조련 일반 정세 보고〉(신홍식), 〈경과 보고〉(한덕수) 이후 질의 답변이 있었다. - 둘째 날 : 8월 3일 9시 20분부터 오후 5시까지 진행되었다. 이날은 전날과 마찬가지로 질의 답변이 있었다. 토의사항 중에는 〈조련 금후 활동방침에 관한 건〉(조희준)에 대한 보고가 있었다. 기존 활동의 문제점으로, 1) 지금까지의 잘못으로 분회와 지부, 지방본부의 정세 보고와 활동 보고가 전무했다, 2) 중총 각 전문부의 구체적 보고가 없었다고 지적했다. 그리고 구체적인 대안을 제기했다. 1) 정기적인 보고와 활동의 장려, 2) 보고 양식의 작성과 지방 하달, 3) 중총 방침의 즉각적인 지방 하달, 4) 미소공동위원회 재회, 조선임시민주정부수립 촉성운동의 실행, 5) 지방본부 및 중총에서 구체적인 안을 수립하기로 했다. - 셋째 날 : 8월 4일 오전 9시 30분부터 오후 4시까지 열렸다. 이날은 해방 기념과 기타사항 등에 대해 남호영이 설명했다. 1) 조련 강화, 2) 민주주의민족전선 강화, 3) 반동단체 타도, 4) 미소공동위원회 총회 요청의 원안을 가결시켰다. 민족반역자의 규정을 민전의 규정을 발췌하여 한덕수가 설명했다.[53]

51) 『第7回中央委員會會錄』, 朴慶植 編, 『在日朝鮮人關係資料集成(前後編)』 1卷, 不二出版社, 2000, 1쪽.

52) 朴慶植, 『解放後在日朝鮮人運動史』, 三一書房, 1989, 6쪽; 『第7回中央委員會會錄』, 1~6쪽, 12쪽, 26~27쪽.

(3) 재일본조선인연맹 제3회 전체대회

전반기 마지막 대회인 제3회 전체대회는 1946년 10월 14일 열렸다. 오사카시 나카노시마중앙공회당(中之島中央公會堂)에서 제3회 전체대회가 오전 12시 30분에 개최되었다.[54)]

4일 동안 열린 대회는 첫째 날 한덕수의 사회로 개회가 선언되었다. 먼저 해방의 노래가 연주되었고, 국기에 대한 경례가 있었다. 이날 임시 집행부가 구성되었다.[55)] 축사와 축문이 답지했고, 국제정세 보고, 본국 정세 보고, 긴급동의로 남조선민주주의민족전선에 보내는 메시지 등을 가결했다.

둘째 날인 1946년 10월 15일 오전 7시 30분에 이틀째 회의가 있었다.[56)] 각종 심사위원회를 구성했는데, 강령 및 규약 수정심사소위원회, 예산안 심사소위원회, 지방건의안심사위원회가 조직되었다. 특히 조련의 일반정세를 하종환이 보고했다. 조직과 관련하여 조련은 동지를 획득하기 위해 재일조선인의 성향 분석을 하고, 반동단체를 제외한 전민족적인 단결과 조련의 강화를 제기했다. 특히 이 자리에서도 거류민단의 반동성, 조직적 문제를 해결하기 위한 각 단위별 원활한 관계 설정 등에 대해 피력했다.

조련 제3회 전체대회 셋째 날인 10월 16일 오전 10시에 회의는 속개되었다. 각부의 활동 보고가 계속되었다. 그리고 재정감사역 남정일의 결산보고가 있었다. 아울러 이후 조련 활동에서 주요 사항이 된 시이구마사부로(椎熊三郎)사건 책임 추궁 문제를 가결시켰다. 계속된 회의에서는

53) 呉圭祥, 『ドキュメント在日本朝鮮人連盟－1945~1949－』, 岩波書店, 2009, 32쪽.

54) 『在日本朝鮮人聯盟第三回全國大會議事錄((附)第八回中央委員會議事錄)』, 朴慶植 編, 『朝鮮問題資料叢書』 9卷, アジア問題研究所, 1983(이하 『在日本朝鮮人聯盟第三回全國大會議事錄((附)第八回中央委員會議事錄)』로 줄임), 18쪽.

55) 『在日本朝鮮人聯盟第三回全國大會議事錄((附)第八回中央委員會議事錄)』,18~19쪽.

56) 『在日本朝鮮人聯盟第三回全國大會議事錄((附)第八回中央委員會議事錄)』, 19쪽, 20~32쪽.

지방정세에 대해 효고현(兵庫縣), 도쿄, 야마구치(山口), 오이타(大分), 니가타현(新潟縣)에서 보고했다. 또한 생활권 옹호투쟁에 대해 남호영이 설명하여 첫째, 중앙 지방에 특별위원회 구성, 둘째, 의회개최 시에 전국인민대회 개최, 셋째, 일본 민주단체와의 횡적 연락, 넷째, 투쟁기금 모집 등이 논의되었다.

이날은 토의사항으로 규약 수정 내용을 심사했다.[57] 실제로 조련의 선언, 강령은 조련의 정치노선이 명확해지기 시작하는 제2회 전체대회에서 수정을 위해 토의되었고, 둘째 날 심의위원회가 결성되어 심의한 이후 제3회 전체대회에서 규약[58]과 함께 정식으로 채택, 발표되었다. 아울러 선언은 조련의 역사적 사명, 친일파 청산, 민족통일전선으로서의 조련의 역할과 함께 세계민주세력과의 연대를 표명했다. 강령에서는 재일코리안의 권익옹호와 생활의 향상, 진보적 민주주의 국가 건설, 세계민주주의 세력과의 제휴를 재차 거론하고 있다.

넷째 날은 10월 17일 오전 10시 15분에 이쿠노구(生野區) 히가시모모타니국민학교(東桃谷國民學校) 대강당에서 열렸다.[59] 여기에서는 메시지 낭독이 있었고, 3당 합동을 지지하여 민전에 보내는 문건을 유종환이 낭독했다. 그리고 조련 제3회 전체대회에 보낸 일본공산당[60] 대판지방위원회의 문건이 소개되었다. 아울러 금후 1년 동안의 활동 방침에 대해 조희준이 설명했고, 의안으로 첫째, 동포생활의 안정, 둘째, 교육 및 계몽, 셋째, 본국 임시정부 수립 촉성, 넷째, 조직 강화 등이 가결되었다.

57) 김인덕, 『재일본조선인연맹 전체대회 연구』, 선인, 2007. 60쪽.

58) 朴慶植 編, 『朝鮮問題資料叢書』 9卷, アジア問題研究所, 1983, 45~48쪽.

59) 『在日本朝鮮人聯盟第三回全國大會議事錄((附)第八回中央委員會議事錄)』, 38~39쪽.

60) 조련과 일본공산당과의 관계에 있어 일본에 정부하는 재일조선인은 일본 혁명에 참여해야 한다고 김두용은 강조했다(윤건차 지음, 박지우 외 옮김, 『자이니치의 정신사』, 한겨레출판, 2016, 154쪽).

제3회 전체대회에서는 또 다른 주요한 논의와 결정 사항도 있었다. 첫째, 제7회 중앙위원회의 성과로 제3회 전체회의는 "주체적, 객관적 정세에 입각하여 조련의 과거의 활동에 대해 냉정하고 철저한 자기비판이 필요하다면서 이에 기초하여 기반 조직의 확립과 청년 및 여성문제, 계몽운동, 경제문제 등 일반 활동 방침이 결정되었다."고 정리되었다.[61] 둘째, 창립 초기 조련의 귀국사업에 대한 객관적인 자체 평가도 있었다. 결성대회에서 조국 수송 알선을 적극적으로 수행할 것을 결의했는데, 문제는 그 후 노력했지만 기대했던 것과는 전혀 달랐다고 지적했다. 그리고 운송과정에 부정, 많은 액수의 뇌물이 거래되었다고 했다. 셋째, 조련은 제3회 전국대회에서 교육관련 중요한 사항을 계획했다. 학교 건설과 경영, 교원 양성, 교과서의 편집 등에 대한 계획을 세웠는데, 구체적으로는 (1), 진보적 민주주의와 건국이념에 근거해서 철저한 조국애를 갖는 공민을 양성한다. (2), 실력과 책임감이 강한 근로정신을 함양한다. (3), 건강한 신체와 강철과 같은 의지를 배양한다. (4), 미적 정조와 과학적 탐구심을 도야한다. (5), 교육의 과제는 광범하고 풍부하게 채택하고 젊은 세대로 하여금 국가와 사회 모든 문제에 깊은 관심을 갖도록 지도한다는 내용이었다. 이런 내용은 원론적이지만 이후 조련 민족교육의 큰 틀이 마련되었던 것으로 평가할 수 있다.

이상과 같이 조련은 제3회 전체대회 이후 제4회 전체대회 이전 사이에 네 차례의 중앙위원회를 개최했다. 1946년 10월 19일 제8회 중앙위원회가 열렸는데 조직 발전의 구체적인 틀을 확보하기 위해 실무적인 방안을 논의했다.[62] 다음 해인 1947년 1월 28, 29일 제9회 중앙위원회가 열렸는데, 이 회의에서는 조직과 활동의 큰 틀이 논의되었다.[63] 특히 문화부를

61) 『在日本朝鮮人聯盟第三回全國大會議事錄((附)第八回中央委員會議事錄)』, 113쪽.
62) 『在日本朝鮮人聯盟第三回全國大會議事錄((附)第八回中央委員會議事錄)』, 75~76쪽.

문교국으로 승격시키고 문화·학무·출판·조직·서무의 각 과를 두고 학무과가 교육 사무를 전담했다. 그리고 교육규정을 마련했다. 또한 재일본조선인교육자동맹의 결성을 결정하고 교육강령, 기본이념을 발표했다.[64] 이 회의는 민족교육 문제에 있어 큰 진전을 본 회의라고 할 수 있다. 그것은 조련 제3회 전체대회가 전제된다.

제9회 상임위원회와 제10회 상임위원회 사이에 긴급 상임위원회가 열렸다. 1947년 3월 10일 긴급 상임위원회가 있어 일본의 총선거에 대한 대책을 협의했다. 이에 앞서 1947년 2월 25일자『解放新聞』의 사설에는 선거의 중요성이 역설되기도 했다. 이후 제10회 중앙위원회는 1947년 5월 15~17일 열렸고, 각종 활동 보고에 기초하여 토론을 진행했다.[65] 특히 '조선민주임시정부 수립 촉성 주간'의 결정을 통해 알 수 있듯이 국내 정치에 대해 적극적으로 대응하는 모습이 파악된다.

약 4개월이 채 못된 9월 초 제11회 중앙위원회가 열렸다.[66] 여기에서는 주요한 것으로 첫째, 재일조선인문화단체연합회에 대한 주요한 보고가 있었다. 그 보고 가운데, '중간 부동층 노선을 확립시키고 통일을

63) 坪井豊吉,『在日朝鮮人運動の概況』, 法務研修所, 1959, 116쪽. 김덕룡은 "북한 인민정권 지지 천명이 이 회의에서 있었다"고 한다(김덕룡,「초기 재일조선인 교육에서 쓰인 조선어 교재에 관한 고찰」, 강양원·클레어 유 편저,『한국 이민초기 교육의 발자취』, 선인, 2011, 207쪽).

64) 〈교육강령〉: 1) 반항구적 교육정책을 수립하자. 2) 교육시설의 충실과 교육 내용의 민주화를 철저히 실시하자. 3) 일본교육의 민주화에 적극적으로 협력하자. 4) 교육행정을 체계적으로 수립하자. 5) 교육재원을 확립하자. 〈교육의 기본이념〉: 1) 전인민이 잘 살 수 있는 진정한 민주주의를 가르치자. 2) 세계사의 관점에서 애국심을 육성하자. 3) 실생활에 토대를 두는 예술관상과 창작활동을 독창적으로 발휘시키자. 4) 노동의 신성을 일상생활과 학습을 통해 체득시키자. 5) 과학기술에 대한 정력적인 탐구심에 점화해 주자. 6) 과학, 노동, 경제현상의 사회관련성을 구명해 주자. 7) 남녀공학을 철저히 실행하자(坪井豊吉,『在日朝鮮人運動の概況』, 法務研修所, 1959, 208쪽).

65)『第7回中央委員會會錄』, 朴慶植 編,『在日朝鮮人關係資料集成(前後編)』1卷, 不二出版社, 2000, 145쪽.

66)『第11回中央委員會議事錄』, 214~225쪽. 이하에서 제8~11회 중앙위원회의 토의, 결의 사항을 확인할 수 있다(〈표 5〉 조련 제8~11회 중앙위원회 참조).

〈표 5〉 조련 제8~11회 중앙위원회[67)]

중앙 위원회	사항	내용
8회	날짜 및 장소	1946년 10월 19일 神戸市 眞野國民學校 강당
	주요 토의사항	- 상임위원 선정의 건 - 민영 개조의 건 - 지방분단금 결정의 건 - 대회에서 일임된 안건 : 1) 九州수용소 조사파견의 건(이윤재, 윤덕곤, 장정수, 신자균, 김태삼, 날짜는 1주일 이내), 2) 기타 안건(상임위원회로 일임) - 기타: 1) 富山(石動사건) 보고, 2) 德島보고, 3) 青森(사과사건)보고 등 * 조사 및 해결은 상임위원회로 일임
9회	날짜 및 장소	1947년 1월 28, 29일 東京 京橋公會堂
	결의 사항	- 일본 민주세력과의 공동투쟁 - 희생자 구원운동의 강조 - 청년간부의 등용과 양성 - 생활옹호운동의 일반 활동 방침 - 경제활동의 금후 방침 - 조련 재정보고와 금후 방침 - 문화 활동의 5대 기본목표 - 조직 활동의 금후 방침 - 조선해방운동자구원회의 조직 - 중앙기구 개편 - 문화부를 문교국으로 승격 - 신학기부터 일본의 학제에 맞추어 6·3제를 취할 것과 '교육규정'을 결정 - 재일본조선인교육자동맹의 결성을 결정하고 교육강령, 기본이념을 발표
10회	날짜 및 장소	1947년 5월 15일부터 17일 東京 京橋公會堂
	토론 및 결의사항	- 제1일은 섭외활동 보고 - 제2일은 경제활동 보고 - 제3일은 문화활동 보고 - '조선민주임시정부 수립 촉성 주간'(5월 20일부터 6월 10일) 결정 - 중앙 문교국을 교육, 문화, 조직의 3부제로 하고, 교육부에 학무, 출판의 2개과 설치
11회	날짜 및 장소	1947년 9월 6일부터 8일까지 東京 京橋公會堂
	토론 및 결의 사항	- 조련 회관 건축안 - 제4회 조련 전체대회 구성 및 운영에 관하여 - 중앙기구에 관하여 - 중소상공업 진흥대책 - 민생문제 활동 방침 - 조직 활동 요강 - 청년운동에 대한 활동 방침 - 부녀 활동 방침 - 문화 활동 방침 - 교육부 활동 방침 - 재정 활동 방침

67) 朴慶植, 『解放後在日朝鮮人運動史』, 三一書房, 1989, 6쪽.

도모해야 하며, 대중적 기초를 확립시키고 민족통일의 길을 가도록 하여 결정적으로는 이것을 방해하는 분자를 철저히 숙청해야 한다.'고 했다. 둘째, 문화 활동 방침으로, 각종 강습회, 연구회, 독서회의 개최, 외국 민주주의 문화인과의 교류, 의식주의 과학화, 위생사상의 보급, 민주주의 문화인의 조직화를 내걸었다. 그리고 이 회의는 민주주의 세계 건설에 민족적 사명을 수행하는 조직으로 중앙 상임기구를 의장단, 서기장, 1국 8부제로 했다. 의장단은 대회에서 선출하는 것으로 재편했다. 또한 외국으로 출판국을 두었다. 특히 조련 조직의 재편성과 강화를 위한 내용을 정리했다. 이에 따라 조련은 1947년 민주청년동맹, 민주여성동맹, 교육자동맹 등의 전국적 조직 및 학교관리조합, 진재자동맹, 해방운동자구원회, 각종 경제 단체의 조직을 진행했다.[68]

이렇게 제3회 전체대회가 열렸던 1946년 재일조선인 사회는 일본 사회의 혼란과 국내의 정치적 영향 아래 노출되어 있었다. 따라서 안정이라는 말은 불가능했다. 당시 주일 미군은 재일코리안 사회의 좌파적 성향과 대중운동의 진보적 성향에 탄압적 모습을 보였다. 여기에는 일본 정부의 역할도 있었다. 재일코리안 사회는 투쟁으로 대항했다. 그 중심에 조련이 있었다. 당시 제3회 전체대회는 실제적 대중운동 관련 조련 정책의 전환점이 된 대회였다.

3) 재일본조선인연맹 후기(제4~5회 전체대회)

(1) 재일본조선인연맹 제4회 전체대회

1947년 9월 제11회 조련 중앙위원회 이후 조련 제4회 전체대회는 1947년

68) 朴慶植, 『解放後在日朝鮮人運動史』, 三一書房, 1989, 164~165쪽.

10월 15일부터 17일까지 열렸다.[69] 첫째 날 오전 11시 20분 시작되어,[70] 대회집행부가 선정되었다. 그리고 일반 활동에 대한 주요 경과보고가 진행되었다. 그 순서는 1) 서언, 2) 조직 활동, 3) 교육 활동, 4) 경제 활동, 5) 결언 순의 내용이었다. 이 가운데 서언에서는 활동의 4대 원칙으로 첫째, 동포생활의 안정, 둘째, 교육 및 계몽, 셋째, 본국 임시정부 수립 촉진, 넷째, 조직 강화를 거론했다. 이것은 이후 조련의 전체적인 틀이 다시 한번 확인되는 내용이라고 할 수 있다. 첫째 날 회의에서는 조련 활동과 관련한 내부비판이 주목된다. 교육활동과 관련해서 자기비판의 내용은 절실하다. 경제활동과 관련한 자기비판은, 거시적인 관점에서 계획과 활동을 전개하지 못한 점을 들고 있다.

둘째 날 회의는 시작과 함께 아이치현(愛知縣)의 긴급동의로, 미소 양군의 공동 철군 요청서를 공동위원회에 보내고, 미국 대표에게는 양군의 철퇴를 환영한다는 결의문을 보내기로 했다.[71] 일반정세 보고는 보고 이후 질문과 답변이 있었는데, 주제는 〈재일동포의 생활위기 방위에 대해〉, 〈문화교육 활동 방침에 대해〉, 〈조직활동 방침 의안 설명〉이 확인된다.

셋째 날은 9시 30분에 개회되었다. 국기에 대한 경례와 해방의 노래를 제창하고 시작되었다.[72] 이날 조직 내부 문제가 있었다. 정치활동 방침 토의에 들어가기 전에 오사카 대의원이 제출한 의장단 불신임에 대해 토의했다. 그러나 의장단이 계속 강력한 의사진행을 요청하기로 결정해 버렸다.[73]

69) 약 11개월 동안의 구심적인 회의체에 대해서 별도의 확인이 필요하다.

70) 이하의 제4회 전체대회 상황은 다음의 자료를 참조한다(『第四回全体大會會議錄(附)第十二回中央委員會會事錄)』, 朴慶植 編, 『朝鮮問題資料叢書』 9卷, アジア問題研究所, 1983(이하 『第四回全体大會會議錄(附)第十二回中央委員會會事錄)』로 줄임)).

71) 『第四回全体大會會議錄(附)第十二回中央委員會會事錄)』, 133쪽.

72) 『第四回全体大會會議錄(附)第十二回中央委員會會事錄)』, 138쪽.

73) 『第四回全体大會會議錄(附)第十二回中央委員會會事錄)』, 138쪽.

제4회 전체대회에서는 『1948년도 활동방침』도 결의했다. 그 내용은 이전까지의 활동에 기초한 다음 해인 1948의 활동에 대한 큰 지침이었다. 그 가운데는 일반 활동 방침이 전반적인 내용을 담고 있다. 그 내용을 보면, 첫째, '재류동포'의 생활위기 타개, 둘째, 민주문화 민주교육의 급속한 향상, 셋째, 단일조직을 확립하여 민주주의민족전선으로, 넷째, 세계 민주세력과 구체적 제휴, 다섯째, 조국 완전 자주독립 전취 촉성의 내용이다.[74]

(1) '재류동포'의 생활위기 타개를 다루면서는 정당한 보수를 획득하여 건실한 생활을 하도록 하며 정당한 상권을 조직적으로 획득하여 소비 대중에게 봉사하여 조선인의 경제적 신위를 선양할 것을 피력했다. 이 보고서는 자본주의 시장경제를 전면 부정하지는 않았던 것을 확인하게 해준다. (2) 민주문화 민주교육의 급속한 향상을 위한 방안에서는 새로운 민주문화 민주교육의 이념 아래에서 교육행정을 자주적인 힘으로 발전시키자고 하면서 문화 활동 방침을 제기했다. 즉 조련은 한반도와 분리된 독자성을 민족교육에서 추구하기도 했다. (3) '단일조직을 확립하여 민주주의 민족전선으로'라는 장에서는 조련의 성격을 규정하고 청년대표, 부인대표, 직능대표, 지역대표로서 민주주의적으로 운영되어야 한다고 운영 방침도 보인다. 이렇게 조련은 전국적 조직으로 산하에 분야별 대표를 두는 조직체계를 갖고 있었다. (4) 세계 민주세력과의 구체적 제휴에 대한 장은, 일본민주세력과 적극적으로 협력, 투쟁을 지원하는 노력이 절실하다고 했다. 당시 일본민주세력의 중심은 일본공산당이다. (5) 조국 완전 자주독립 전취 촉성이라는 장에서는, '재일동포가 망국반동 책동자를 제압'하면서 적극적인 활동을 거론했다. 여기에서는 반민족세력을 대

74) 『1948年度活動方針』, 朴慶植 編,『朝鮮問題資料叢書』 9巻, アジア問題研究所, 1983, 161쪽.

상으로 이들과의 절연을 전제로 하고 있다고 보인다.

이런 조련은 제4회 전체대회 이후에도 하부 조직 단위로 중앙위원회 체제를 유지했다. 조련 제12회 중앙위원회는 1947년 10월 18일 열려[75] 회관 건립에 관한 건과 집행부를 새롭게 조직했다.

한편 해를 넘긴 1948년 제13회 중앙위원회가 있었다. 조련 도쿄본부 회의실에서 열린 제13회 중앙위원회는[76] 3일 동안 열렸다. 전체대회를 방불케 한 이 대회는 그 어떤 중앙위원회보다 많은 내용이 토의되었다. 첫째 날 회의는 생활위기, 교육, 재산관리재단(가칭) 설립의 건, 조국 독립 촉성운동 전개의 건, 조련회관 건설 완수의 건 등을 논의했다.[77]

둘째 날 회의 주요한 내용은 서기장 백무의 사퇴의 변이었다. 그는 '남조선'만의 단독정부 수립에 대한 반대의 입장을 분명히 했다. 이로 인해 백무는 조직에서 배제, 제명되었다.[78] 셋째 날은 첫째 날과 유사한 주제 통의가 진행되었는데, 특히 조련의 조직운동을 위해서 재산 관리재단의 설립이 절실하다고 했다. 당시 관리 대상은 조련 소유의 부동산, 동산, 유가증권 등이었다. 조련회관의 건축과 관련한 논의에서는 기본 자금의 모집과 특별헌금의 모금을 시도하고자 했다.[79] 그런가 하면 제15회 중앙위원회는 건청과 조직적으로 대립하는 데 적극적이었다. 건청, 나아가 민단과의 대립적인 구도는 조련이 존재하는 동안 지속되었다.

75) 『第四回全体大會會議錄(附)第十二回中央委員會會事錄)』, 152쪽.

76) 『第13回中央委員會議事錄』, 朴慶植 編, 『在日朝鮮人關係資料集成(前後編)』 1卷, 不二出版社, 2000(이하 『第13回中央委員會議事錄』로 줄임), 245쪽.

77) 『第13回中央委員會議事錄』, 252쪽.

78) 朴慶植, 張錠壽, 梁永厚, 姜在彦, 『體驗で語る解放後の在日朝鮮人運動』, 神戶學生・青年センター 出版部, 1989, 126쪽.

79) 『第13回中央委員會議事錄』, 303~308쪽. 제14회 중앙위원회는 필자가 아직 파악하지 못했다.

〈표 6〉 조련 제12,13,15회 중앙위원회[80]

중앙위원회	사항	내용
12회	날짜 및 장소	1947년 10월 18일
	주요 토의사항	- 이전 조련 제4회 전체대회에서 위임받은 사항 - 모조품 수배에 관한 건 - 민생위원제에 관한 건 - 밀항선과 표류선에 관한 건 - 반동단체 전국적 초토화 건 - 대일강화회의 대책의 건 - 조선에서 사용하는 전화요금에 관한 건 - 기거사건에 관한 건 - 규약 조회 토의 건 - 분담금 비율 토론의 건 - 기타: 회관 건립에 관한 건
13회	날짜 및 장소	1948년 1월 27일부터 30일까지 조련 도쿄본부 회의실
	주요 논의사항	〈첫째 날〉 - 생활위기 타개대책 - 문교활동 강화대책 - 조직선언 강화대책 - 재정 확보대책 - 조련 재산관리재단(가칭) 설립의 건 - 조국 독립 촉성운동 전개의 건 - 조련회관 건설 완수의 건 - 지방건설안 〈둘째 날〉 - 서기장 백무의 사퇴의 변 〈셋째 날〉 - 생활위기 타개의 건 - 교육부 활동 강화의 건 - 조직선전 강화대책의 건 - 재정일원화와 재정 확립의 건 - 조련 재산관리재단 설립의 건 - 조선 완전자주 독립전취에 관하여 - 조련회관 건축완수 등
15회	토론 및 결의사항	- 1948년 4.24한신(阪神)교육투쟁을 기념, 4월 24일을 우리말·우리글을 지킨 '교육투쟁 기념일'로 정함 - 건청 조직에 가담한 사실을 들어 오카야마(岡山)본부 기타(北)지부의 지주종, 송승수, 정종우, 송현수를 제명 처분함

(2) 재일본조선인연맹 제5회 전체대회

조련의 역사상 마지막 전체대회는 제5회 전체대회였다. 이 대회는 1948년 10월 14일부터 3일 동안 열렸다.[81] 1948년 10월 14일 첫째 날 조련 제5회 전체대회 회의는 주목되는 일이 있었다. 지금까지 걸었던 태극기에 대신하여 조선민주주의인민공화국의 새로운 국기를 게양했다. 그리고 국기

80) 朴慶植, 『解放後在日朝鮮人運動史』, 三一書房, 1989, 6쪽.

81) 『第五回全体大會議事錄』, 朴慶植 編, 『朝鮮問題資料叢書』 9卷, アジア問題研究所, 1983(이하 『第五回全体大會議事錄』로 줄임), 181쪽.

에 대한 경례와 독립의 아침을 제창했다. 당시 윤근은 인민의 요구와 의사에 합치되는 정권이 '조선민주주의인민공화국' 정부라면서 제5회 전체대회를 맞이하여 토의를 제기했다.

첫날 대회에서는 규약 초안과 관련한 상황 보고가 있었다.[82] 특히 오후에는 서기장 이심철이 "일반 활동 보고"를 발표하여 1년 동안의 활동을 총괄적으로 비판하고, 제5회 전체대회에서는 활동방침을 천명했다.[83] 또한 긴급동의로 국기를 내리는 대신에 김일성수상을 대회의 명예의장으로 추대하는 안이 제기, 결의되었다.[84]

10월 15일 제5회 전체대회의 둘째 날 회의가 열렸다. 주요 내용으로는 첫째 날 보고에 기초하여 감사위원회 보고, 일반정세 보고, 생활권 확보 문제, 문교활동에 대한 보고가 있었다. 박홍규의 "감사위원회 보고"는 제명 처분을 5명, 근신을 1명 시켰다고 보고했다.[85] 한덕수의 "일반정세 보고"는 대중에게 절실한 문제에 대한 분석이 부족했다고 한다. "생활권 확보" 문제와 관련해서는 실업자, 노동자, 농민, 중소상공업자에 대한 대책

82) 『第五回全体大會議事錄』, 186~187쪽.

83) 이심철은 변화된 조건에 따라 활동방침을 고쳐야 한다면서, 5대 활동방침은 정당하다고 했다. 당시 5대 활동방침은 첫째, 재류동포의 생활위기 타개, 둘째, 민주문화, 민주교육의 급속한 향상, 셋째, 단일조직을 확립하여 민주주의 민족전선으로, 넷째, 세계 민주세력과 구체적 제휴, 다섯째, 조국의 완전한 자주독립 전취 촉성이다(『1948年度活動方針』, 朴慶植 編, 『朝鮮問題資料叢書』 9卷, アジア問題研究所, 1983(이하 『1948年度活動方針』으로 줄인다), 161쪽).

84) 『第五回全体大會議事錄』, 195쪽.

85) 제명당한 5명에 대해 살펴보면, 오사카본부 전재정부 차장 김영이 1947년 11월 17일 공금을 횡령한 사실이 밝혀져서 제13회 중앙위원회에서 제명 처분되었다. 그리고 오카야마본부 관내 북지부 전위원장과 간부였던 심주종, 서승수, 정종우, 송현수 등이 조직을 파괴하고 대중을 오도하면서 1945년 11월 16일 발족한 조선건국촉진청년동맹(이한 건청)에 가담하여 제15회 중앙위원회에서 정식으로 제명 처분을 받았다. 아울러 전 서기장이었던 백무도 현직에서 파면되고 근신 처분을 받았다. 특히 백무에 대한 조련 제13회 중앙위원회의 결정 내용은, 첫째, 정세 파악의 미숙, 둘째, 3·1운동 이후의 민족투쟁에 대한 인식의 부족, 셋째, 민전과 대립하고 민족자주운동정책을 일본에 부식하려 한 점, 넷째, 북조선인민위원회를 인정하지 않은 점, 다섯째, 조련을 건청, 민단과 동등하게 인식하여 조련 해체를 합리화하고, 민족통일론을 주장한 점이었다(『第五回全体大會議事錄』, 213~215쪽).

등이 협의되었고 다양한 계층의 이해를 반영하고, 일본 민중을 배려할 것이 거론되었다. "문교 활동 강화에 관하여"에서는 민주 민족문화의 향상, 민족 자주 교육 방위를 위한 방안을 제시하여 자주 민족 민주적 교육을 중시했다. 문제는 이러한 자주 민족 민주적 교육은 재일코리안이 당면하고 있는 생활권 확보를 위한 투쟁과 분리할 수 없는 것이었다.[86]

그럼에도 불구하고 재일코리안은 교육의 원론인 인간에 중심을 두었던 것은 부정할 수 없다. 아울러 제5회 전체대회는 조직 활동의 대강을 정리하여, 중앙조직의 강화, 전국적 조직화, 산하 단체의 조직에 주목했다. 1949년 민청을 통해 수행할 청년 지도방침을 제출하고, 민청 조직 활동의 방침을 정리했다.[87]

조련 제5회 전체대회 셋째 날 회의는 10월 16일 있었다. 이날 기후현(岐阜縣) 대표가 항의문을 만들어 이승만에게 전달할 것을 제의했다. 이후 국기문제에 대한 의장단 성명서가 발표되었다.[88] 조직과 관련해서는 조희준의 "규약, 행동강령심사 보고"가 있었고, 행동 강령이 결의되었다.[89] 일상의 문제를 비롯한 정치적 현안에 대해 전반적으로 정리하고 이를 실천에 옮기고자 했다. 특히 민주 민족교육, 국내 정치에 대한 지지문제,

86) 『第五回全体大會議事錄』, 224쪽.

87) 『第五回全体大會議事錄』, 121~122쪽, 228~236쪽.

88) 『第五回全体大會議事錄』, 238~239쪽.

89) 행동강령은 다음과 같다. 1) 생활권 옹호 · 실업반대 · 최저임금제 확립, 2) 상공업자의 영업권과 자금 획득, 3) 생활협동조합 운동 촉진, 4) 부당 대중과세 반대, 5) 문맹퇴치와 교육비 일본 정부 부담, 6) 민주 민족교육과 문화 옹호, 보급 교육시설의 완비, 7) 과학기술의 보급과 기술자 양성, 8) 남녀평등과 여성 해방, 9) 청소년 및 학생운동의 조장, 10) 언론 · 출판 · 집회 · 결사 · 시위 · 신앙 · 거주의 자유, 11) 민족 이간 부당 탄압 반대와 인권옹호, 12) 외국인으로서의 정당한 처우 획득, 13) 선거권 · 피선거권 획득, 14) 일본 재무장 반대, 15) 일본군국주의의 제국주의적 잔재 일소, 16) 파쇼화 및 전쟁 반대, 17) 평화와 자유 · 민주주의 옹호, 18) 포츠담선언 엄정 실시, 19) 민주주의 민족전선 강화 및 세계 민주 세력과 협력, 20) 조선으로부터 외국군대 철수, 21) 조선의 분열과 식민지화 반대, 22) 조선 통일과 완전 자주 독립, 23) 조선민주주의인민공화국 중앙정부 지지이다(『第五回全体大會議事錄』, 241~242쪽).

조직 강화의 방법 등에 대해서 결정했다. 아울러 규약이 새롭게 구성되었다.[90] 당시 조련의 규약은 결성대회에서 정해져서 크게 세 차례, 제3회 전체대회와 제4회, 제5회 전체대회에서 수정, 보완되었다. 부칙에 1948년 10월 16일부터 실행하는 것으로 했다. 이날은 의장단과 전국구와 지방별 중앙위원과 산하 단체별로 중앙위원을 결정했고, 의장단(윤근, 김민화, 한덕수, 신홍식, 강신창)과 전국구의 중앙위원이 선임되었다.[91] 이렇게 제5회 전체대회에서 조련은 재일코리안 운동을 총괄하는 조직으로서 통일된 정치적 지향을 보이고 있었다. 물론 내부에서 다양성은 공존하고 있었다.[92]

그런가 하면 조련 제5회 전체대회에는 1948년 1년 동안의 활동 보고서가 제출되고 있다.[93] 주요 내용은 민전 조직 대응문제, 교육문제, 생활문

[90] 제5회 전체대회의사록에서는 새로 채택된 규약에 대해, 현행 규약은 중총 운영에 관한 규약이었지만, 수정 규약은 중총 · 지방본부 · 지부 · 분회에 이르기까지 전국적으로 어떠한 기관이라도 이 규약 하나로 적용 가능하고, 과거처럼 각 지방 본부 혹은 지부에서 별도로 규약을 제정하지 않아도 되도록 만들었다(『第五回全体大會議事錄』, 242~248쪽).

[91] 당시 의장단은 윤근, 김민화, 한덕수, 신홍식, 강신창이었다(『第五回全体大會議事錄』, 249~251쪽).

[92] 홍인숙, 「1945~48년 재일조선인연맹의 조직과 활동」, 『근현대 한일관계와 재일동포』, 서울대학교출판부, 1999, 497~498쪽.

[93] 그 내용을 요약하면 다음과 같다. 첫째, '단일조직을 확립하여 민주주의민족전선으로'에서는, 조련의 구체적인 조직의 상황을 정리했다. 1947년 7월에는 지부 633개, 분회 1,034개였고, 같은 해 10월에는 맹원 614,198명, 48개 지방 본부, 632개 지부, 분회 1,705개, 반 1,207개로, 1948년 10월에는 중앙 총본부 아래 48개 지방본부, 본국출장소(서울위원회) 및 626개 지부, 1,996개 분회, 530,078명의 맹원을 갖게 되었다고 했다. 둘째, '민주문화 민주교육의 급속한 향상을 위하여'에서는, 첫째, 기존 교육기관의 혁신을 도모했고, 그것은 각 학교마다 관리조합을 통해 수행했으며, 둘째, 교육체제의 확립을 위해 교육위원회를 조직하고 교육규정을 실시하여 교육행정의 토대를 마련했다. 셋째로 교육 내용의 충실화를 위해 교재 편찬의 강화와 출판 활동의 신속한 처리를 도모했다고 한다. 셋째, '재류동포의 생활위기 타개를 위한 제반사업'에서는, 그 동안의 실태조사 내용을 거론하고 있다. 그리고 생활위기 타개책으로 생활협동조합 운동과 상공업자의 통일 강화를 제기하고 있다. 넷째, '조국 완전 자주독립 전취촉성 활동'에서는, 1년 동안의 활동을 총괄했다. 다섯째, '세계 민주세력과 구체적 제휴'에서는, 일본 반동의 동향과 민족 상호간의 제휴 협력이 절대적이라고 했다. 그리고 사업의 성과로 교육부흥투쟁위원회 참가를 들고 있다(『朝聯第5回全體大會提出活動報告書』, 朴慶植 編, 『在日朝鮮人關係資料集成(前後編)』 1卷, 不二出版社, 2000

제 그리고 본국 관련 활동, 세계 민주세력과 제휴에 대한 내용이었다. 여기에서 조련은 조직의 실체에 대한 확인을 우선시 했다. 이것은 이후 조련 발전의 기본 방향과 관련하여 절대적인 내용이었다. 그리고 민족교육의 혁신과 조직화를 통한 내용 있는 교육을 추진했다고 자평한다. 특히 교재 발간 사업은 분명한 성과였다. 아울러 생활위기 타개를 위한 방법을 통행 일상의 재일코리안의 삶에도 주목하고 그 방안으로 생활협동조합운동을 통한 조직화를 내걸었다. 조련은 국제주의와 일본과 연대를 적극 추진했다고 한다.

이런 조련의 강령과 선언은 전체적 구상이 확인된다. 일상의 문제에서 한반도 문제에 대한 적극적인 입장, 국제적인 연대를 지속적으로 추진하고자 했다.

〈표 7〉 조련 주요 대회별 강령과 선언[94]

대회	강령
조련중앙결성 준비위원회	1. 우리는 新朝鮮建設에 獻身的努力을 基함. 1. 우리는 世界平和의 恒久維待를 期함. 1. 우리는 日本國民과의 互讓友誼를 期함. 1. 우리는 在留同胞의 生活安定을 期함. 1. 우리는 歸國同胞의 便宜와 秩序를 期함. 1. 우리는 目的達成을 위해 大同團結을 期함.
결성대회	1) 우리는 新朝鮮建設에 獻身的 努力을 期함. 2) 우리는 世界平和의 恒久維待를 期함. 3) 우리는 在留同胞의 生活安定을 期함. 4) 우리는 歸國同胞의 便宜와 秩序를 期함. 5) 우리는 日本國民과의 互讓友誼를 期함. 6) 우리는 目的達成을 위해 大同團結을 期함.
제3회 전체대회	1) 우리는 재류동포의 권익보호와 생활의 향상을 기함. 2) 우리는 제국주의 잔재와 봉건적 유물을 청소하고 진보적 민주주의 국가건설에 헌신을 기함.

(이하 『朝聯第5回全體大會提出活動報告書』로 줄인다), 338~367쪽).

	3) 우리는 세계민주주의 제세력과 제휴협력하여 국제평화에 공헌을 기함.
대회	**선언**
조련중앙결성 준비위원회	人類의 歷史上 比類없는 第2次世界大戰도 『폿담』宣言에 의하야 終結되고 우리 朝鮮도 맏음내 自由獨立의 榮光이 約束되엿다. 우리는 總力을 다하야 新朝鮮建設에 努力할 것이며 關係 各當局과의 緊密한 連絡下에 우리의 當面한 日本國民과의 友誼維持 在留同胞의 生活安定 歸國同胞의 便宜를 企圖하려한다.
결성대회	인류의 역사상 유례없는 2차 세계대전도 포츠담선언에 의해 종결되고, 여기에 우리 조선도 마침내 자유와 독립의 영광이 약속되었다. 우리는 총력을 다하여 신조선 건설에 노력할 것이며, 관계자 당국과의 긴밀한 연락 하에 우리들이 당면한 일본 국민과의 우의보전과 재류동포의 생활안정, 귀국동포의 편의를 기도하려고 한다. 우를 선언한다.
제3회 전체대회	포츠담선언에 의해 종막을 고한 제2차대전의 성과는 파시즘의 절대적 패배와 민주주의의 승리를 세계에 선언했다. 이것에 의한 지구상의 모든 변혁중 하나로서 일본제국주의의 철책하에 신음하는 3천만 조선민족도 자유와 국가의 독립을 탈환했다. 자유와 독립을 자기의 의사로서 행사하게 된 3천만의 일익인 재일본의 우리 동포는 이제 어떤 노선을 가져야 하나? 세계정세의 급격한 진전노상에서 우리가 수행하는 역사적 사명은 일본제국주의와 반봉건세력의 잔재를 소탕하고 전민족의 정치적, 경제적, 사회적, 문화적 기본요구를 실현할 수 있는 진정한 민주주의를 토대로 하는 완전한 독립국가의 건설이다. 여기서 민족반역자와 친일파를 제외하는 민족통일전선 결성의 요청은 그 필연적 결과이며 당연한 결론이다. 그리고 전 동포의 총세력을 결집한 체제와 조직하에 자기에 부과된 민족 최고의 의무 달성에 노력하라. 이것은 세계민주주의 제세력과의 긴밀한 제휴협력하에서만 가능한 것이며 당면한 현실상 제문제도 이것으로서만 절대적으로 해결된다는 신념을 가지고 만전의 노력을 다할 것을 선언한다.

조련의 최종 전체 대회가 된 제5회 전체대회가 있고, 중앙위원회는 세 차례 확인된다. 1948년 10월 16일 교바시공회당에서 제16회 중앙위원회가 열렸고 임원도 선거되었다. 연이어 제17회 중앙위원회는 1949년 2월 12일부터 14일까지 3일 동안 열렸다. 도쿄회관에서 제17회 중앙위원회[95]

94) 『解放 朝鮮完全自主獨立 1周年記念寫眞帖』, 朝鮮民衆新聞社, 1946.9.

95) 坪井豊吉, 『在日朝鮮人運動の概況』, 法務研修所, 1959, 158쪽.

둘째 날 회의는 열려 중앙산업주식회사 설립을 승인했다. 이 회사는 조련회관을 비롯한 조련의 재산을 관리하기 위해 설립되었다. 그리고 제18회 중앙위원회가 1949년 5월 25일부터 27일까지 도쿄회관에서 열렸다. 이 회의에서는 생활, 재정, 조직 및 차기 전체 대회 관련 논의와 결의를 했다. 제16~17회 중앙위원회의 주요 내용은 다음 〈표 8〉과 같다.

〈표 8〉 조련 제16, 17, 18회 중앙위원회[96]

중앙위원회	사항	내용
16회	날짜 및 장소	1948년 10월 16일 京橋공회당
	주요 결의사항	- 일본민주주의 옹호동맹준비위원회 결성 참가 - 10월 17일 조선민주주의인민공화국 성립 경축대회 개최 - 조국경축파견단 선정
17회	날짜 및 장소	1949년 2월 12일부터 14일까지 東京會館
	주요 논의사항	- 생활권 옹호운동의 목표와 당면과제 결의 - 중앙산업주식회사의 설립을 인정 - 재정활동 등에 대한 보고
18회	날짜 및 장소	1949년 5월 25일부터 27일 東京會館
	토의사항	- 국제정세 보고 - 감독위원회 보고 - 생활옹호 투쟁 보고 - 문화 활동: 교육비 획득체제의 확립, 교육체제의 확립, 일본학교 재학생 대책, 문화계몽 운동, 재일아동 교육헌장, 학생동맹문제, 문화적 제휴문제, 문화위원회 구성 - 기관지 일간화: 기관지와 해방신문 통합 - 재정활동: 1월부터 5월 15일까지 수입 : 1,285만원, 지출 : 1,179만원 - 동포의 생활실태와 직업실태 조사: 1) 중앙위원을 조사위원으로 지구별 조사반 구성, 2) 4월말까지 현 단위 시행, 5월말로 완료, 3) 조사를 통해 경계심 강화, 맹비징수, 사무검열을 할 것 - 조직 활동 - 중앙산업주식회사 보고 - 제6회 전체대회 준비

96) 朴慶植, 『解放後在日朝鮮人運動史』, 三一書房, 1989, 6쪽.

(3) 재일본조선인연맹의 해체

조련은 1949년 9월 8일 GHQ의 "단체등규정령에 기초한 해산 단체의 해산이유서" 제4조에 따라 폭력단체로 규정되어 해산 명령을 받았다. 그리고 재산이 몰수되었다. 그 이유는 점령군에 대해 반대한 사실과 폭력을 조장한 사실 등을 들고 있다.[97] 이런 법적 적용은 반 법률적인 내용이다.

이로 인해 재일본조선인총연맹, 재일본조선민주청년동맹, 재일본대한민국거류민단 미야기현(宮城縣)본부, 대한민국건국청년동맹 시오가마(鹽竈)지부의 4체 단체 36명이 공직에서 추방당했다. 추방당한 당시 조련의 구성원은 윤근, 한덕수, 신홍식, 김민화, 강신창, 김천해, 조희준, 이민선, 허준, 김영돈, 이심철, 김사철, 한우제, 김봉금, 김명복, 김영상, 최민환, 신정범, 박주범 등 19명이었다. 재일본조선민주청년총동맹은 남정양, 김영호, 이영일, 조종태, 양민섭, 이태권, 이영문, 안민식이었다.[98] 전술했듯이 당시 4개 단체는 재산도 몰수당했는데, 건물 78동, 토지 26,815평, 현금 168,763원 61전, 예금 2,076,225원 50전 등이 그 내용이었다.[99]

실제로 9월 8일 전국적으로 조련과 재일본조선민주청년동맹, 재일본대한민국거류민단 미야기현본부, 대한민국건국청년동맹 시오가마지부의 단체가 접수당했다. 9월 8일 당일 약 80%가 완료되었다고 한다. 그리고 9월 10일 나머지 잔무도 끝나버렸다.

해산을 통고받은 조련은 조심스러웠다. 조련 산하의 조직에 냉정한 대처를 주문했다.[100] 나아가 저항을 주문했다. 조련은 GHQ에 해산지령의

97) 아울러 국제정세와 일본정치, 군사정세를 배경으로 보기도 했다(呉圭祥, 『ドキュメント在日本朝鮮人連盟－1945~1949－』, 岩波書店, 2009, 91쪽).

98) 呉圭祥, 『ドキュメント在日本朝鮮人連盟－1945~1949－』, 岩波書店, 2009, 92~93쪽.

99) 坪井豊吉, 『在日朝鮮人運動の概況』, 法務研修所, 1959, 282쪽.

100) 『解放新聞』 1949년 9월 11일.

부당성을 진정하기도 했다. 지역에서는 단위 운동 단체별로 잔존 단체의 확대에 노력했다. 그러나 역부족이었다. 조련은 단체와 개인이 적극 대응했는데, 김천해의 경우 1949년 10월 2일 법무총재에게 추방지령의 취소를 제소했다. 윤근 등은 도쿄지방재판소에 대해 해산 취소를 제소했다. 이에 대해 법무성은 각하했다.[101] 이후 조련 후계조직은 법정 투쟁을 전개했다. 물론 조련은 생활옹호, 해산반대 등으로 적극적으로 활동하기도 했다.

조련의 해산은 근본적인 일본 정부와 GHQ의 탄압을 보여주는 일이었다. 폭력적이라는 이유와 근거는 조직적으로 구성된 것으로 조련 활동이 당시 미국과 일본 정부의 관점에서는 당연했는지도 모르겠다. 한반도 문제에 대한 적극적 개입과 일본 진보 진영과의 공동투쟁은 본질적으로 동아시아에서 새로운 국제질서를 추구하는 미국과 일본에게는 해체시키는 것 말고는 다른 선택지가 없었을 것이다. 그러나 재일코리안 사회는 이에 굴하지 않고 법정 투쟁과 이후 새로운 단체를 거듭 조직해 지금까지 오고 있다.

조련의 조직은 발전을 거듭했다. 조직의 성과는 다음의 〈표 9〉와 같다. 아울러 대회별 중앙위원회의 변천 내용을 정리하면 다음의 〈표 10〉과 같다.

101) 전준, 『조총련연구』, 고려대학교출판부, 1973, 602쪽.

〈표 9〉 재일본조선인연맹의 조직 발전 상황[102)]

대 회	발 전 내 용
제1회 전체대회 (1945.10.15)	-. 10월 16일 : 28지방본부 -. 12월 20일 : 36지방본부/ 223(210)지부 -. 1946년 1월 : 47지방본부
제2회 전체대회 (1946.2.27~28)	-. 1946년 8월 : 47지방/ 541지부/ 1,013분회
제3회 전체대회 (1946.10.14~17)	-. 1947년 7월 1일 : 8개 지방협의회/ 48지방본부/ 출장소 2개소/ 613지부/ 1,417분회/ 611,098명
제4회 전체대회 (1947.10.15~17)	-. 48지방본부/ 632지부/ 1,705분회/ 1,207반/ 614,198명
제5회 전체대회 (1948.10.14~16)	-. 1948년 10월 1일 : 48지방본부/ 출장소 1개소/ 626지부/ 1,996분회/ 530,078명
해산(1949.9.8)	조련 : 48본부/ 620지부/ 1,214분회/ 365,792명
	민청 : 48본부/ 458지부/ 306분회/ 39,740명

〈표 10〉 조련 중앙 임원의 대회별 변천 상황[103)]

시기	주요임원	
준비위원회 (1945.9.10)	위원장 : 조득성 서무부장 : 김려환, 지방부장 : 강경옥, 외무부장 : 권혁주(겸임), 정보부장 : 이능상, 재무부장 : 김정홍(겸임), 후생부장 : 김광남, 문화부장 : 남호영,	부위원장 : 권혁주, 김정홍 차장 : 박제섭 차장 : 김훈 차장 : 김진 차장 : 신홍식 차장 : 변영우 차장 : 송명옥 차장 : 류무
제1회 전체대회 (1945년 10월 15일)	위원장 : 윤근 총무부 부장 : 신홍식, 지방부 부장 : 배철, 재무부 부장 : 박용성, 정보부 부장 : 김두용, 외무부 부장 : 이병철, 사회부 부장 : 정기섭, 문화부 부장 : 이상요,	부위원장 : 김정홍 · 김민화 차장 : 한덕수 차장 : 박제섭 차장 : 한우제 차장 : 신현필 차장 : 은무암 차장 : 이종태 차장 : 김만유

102) 김인덕, 『재일본조선인연맹 전체대회 연구』, 선인, 2007, 157쪽.

제2회 전체대회 (1946년 2월 27~28일)	위원장 : 윤근 부위원장 : 김정홍, 김민화 외무부 : 신홍식, 은무암, 류근덕 사회부 : 박성발, 정화섭 재정부 : 정문옥, 조충규 지방부 : 이병석, 김훈, 이상일 청년부 : 한덕수, 안종석	 총무부 : 하종환, 박용성 정보부 : 남호영, 이수섭 문화부 : 이상효, 엄항섭 노동부 : 이종태, 박흥규 부인부 : 백후남 경제관리부 : 손대산, 이호연
제3회 전체대회 시기 (제9회 중앙위원회 (1947년 1월 28))	위원장 : 윤근 서기국장 : 조희준 재무부 : 박용성 외무부 : 신홍식 문교국장 : 한덕수	부위원장 : 김정홍, 김민화 사무부 : 이상요 정보부 : 박흥규 신문부 : 하종환 경제국장 :백무
제3회 전체대회 시기 (제9회 중앙위원회 (1947년 1월 28))	위원장 : 윤근 서기국장 : 조희준 재무부 : 박용성 외무부 : 신홍식 문교국장 : 한덕수	부위원장 : 김정홍, 김민화 사무부 : 이상요 정보부 : 박흥규 신문부 : 하종환 경제국장 :백무
제4회 전체대회 시기 (제12회 중앙위원회 (1947년 10월 18일))	서기장 : 백무 재정부 : 강희수 선전부 : 김만유 사회부 : 이삼문 문교부 : 원용덕	사무부 : 박원섭 외무부 : 김동하 경제부 : 이수섭 조직부 : 김훈
제5회 전체대회 시기 (제16회 중앙위원회 (1948년 10월 16일))	의장단 : 윤근, 한덕수, 강신창, 신홍식, 김민화 서기부 : 이심철, 박흥규, 이창기 조직부 : 윤봉구, 최용근 재무부 : 박상오, 김영정 경제부 : 손만길, 남정일 기관지 : 김사철, 박원섭 감사위원회 : 조희준, 이민선, 허준, 김영돈, 이종태 조국경축파견단 : 김천해, 김훈, 신홍식, 허준, 정동문, 윤병옥, 조희준, 이중관 이하 50명	 외무부 : 김동하, 김영준 문교부 : 원용덕, 허남기, 김달수 사회부 : 박장종, 안팔용

이렇게 해방 공간 일본 내 유일한 전국 조직이었던 조련의 경우, 위원장은 기록상으로 조득성, 윤근,[104] 백무[105] 등이 맡았다. 그리고 조직의

103) 김인덕, 『재일본조선인연맹 전체대회 연구』, 선인, 2007, 158쪽.

104) 윤근 : 사회운동가. 재일본조선인연맹 위원장. 함경남도 영흥군 출생. 도일 이전에 경성부의 근화여학교와 근화유치원에서 오랫동안 교원생활을 하다가 1930년대 초에 도쿄[東京]로 가서 지리학, 역사학을 배웠다. 1930년대에는 도쿄 조선YMCA의 총간사 등을 맡고, YMCA 회관의 수리와 문화 활동의 흥륭에 주력했다. 또 1938년경에는 도쿄 간다[神田]에

중심에는 먼저 준비위원회 시기에는 권혁주[106]가 보이나, 이후에는 김민화,[107] 김정홍,[108] 한덕수[109] 등이 보인다. 그리고 김두용[110]과 김천해[111]

서 '경성식당'을 경영했던 것으로 보인다. 해방 후 재일코리안 민족단체로서 발족한 조련의 위원장이 되었다. 해방 전부터 민족운동 지도자는 여러 명 있었는데도 그가 선정된 경위에 대해서는 알 수 없다. 또 조련의 주도권은 그 후 공산주의자가 쥐게 되어 좌파계 단체로 간주되게 되는데, 크리스찬이었던 윤근은 계속해서 위원장을 맡았고, 재일코리안들의 생활권 옹호와 정치적 탄압에 대해 반대하고 항의하는 활동에서 조직의 대표자로서의 역할을 했다(정희선 외 역, 『재일코리안사전』, 선인, 2012, 287쪽).

105) 백무 : 이명은 백만조(白晩祚). 경상북도 달성군 달서면 출생. 대구공립보통학교 졸업. 1920년에 도일하여 일본의학전문학교에서 공부했다. 처음에는 무정부주의자와 어울렸고, 1922년 11월에 북성회(北星會)를 조직했으며, 같은 달에 도쿄조선노동동맹회를 조직했다. 제3회 메이데이에는 동우회(同友會)를 대표해서 연설을 하고 검속되었다. 1923년 8월에 북성회 조선 내 순회강연 선발대로서 출발하여 각지에서 연설을 시도했고, 이듬해인 1924년 청년총동맹에 조선무산청년회 대표로 참가. 그밖에 제4회, 제5회 메이데이에도 참가하여 검속된 적이 있다. 해방 이후 재일본조선인연맹 결성 등에 활약. 12회 조련 중앙위원회에서 서기국장이 되었으나, 민주주의민족전선에 대해 부정적인 태도를 보이고, 재일조선인의 민족통일론을 전개하며 조련의 활동에 대해 비판을 해서 서기장 직에서 파면되었다. 이후 백무는 민단에 소속되어 9대 부단장, 11대 사무총장을 지냈다(정희선 외 역, 『재일코리안사전』, 선인, 2012, 181쪽).

106) 권혁주 : 권일, 경상북도 예천군 출신. 일본에 유학하여 메이지 대학을 졸업하고 고등문관시험 사법과에 합격하여 법조인이 되었다. 이후 만주국의 심판관으로 임용되어, 옌지에서 심판관을 지내는 등 만주국 사법 관료로 활동했다. 만주에서 대동학원을 졸업하였다. 태평양 전쟁 종전 후에는 일본에서 변호사를 개업하였다. 도쿄에 머물면서 재일본대한민국민단 단장을 역임하는 등 우익 계열의 재일한국인으로 활동하였다. 1964년 민단 단장으로 선출된 뒤 박정희 정권에 부름을 받아 민주공화당 중앙위원으로 정계에 입문하였다. 이후 민주공화당과 유신정우회 소속으로 제8대와 제9대 국회의원을 지냈다. 국민훈장 동백장과 무궁화장을 수여받았으며, 상속법에 대한 일본어 저서를 포함하여 회고록 등 여러 권의 저서를 남겼다. 2008년 민족문제연구소가 친일인명사전 편찬을 위해 친일인명사전 수록예정자 명단을 발표하면서 해외 부문에 선정했다. 2009년 친일반민족행위진상규명위원회가 발표한 친일반민족행위 705인 명단에도 포함되었다(위키피디아 참조).

107) 김민화 : 제주도 출신. 1928년 와세다대학 졸업. 1922년 제주도에서 진보적 청소년 단체 조직, 구성원으로 활동. 총련 결성 이후에는 의장단의 구성원으로 조선민보사 사장을 역임했다(呉圭祥, 『ドキュメント在日本朝鮮人連盟－1945~1949－』, 岩波書店, 2009, 9쪽).

108) 김정홍 : 함경남도 영흥 출신. 보통학교를 졸업하고 고향을 떠나 길림성 안도현 및 북간도 방면을 유랑하여 사회주의 공명. 1926년 4월 일본으로 가서 노동 시작. 1927년 9월 동경조선노동조합 서부지부에 가입하여 서무부장으로 활동, 가나가와현 조선노동조합 상임위원 역임, 1928년 5월 고려공산청년회 일본총국에 가입 도츠카야체이가 소속으로 활동. 8월 국치일기념투쟁에 참가했다가 일본경찰에 검거당함(강만길, 성대경 엮음, 『한국사회주의운동 인명사전』, 창작과비평사, 1996, 120쪽; 呉圭祥, 『ドキュメント在日本朝鮮人連盟－1945~1949－』, 岩波書店, 6쪽).

109) 한덕수 : 1907년 경북 출신으로 1927년 일본으로 건너가 노동운동을 하였고 해방 후 좌파

의 이름도 조직 중앙에서 확인된다.

재일조선인 운동을 전개하였다. 1955년 재일 총련 결성 시 의장에 취임하여 2001년 2월 사망할 때 까지 종신 의장직을 맡았다. 1931년 일본노동조합전국협의회 가입하여 1934년 터널공사의 쟁의에 참가하여 2년간 투옥된 바 있다. 해방 후 관동지방조선인회를 결성하는 등 지도자의 1인으로 활동하였고, 재일조선인연맹 결성에 참여하여 가나가와현 본부 위원장과 중앙본보 총국장을 역임했다. 1951년 '구월서방'을 설립하여 북한의 당선전부로부터 기증받은 출판물을 판매한 수익금으로 재일조선인운동을 전개하였으며, 이듬해 조선문제연구소를 설립 활용해왔다. 일본공산당에 가입하였지만 조선인 주류파인 민대파에 맞서 북한을 지지하는 비주류 민족파로 활동하였고, 1955년에는 조련을 계승한 민전(재일조선민주통일전선)이 '자기비판'을 통해 총련으로 재결성되면서 의장직을 맡게 되었으며, 1967년부터 북한의 제4기 최고인민회의 대의원으로 선출되어 2001년 사망할 때까지 역임했다. 1972년 공화국 노력영웅 칭호와 김일성훈장을 수여받았고, 1994년 김일성주석 사망 시에는 장의서열 4위의 위상을 가지고 참여했다. 북한에서 2중 노력영웅 칭호 및 김일성 훈장을 수여받았다(『한국민족문화대백과사전』 참조).

110) 김두용 : 노동운동가. 함경남도 함흥 출생. 도일 이후 구제중학(舊制中學)·구제삼고(舊制三高)를 거쳐 1926년에 도쿄제대[東京帝大] 미학미술사학과에 입학(중퇴). 도쿄제대 재학 중에 신인회(新人會)에 소속. 일본프로레타리아예술동맹에 소속되어 『전기(戰旗)』『프로레타리아예술』을 중심으로 집필활동을 하면서, 조선프로레타리아예술동맹 도쿄지부* 설립에 참여하고, 기관지 『예술운동』(『무산자』*로 속간)을 편집 간행. 1929년경부터 노동운동에 관여하여 『재일본조선노동운동은 어떻게 전개해야 하는가』(1929.11)를 집필하여 재일본조선노동총동맹이 일본노동조합전국협의회로 해소를 추진. 1930년부터 해방 때까지 몇 번이나 체포·투옥되었다. 1930년대 후반에는 일본프로레타리아문화연맹의 기관지 『우리동무』 편집장, '조선예술좌' 위원장으로 활동, 『문학평론』과 『살아있는 신문』에 집필. 해방 이후 조련 결성에 참여했고, 정보부장과 기관지 『해방신문』*의 주필을 맡았다. 일본공산당 중앙위원 후보·조선인부 부부장을 맡아 『전위(前衛)』에 논문을 발표했고, 일본에서의 조선인운동에 영향을 주었다. 1947년에 북한으로 귀국 후 북조선노동당 중앙위원 후보(정희선 외 역, 『재일코리안사전』, 선인, 2012, 78쪽).

111) 김천해 : 본명은 김학의(金鶴儀). 해방 전후 재일조선인운동의 지도자. 경상도 울산 출생. 서당에서 배운 후 통도사(通度寺)에서 수행, 이때의 법명이 천해(天海). 중앙학림(현 동국대학교)에 입학했다. 1922년에 도일하여 니혼대학(日本大學)에 입학(퇴학), 노동운동에 입문하여 같은 해 11월 도쿄조선노동동맹회에 가입. 1925년 7월 가나가와현[神奈川縣] 조선합동노동회를 결성하여 상임집행위원으로 활동했다. 1926년 재일본조선노동총동맹 중앙집행위원이 되어 1928년 5월부터 그 집행위원장 겸 쟁의부장으로 재일조선인노동운동을 지도했다. 이 무렵 조선공산당에 입당하여 같은 해 6월 조선공산당 일본총국 책임비서가 되나, 10월 체포되어 징역 5년을 판결 받았다. 출옥 이후 1935년 12월에 이운수(李雲洙)·박태을(朴台乙) 등과 함께 『조선신문』(한글)을 발행하여 간토[關東]·주부[中部]·호쿠리쿠[北陸] 지방으로도 지국과 조직을 확대했다. 1936년 8월 다시 검거되어 징역 4년의 판결을 받았다. 형기 종료 후에도 예방구금(予防拘禁)으로 구금되었다가 1945년 10월 10일 부추형무소[府中刑務所]에서 출옥했다. 일본공산당 중앙위원·정치국위원·조선인부장과 동시에 조련 고문으로서 재일운동을 지도했다. 1949년 조련해산 명령과 함께 공직추방을 당했다. 1950년 5월 북한으로 가서 조선노동당 중앙위원·사회부장, 최고인민회의대의원, 조국통일민주주의전선의장을 맡았다(정희선 외 역, 『재일코리안사전』, 선인, 2012, 89쪽).

3. 재일본대한민국민단의 결성

1) 민단의 상황

재일본대한민국민단의 단체사는 해방 공간에서 시작된다.[112] 1946년 10월 3일 일본 히비야공회당(日比谷公會堂)에서 재일본조선인거류민단(在日本朝鮮人居留民團)이 창립되었다. 218명의 대의원과 2,000명의 조선인이 참석한 가운데 열린 자리에서 창단된 민단은 이하 조련과 대결점에서 출발했다. 이후 1948년 대한민국정부가 수립되고 1949년 1월 주일한국대표부가 설치됨에 따라 재일본대한민국거류민단(在日本大韓民國居留民團)이 되었다. 1994년 그 명칭에서 '거류'라는 두 글자가 빠져 '재일본대한민국민단(在日本大韓民國民團)'으로 변경되었다. 민단은 재일본조선인거류민단에서 재일본대한민국거류민단으로 재일본대한민국민단으로 개칭되었다. 민단 조직체계는 〈그림 1〉과 같다.[113]

강령에는 "대한민국의 국시 준수"와 "재류동포의 권익옹호" 그리고 "국제친선"이 들어갔다.

2) 민단 조직의 결성 과정

단체사로 민단의 역사에서 연원을 거론할 때는 해방 공간 재일코리안 사회의 세 단체에 주목해야 한다. 전술했던 조련과 건청, 건동이다. 1945년 해방의 물결 속에서 재일코리안은 가만히 있지 않았다. 재일조선인대책위원회를 비롯하여 약 300개의 민족운동 단체들이 조직되었고, 조련이

112) 한국민족문화대백과사전 참조.
113) 재일본대한민국민단 홈페이지 참조.

〈그림 1〉 재일본대한민국민단 조직표

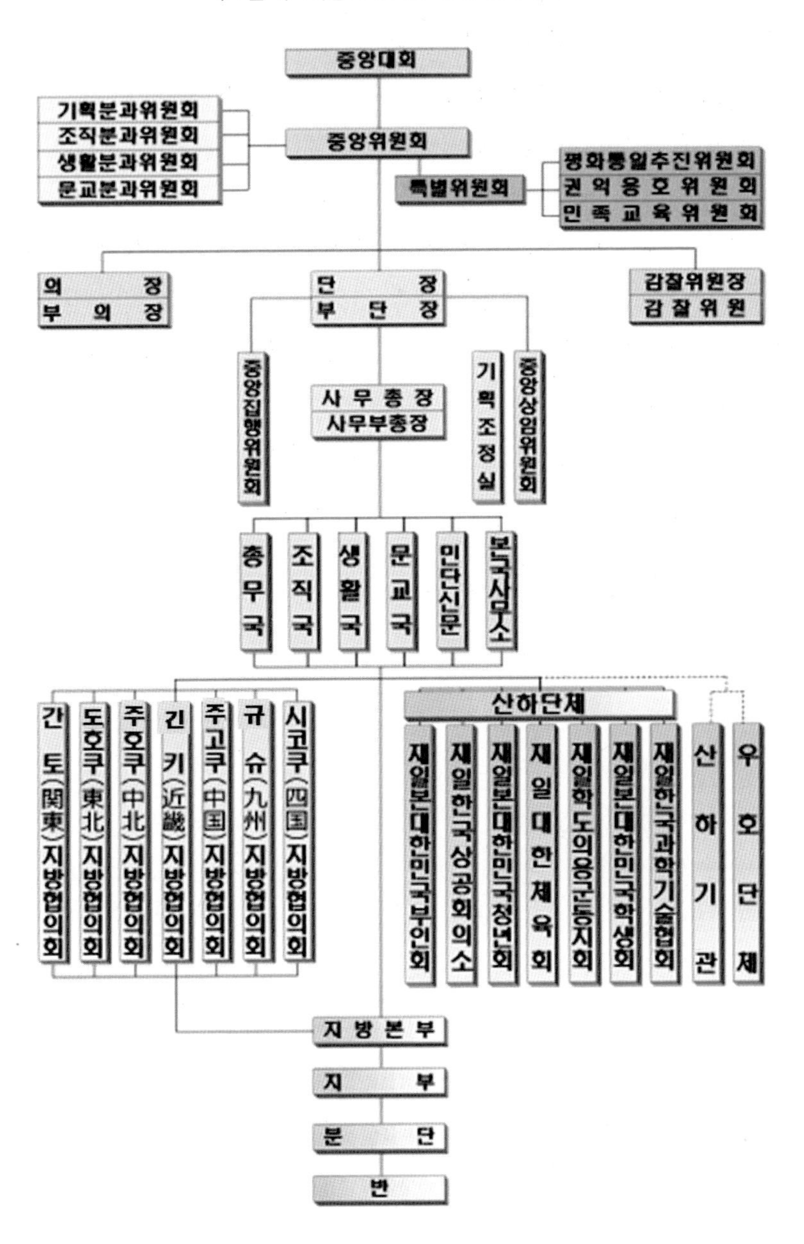

재일조선인의 전국대회를 통해 결성되었다. 이 조련이 재일코리안의 전국적으로 출범했다. 문제는 한반도의 정세 변화와 연동하여 북한을 지지하는 경향성이 강화되자 일부의, 구성원이 새로운 단체를 조직했고 그것이 건청, 즉 조선건국촉진청년동맹(朝鮮建國促進青年同盟)이었다. 이후 박열의 출옥과 함께 1946년 1월 건동, 즉 신조선건설동맹(新朝鮮建設同盟)이 조직되었다. 이 건청과 건동이 현 민단의 조직적 전신이라는 것은 민단이 스스로 규정하고 있다. 건청과 건동은 1946년 10월 3일 히비야 공회당에서 재일본조선인거류민단을 결성했던 것이다.[114] 초대 단장에 박열이 선출되었다.

이후 민단은 대한민국 정부가 수립되자 이승만 정권이 이 조직을 재일동포의 공인 단체로 인정했다. 1949년 1월 주일한국대표부가 설치되자 재일본대한민국거류민단으로 고쳤다.

3) 정기 중앙대회 중심의 변화

민단은 1946년 10월 3일 도쿄 히비야공회당에서 '재일조선거류민단'의 이름으로 창단되었다. 2천여 명이 모인 자리에서 단장은 박열이 선임되었고, 당시 결의문과 선언서가 채택되었는데, 선언서에서는 민생, 교양, 국제친선이 강조되었다. 이 선언서를 '제1차 선언'이라고 민단은 통칭한다.

결성된 민단은 이후 제3회 정기대회에서는 남한의 단정 수립에 대비하면서 국제연합의 한국 독립안에 지지하는 입장을 견지했다. 그리고 1948년 8월 대한민국 정부가 수립된 제5회 전체대회는 '재일본대한민국민단'으로 개칭을 결의하고 민단 제2차 선언과 5대 강령 채택했다.[115] 먼

114) 『민단50년사』, 재일본대한민국민단, 1997, 40~44쪽.

115) 『민단50년사』, 재일본대한민국민단, 1997, 68쪽.

저 〈제2차 선언〉의 주요 내용은, "대한민국 정부가 수립되고 정권이 확립되어 따라서 본국 정부로부터 본단의 공인장을 지난 9월 3일부로 전달을 받게 되었다. -본단은 그 누구의 구속도 받지 않고 민족의 대표로 외교하며 재류 60만의 생명과 재산을 보호하며 거주와 산업에 대하여 민족의 안녕을 견수하고 아래와 같은 5대강령을 세우고 전동포의 신망과 지지를 얻어 획기적인 신 출발을 이에 선언하는 바이다."고 했다. 아울러 〈5대 강령〉으로는, "1. 우리는 대한민국 국시를 준수한다. 2. 우리는 재류동포의 민권옹호를 기한다. 3. 우리는 재류동포의 민생안전을 기하다. 4. 우리는 재류동포의 문화향상을 기한다. 5. 우리는 국제친선을 기한다."고 했다.

4. 재일코리안의 민족적 활동

1) 재일코리안의 일상과 활동

재일코리안의 삶은 지금도 일본 사회에서 존재한다. 해방과 함께 시간이 지나면서 재일코리안의 삶은 변해 오늘에 이르고 있다. 현실적으로 귀국이 어렵게 되자 재일코리안은 일본에서 살아갈 것을 선택했다. 재일코리안의 정주는 조련에게 새로운 대책이 필요한 일이었다. 이에 조련이 주목한 것은 생활문제였다. 당시 조련은 '생활옹호 투쟁'을 전개했다. 이와 관련해서는 조련의 여러 활동 기록에서 확인할 수 있다.[116]

해방 다음 해인 1946년 5월 25~26일에는 제6회 중앙위원회가 교바시공

116) 김경호, 「해방 후 재일코리안의 생활과 자료」, 청암대학교 재일코리안연구소 워크숍, 2014.4.4 참조.

회당(京橋公會堂)에서 열렸다. 이 회의에서는 민족교육의 강화와 함께 생활옹호가 거론되었다.[117] 그리고 실제로 생활옹호 문제와 관련해서는 전국대회가 열리기도 했다. 1946년 10월 7일 도쿄와 오사카에서 '재일조선인생활옹호 전국대회'가 있었다.

특히 생활옹호 관련 중요한 논의와 결의는 조련 제9회 중앙위원회에서였다. 이 회의는 생활옹호와 관련해 중요한 사항을 정리했는데, 일본 민주세력과의 공동투쟁, 희생자 구원운동의 강조, 청년간부의 등용과 양성과 그리고 생활옹호 운동의 일반 활동 방침을 정리했다.[118] 이 회의 연결선 상에서 제4회 전체대회에서도 그런 내용이 확인된다. 제4회 전체대회는 1947년 10월 15일부터 17일까지 열려,[119] 여기에서 대회 슬로건 가운데 '재일동포의 생활태도를 타개하자'를 거론했다.

조련의 조직이 안정되고 재일코리안의 일본 내 생활이 일상화되자 생활옹호 문제는 투쟁 주간의 주요 사업 중의 하나가 되기도 했다. 제13회 중앙위원회는 1948년 1월 27일부터 30일까지 조련 도쿄본부 회의실에서 열려,[120] 3·1기념투쟁주간을 설정해 민전의 3대 원칙을 실천하고 조국의 민주 독립과 국제연합 임시조선위원회 및 이승만 등의 동향을 파악할 것, 민전 노선의 정당성을 재인식시킬 것, 그리고 조련의 결속 강화와 생활옹호 투쟁의 필요성 등을 선전, 계몽할 것을 결의했다.

이후에도 생활옹호 문제는 조련 사업의 한 축이었다. 조련 제17회 중앙위원회 이후 다음 날에는 생활옹호 인민대회를 열었고, 그리고 그 내용은 제18회 중앙위원회의 생활옹호 투쟁 보고로 귀결되었다.[121]

---

117) 坪井豊吉, 『在日朝鮮人運動の概況』, 法務硏修所, 1959, 105쪽.
118) 坪井豊吉, 『在日朝鮮人運動の概況』, 法務硏修所, 1959, 116쪽.
119) 『第四回全体大會會議錄(附)第十二回中央委員會會事錄)』, 118쪽.
120) 〈표 6〉 조련 제12,13,15회 중앙위원회를 참조한다.
121) 坪井豊吉, 『在日朝鮮人運動の概況』, 法務硏修所, 1959, 162~163쪽.

조련이 일상적 삶과 함께 주목했던 사항이 참정권문제이다. 실제로 참정권과 관련해서 조련의 적극적인 모습이 기록상 많이 보이지는 않는다. 하지만 이 문제를 통해 조련의 일본 사회 속 자리매김의 과정은 분명히 확인된다.[122] 이런 참정권과 관련한 문제를 거론하기 전에 확인할 사항은 GHQ의 정책 아래 일본 정부의 재일코리안에 대한 정책이다. 이것이 결국 참정권 행사의 본질을 규정하는 부분이 많기 때문이다. 그런데 일본정부는 재일코리안에 대해 단속과 통제로 일관했다. 1946년 1월 일본정부의 방침이 결정되는데, 일본에 잔류하는 자는 일본인과 동등하게 대우하고 이른바 불량분자는 추방한다는 내용이었다.[123] 당시 재일코리안은 일본 국민이라고 주장하기 시작했다. GHQ는 일본 정부의 행위를 용인했다. 일본 정부는 11월에 개정 법률안을 입안 및 수정 과정을 거친 이후에 결정했다. 그 결과는 개정법률안의 7항 2에서 호적의 적용을 받지 않는 자에 대한 참정권의 정지 조치가 결정된 것이다.[124]

실제로 조련의 참정권에 대한 대응은 중앙과 지방 조직으로 나누어 볼 수 있다. 확인되는 기록으로 『民衆新聞』 1946년 1월 15일자 「당면한 일본총선거에 우리는 어떠한 태도를 취할 것인가!」에는 "우리의 생명, 재산, 인권을 옹호하기 위하야 선거권을 통하여 진실한 일본의 민주주의 정부수립에 적극적으로 협력하여야 할 것이다."고 했다.[125] 이후 김두용이 작성한 1947년 3월 15일자 「선거권 · 피선거권을 요구하는 이유」는 현실 정치 속 선거권과 피선거권의 유의미성을 강조했다.[126] 이후 일본 공

122) 조련의 참정권과 관련해서는 강정훈 선생님의 아이디어가 도움이 되었다.

123) 최영호, 「일본패전 직후 참정권 문제에 대한 재일한국인의 대응」, 『한국정치학회보』 34, 한국정치학회, 2000, 199쪽.

124) 『戰後自治史』(Ⅳ), 地方自治硏究センター, 1961, 19쪽.

125) 『민중신문』 1946년 1월 15일.

126) 『민중신문』 1946년 3월 15일.

산당에 의한 민주주의 정부 수립 가능성이 희박해지고 나자 1947년 4월 총선 이후 이런 기사는 거의 자취를 감췄다. 이때부터는 일본의 지방에서 참정권 요구 운동이 전개되었다.

실제로 지방의 조련 조직은 상대적으로 적극 참정권 요구 운동을 전개했다. 조련 제10회 중앙위원회의 회의록 가운데 GHQ의 설명 요구에 대한 신홍식의 답변 내용[127]이 이를 확인하게 한다. 여기에서 신홍식이 GHQ에 대한 답변 가운데 설명하면서 "직접 활동으로서는 계몽선전과 지방선거의 권리를 요구함"이라고 언급했다. 또 다른 자료로『解放新聞』1949년 3월 15일자「지방 선거권 획득－조련 가가와 도산지부」에, "시코쿠(四國) 지방의 조련 조직은 그 후 각 현에서 맹렬한 활동을 전개하고 있었는데, 이번 가가와현(香川縣) 도산(東讃)지부에서는 정회(町會)에 대하여 강력한 압력을 가하고 지방 선거권을 획득했다 하며, 오는 지방선거에는 선거권을 행사하게 된다고 한다."는 내용이 확인된다.[128]

이렇게 GHQ의 질의에 대한 신홍식의 답변이나,『解放新聞』의 보도 내용과 회의록의 보고 내용은 조련의 적극적인 대응 모습을 보여주고 있다. 조련의 참정권 요구 주장과 활동은 해방 이후 나타난 최초의 참정권 요구라는데 그 역사적 의미가 있다.[129]

국민국가의 틀에서 생각할 때, 외국인으로서의 참정권을 요구하고 있는 재일코리안의 주장은 일본 사회에서 하나의 예외라고도 할 수 있다. 그러나 지난 과거의 역사를 보면 일면 타당한 부분이 있다. 당시 조련 조직은 적극적이지 않았다.[130]

127)『第十回中央委員會會議事錄』, 153쪽.

128)『해방신문』1949년 3월 15일.

129) 조련의 당시 참정권 요구는 현재 재일코리안 사회의 참정권 요구 논리의 큰 틀이라는데 그 의의가 있다. 따라서 조련의 참정권 요구 주장 및 운동은 시기뿐만 아니라 내용에서도 재일코리안 참정권 요구 운동의 효시가 된다.

2) 재일조선인연맹의 민족교육 대책과 활동

1945년 해방과 함께 조련은 민족교육에도 적극적이었다. 그리고 그 전통은 지금도 이어져 오고 있다. 당시 조련은 조선어를 못하는 아동 등을 대상으로 하여 조선어 교육을 했다. 특히 국어강습소가 그 역할을 조련 결성 이전부터 담당하기 시작했다. 최초의 민족교육은 조국을 알지 못하는 세대가 조국에 돌아가 생활하는데 조금이라도 역할을 하는 것에 의미가 있었다. 이것이 재일코리안 민족교육의 원점이다.[131]

해방 공간 재일코리안 사회는 귀국 준비로 분주했다. 이들은 귀국 준비의 일환으로 민족교육과 조선어 즉, '한글교육'을 생각했다. 재일코리안은 몇 명만이라도 모이면 강습회를 열었다. 그리고 한글과 역사를 가르쳤다. 규모가 큰 강습회는 일본 학교의 유휴 시설을 빌려 사용했고, 국어와 역사를 토대로 일본의 교육방식과 유사하게 학교의 틀을 조직하여 교육했다.[132] 당시 강습소는 국어강습소가 많았다. 국어강습소는 일본 전국에서 만들어졌고, 1945년 말에는 200개소가 넘는 강습소가 생겼다. 그리고 여기에서는 2만 명 이상의 인원이 수강했다. 물론 해방 전에도 재일코리안이 독자적인 민족교육을 하지 않은 것은 아니었다.[133]

국어강습소에서는 교재가 필요했는데, 대표적인 교재 경우로 도츠카(戸塚)한글학원을 만든 이진규가 한글 교재를 편찬했던 사실을 들 수 있다.[134] 그는 허남기, 오수림, 임봉준 등과 함께 등사판으로 『한글교본』을

130) 呉圭祥, 『ドキュメント在日本朝鮮人連盟－1945~1949－』, 岩波書店, 2009, 115쪽.

131) 金慶海, 『在日朝鮮人民族教育の原點』, 田畑書店, 1979.

132) 전준, 『조총련연구』 (1), 고려대학교출판부, 1973, 433쪽.

133) 일본 당국은 여러 차원에서 민족말살정책을 실시했지만, 재일조선인 밀집지역에는 일본 학교를 다니지 못하거나, 다니지 않는 재일조선인 자녀들을 위한 야학이 곳곳에 만들어져 강습이 전개되었다. 해방 이후 재일코리안의 민족학교의 설립은 귀국 준비의 일환이면서 동시에 이것은 일본 내에서 재일코리안의 권익을 보장받기 위한 민족운동이었다.

만들었다. 이후 이 교재는 조련의 한글 교재의 모델이 되었다. 당시 '한글교육' 수업시간에는 교재와 함께 각종 프린트물이 사용되었다. 등사물은 주로 한글과 한국사, 한국 문화 등에 관한 내용이었다.[135]

조직적인 조련의 민족교육은 1945년 11월 이후인 것으로 추정할 수 있다. 이와 관련해서는 1945년 11월 각 지방본부 문화부장 앞으로 「문화활동에 관한 지지」(중총(문)제2호)를 확인하는 것이 순서이다.[136] 이후 조련은 한글 교재를 만들고, 대량으로 인쇄하여 배포하도록 했다. 한글 강사 지도반을 조직하여 한글강사를 양성했다.

조련의 전체대회와 각종 위원회에서는 민족교육 문제가 중요한 사항이었다. 제2회 임시전체대회는 교육문제도 결의했다.[137] 특히 민족교육과 청년교육 강화의 방법으로 초등학원 신설, 도쿄에 3·1정치학원 설치, 오사카에 8·15정치학원 설치를 거론했다. 제2회 임시전체대회에서 결정한 도쿄의 3·1정치학원, 오사카의 8·15청년학원 설치에 대한 건은 교사양성이 목표였다. 조련은 다양한 방식으로 교원을 양성했는데, 대표적인 양성학교로는 조련중앙고등학원, 중앙조련사범학교, 오사카조선사범학교 등과 여성 활동가 양성을 위한 조련양재학원이 존재했다.

실제로 이 학교들은 대부분 활동가 양성을 주된 목적으로 했다. 3·1정치학원은 일본공산당에 의한 조선인 공산당원 양성의 역할을 했던 학교로 잘 알려져 있다.

조련은 한글 보급에도 주목했다. 이전 시기의 국어강습소를 확대한 조

134) 도쿄 아다치(足立)에서 임광철이 국어강습소를 주도했다(呉圭祥, 『ドキュメント在日本朝鮮人連盟－1945~1949－』, 岩波書店, 2009, 1301~31쪽).

135) 김인덕, 『재일본조선인연맹 전체대회 연구』, 선인, 2007, 161~193쪽.

136) 이하의 내용은 별도의 주가 없으면 다음의 연구 성과를 참조한다. 小澤有作, 『在日朝鮮人教育論』, 亜紀書房, 1988; 金德龍, 『朝鮮學校の戰後史－1945~1972－』, 社會評論社, 2002; 呉永鎬, 「1950~60 年代における朝鮮学校教育史」, 一橋大学 博士學位請求論文, 2015.

137) 坪井豊吉, 『在日朝鮮人運動の概況』, 法務研修所, 1958, 98쪽.

련은 제1회 문화부장회의에서 한글보급운동에 대해 논의하고, 강습소식의 '한글 교육'을 학교형식으로 편성하기 위해 토의했다. 그리고 교재 편찬을 위한 적극적인 민족교육을 실행했다. 제2회 중앙위원회에서 문화부 내에 초등교재편찬위원회를 신설할 것을 결정하고 실천해 옮겼다.[138] 특히 교육대책위원회를 설치했는데, 제2회 임시전체대회는 민주 · 민족교육 추진을 위해 문교부에 교육대책위원회를 두었던 것이다. 이 교육대책위원회는 주로 민족교육을 지도하기 위한 교사의 알선과 교과서 편찬을 담당했다. 1946년 4월 오사카에서는 조선인교원조합이 조직되었으며, 도쿄에서도 재일조선인교육회가 결성되었다.[139]

해방 이후 조련은 약 1년 동안 민족교육을 체계화했다. 그리고 성과를 거두었다. 초등학교 525개교, 각종 청년학교 12개교[140]를 개설하여 학교교육체제를 확립했다. 동시에 한글 교과서를 사용하여 교육했다.

조련의 민족교육은 1946년 10월 이후 적극적인 조직화의 길을 갔다고 판단된다. 조련의 제3회 전체대회가 1946년 10월 7일 열렸다. 이 자리에서 결의된 조련의 4대 방침에서는 교육과 계몽에 주목했다.[141] 이것으로 조련의 민족교육은 핵심 사업 단위가 된 것으로 보인다. 그리고 조련의 일반 활동 방침 가운데 다음 정기대회까지 문맹을 퇴치하고 초등학교와 학교관리조합의 조직을 결의했다. 특히 어린이들을 진보적 민주주의의

---

138) 金德龍, 『朝鮮學校の戰後史－1945~1972－』, 社會評論社, 2002, 38쪽. 조련은 1946년 2월 중앙기구 내에 초등교재편찬위원회를 두었다. 위원장은 이진규였고, 위원은 박희성, 임광철, 전경환, 이은직, 어당, 채수강, 박준영, 임영준, 윤기선, 박성호, 이인수, 한춘우, 이상요, 김상기 등 15명이었다(魚塘, 「解放後初期の在日朝鮮人組織と朝連の教科書編纂」, 『在日朝鮮人史硏究』(28), 1998, 109쪽). 조련은 교재편찬 사업에 주력하고, 『한글교본』, 『초등한글교본』, 『교사용 어린이교본』, 『어린이교본』, 『한글철자법』, 『한글교본』 등과 한국 역사 교재로 『조선역사교재초안』 (상)(중)(하) 등을 편찬했다.

139) 이것이 1946년 12월 8일에는 도쿄조선인교원조합으로 발전했다.

140) 『民主朝鮮』 1950년 5월 26쪽.

141) 『在日本朝鮮人聯盟第三回全國大會議事錄((附)第八回中央委員會議事錄)』, 53쪽.

건국이념과 조국애가 철저한 사회 공민으로서 양성하는 것을 목적으로 하는 초등학원의 교육방침으로 정했다.

이른바 양심적인 시민 교육의 틀을 마련한 것이다. 이 제3회 조련 전체대회 이후 조직된 제10회 중앙위원회에서는 중앙 문교국을 교육, 문화, 조직의 3부제로 하고 교육부에 학무, 출판의 2개과를 두도록 했다.

1947년 하반기에 조련은 교육규정을 두게 된다. 1947년 7월 조련은 신학기부터 일본의 학제에 맞추어 6·3제를 취할 것과 교육규정(「문교국교육규정에 관하여」)을 결정했다. 같은 해 8월 28일에는 도쿄도의 조선인 중학교에 전술한 재일조선인교육자동맹이 결성되었다.[142]

실제로 전술한 제3회 전체대회의 결의에 따라 1947년 민족교육과 관련하여 조련은 학교관리조합의 조직에 적극적이었다. 조련 중심으로 학교 건설도 진행되었고, 일부 지방 교육당국의 협력을 얻어 일본 공립학교 교사의 일부를 빌려 사용했다. 오사카부에서는 지사였던 다나카 코타로(田中廣太郎)가 조선인학교 건설위원회의 고문으로 취임하고, 건축자재 알선 등의 편의를 제공했다. 이와 같은 사실은 일본 지방행정 당국이 자주적인 민족교육 운동의 정당성을 인정한 내용이었다.[143]

재일코리안 민족교육과 관련해서도 전술했듯이 1947년 10월 조련 제4회 전체대회는 주목된다. 민주교육 문제와 함께 교육강령을 정했던 것이다.

142) 여기에는 전국의 교원조합 대의원 156명 중 104명이 참가했다. 이 재일조선인교육자동맹은 전국 1,200여 명의 교원을 토대로, 위원장을 최용근으로 하여 결성되었다. 당시 하부조직으로는 도쿄, 산다마(三多摩), 오카야마(岡山), 기후(岐阜), 후쿠이(福井), 효고(兵庫) 등지의 6개 지부가 조직되었다. 그 후 지부조직에 전력을 다해 지부수는 19지부, 맹원은 1,200여 명이 되었다. 이후 재일조선인교육자동맹 제2회 전체대회의 상임은 위원장 이진규, 부위원장 이찬의, 위원 고무영·김보현·이일동·김여두 등이었고, 중앙위원은 41명이었다. 이 조직의 주요한 활동은 교원의 인격과 실력 향상을 도모하고, 교과서연구회, 교수법연구회 등의 다양한 연구 활동을 전개했으며, 어린이와 부모를 조직했다(金德龍, 『朝鮮學校の戰後史－1945~1972－』, 社會評論社, 2002, 62쪽).

143) 梁永厚, 『戰後・大阪の在日朝鮮人運動』, 未來社, 1994, 137~138쪽.

첫째, 반항구적 교육정책 수립, 둘째, 교육 시설 충실, 교육 내용의 민생 중심의 신속한 수행, 셋째, 일본 민주교육자와 적극적인 제휴 협력, 넷째, 교육행정을 체계적으로 세우자, 다섯째, 교육 재원의 확립이었다. 아울러 조선인학교 문제에 대해서도 적극 논의했다. 당시 논의의 초점은 첫째로, 점령군 당국과 일본 정부가 민족교육에 간섭하려는 조짐에 대한 대처방안, 둘째로, '재일동포'의 교육권 옹호문제와 관련해서 일본 정부가 조선인학교에 대해 재정 보조를 하도록 하는 교섭을 해서는 안 된다는 내용이었다.[144] 그 연결선 상에서 1948년 1월 제13회 중앙위원회는 학교 설비의 확충, 교육체제의 확립, 교육 내용의 충실화 등을 논의했다. 또한 교육위원회와 교재위원회를 적극 활용하여, 조선 문화를 연구하고, 문헌을 검색하며, 대중문화의 활성화를 제기했다.

조련의 민족교육의 향후 방향을 제시한 대회가 있었다. 1948년 4.24한신(阪神)교육투쟁의 열기가 가시지 않은 가운데 조련의 제5회 전체대회가 1948년 10월 14일부터 16일까지 3일 동안 열렸다. 이 대회가 그것이다. 여기에서는 1948년도 활동보고서가 제출되었다. 그 가운데 민족교육과 관련해서는, '민주문화 민주교육의 급속한 향상을 위하여'라는 내용을 확인할 수 있다.[145] 대회는 4.24한신교육투쟁을 통해 조선 민족이 자기의 말, 자기의 글을 갖기 위해 얼마나 영웅적으로 투쟁했는가를 세계에 표명했다. 그리고 4.24한신교육투쟁은 5대 투쟁의 실천이었다고 그 의미를 부여했다.[146]

144) 김경해 지음, 정희선 외 옮김, 『1948년 한신교육투쟁』, 경인문화사, 2006, 15쪽.

145) 첫째, 기존에 교육기관의 혁신을 도모했고, 그것은 각 학교마다 관리조합을 통해 수행했으며, 둘째, 교육체제의 확립을 위해 교육위원회를 조직하고 교육규정을 실시하여 교육행정의 토대를 마련했으며, 셋째로 교육 내용의 충실화를 위해 교재편찬의 강화와 출판활동의 신속 처리를 도모했다는 것이다(『朝聯第5回全體大會提出活動報告書』, 351~352쪽).

146) 『第五回全体大會議事錄』, 朴慶植 編, 『朝鮮問題資料叢書』 9卷, 192~193쪽.

3) 1948년 4.24한신(阪神)교육투쟁

해방 이후 재일코리안 사회의 적극적인 민족교육 추진은 GHQ와 일본 정부에게는 절대적으로 주목되는 일이었다. 당시 일본정부는 1948년 3월 24일 이전의 1월 24일의 통달에 복종하지 않으면 학교를 강제로 폐쇄시키겠다고 했다. 일본 전역에 재일코리안 민족학교에 대해 강제적 폐쇄명령이 내려졌다. 이에 대해 재일코리안은 전면 투쟁에 돌입했다. 이것을 1948년 4.24한신교육투쟁이라고 한다.[147)]

4.24한신교육투쟁 때 재일코리안의 투쟁은 야마구치현(山口縣)에서부터 확인할 수 있다. 야마구치현에는 귀국하려는 조선인 1만 명 이상이 모여 있었다. 당시 야마구치현에서는 지사가 3월 31일까지 학교를 폐쇄한다고 통고를 했다. 여기에 대해 1만 명이 넘는 조선인은 현청 앞에 모여 교섭과 철야시위 투쟁을 전개했던 역사는 유명하다.[148)]

오사카에서는 1948년 4월 23일 부청 앞의 오테마에공원(大手前公園)에서 조선인학교 폐쇄 반대와 교육 자주권 옹호를 위한 인민대회가 개최되었다. 3만여 명이 집결했던 대회에 무장 경관에 의해 탄압되어 23명이 중상을 입고, 200여 명이 검거되었다. 오사카 시내의 경찰서에 분산 유치되었다. 다음 날인 4월 24일 검거된 사람들의 석방을 요구하며 아침부터 검거자를 유치하고 있던 오사카 시내의 경찰서 앞에서 조선인들이 파상적인 데모를 일으켰다. 다시 조선인 검거자가 나타났다. 이에 오사카의 재일조선인민족교육대책위원회는 다시 한번 동포를 대거 동원하여, 시

147) 김경해 지음, 정희선 외 옮김, 『1948년 한신교육투쟁』, 경인문화사, 2006, 228쪽.

148) 결국 현 당국은 통첩의 철회를 인정하게 되었다. 이후 4월에 들어서는 히로시마(廣島), 오카야마(岡山), 효고(兵庫), 오사카 등지에서 투쟁이 진전되었다(朴慶植 外, 『體驗で語る解放後の在日朝鮮人運動』, 神戶學生靑年センター出版部, 1989, 92쪽; 김인덕, 『재일본조선인연맹 전체대회 연구』, 선인, 2007, 194쪽).

위를 하면서 오사카부와 교섭했다. 4월 26일에도 조선인학교 폐쇄 반대 인민대회가 열렸다.[149]

고베(神戶)에서도 조선인학교 폐쇄 명령이 발령되었다. 4월 7일 고베시는 이를 집행하고자 했고, 여기에 대항해 조선인 학부모와 학생들의 저항이 나타났다. 특히 4월 24일 조선인학교 폐쇄에 항의하는 조선인들이 효고현청 앞에 결집하여 "학교 폐쇄 명령 철회" 등을 지사에게 요구하는 것으로 발전했다. 그날 밤 효고현 군정부가 전후 유일한 '비상사태 선언'을 발령하고 지사가 서약한 사항을 모두 무효라고 하면서 미군과 일본 경찰이 조선인과 일본인 지원자를 무차별하게 검거했다.[150]

많은 희생을 치른 투쟁이었지만, 5월 3일 조선인교육대책위원회 책임자와 문부대신 간에 각서가 교환되었다. 다음 해인 1949년의 탄압 때까지 조선인학교는 지켜졌다.

결국 1949년 10월 다시 학교 폐쇄 명령이 내려져 전국 대부분의 조선인학교가 폐쇄되었다. 1948년 4.24한신교육투쟁의 빌미가 되었던 GHQ와 일본 정부의 민족학교 탄압은 준비된 것이었다고 할 수 있다. 미국의 동아시아 전략 속에서 진행된 일이었다. 여기에 대해 조련은 조직적인 대응을 했고, 재일코리안은 일본 전역에서 전면적인 반대 투쟁을 전개했다. 이것은 해방 이후 재일코리안에 의한 전면적인 반일 투쟁으로 이념의 벽을 넘은 전 민족적인 투쟁이었다. 이 사건에 대해 조련은 4월 24일

149) 여기에 대해 해산 명령이 내려졌고, 당시 해산 명령은 3분 이내에 해산하라는 것이었다. 1만 명 가까운 사람이 3분 이내에 해산한다는 것은 불가능한 일이었다. 여기에 대해 오사카 경찰은 집회를 탄압하기 위해 경찰학교의 생도를 포함하여 8천 명을 동원했다. 일본 경관의 발포로 소년 김태일이 사망했고, 검거자는 군사재판에 회부되었다. 며칠 후 오사카에서는 김석송과 일본공산당원 등 수십 명이 체포되어 미군의 군사재판에 부쳐졌다. 이 가운데 재일동포 김석송은 강제 추방당했다(김인덕, 『재일본조선인연맹 전체대회 연구』, 선인, 2007, 195쪽).

150) 김경해 지음, 정희선 외 옮김, 『1948년 한신교육투쟁』, 경인문화사, 2006, 73~75쪽.

을 우리 말, 우리글을 지킨 '교육투쟁 기념일'로 정했다.[151)]

그런가 하면 조련 산하 조선인교육대책위원회는 1948년 3회에 걸쳐 문부성과 교섭을 가졌다. 1월의 문부성 통고문이 전국의 조선인학교를 폐쇄하는 정책적인 근거가 되었고, 또한 고베의 사례에서 보았듯이 지방자치제가 자주적인 역량을 갖고 있지 못했기 때문이다.

여기에서 주목할 것은 일본 정부와 GHQ의 입장이다. 당시 일본 문부성은 동화주의 교육의 입장에 철저했다. 일본 문부성은 재일코리안의 민족교육 운동을 평가할 때, 일부 정치세력이 이 문제를 이용했다면서 '새로운' 일본의 교육제도에 재일코리안도 복종해야 한다는 견해였다. 재일코리안의 민족교육에 대한 탄압은 원래부터 GHQ의 정책이라는 설도 있는데 절대적으로 타당하다고 할 수 있다.[152)]

결국 1948년 5월 5일 재일코리안 단체는 일본정부와 조인한 각서에서 일본의 학교교육법 준수를 약속했다. 다음날 6일 발표한 학교교육국장 통고문은 주도권이 문부성 쪽으로 넘어갔음을 보여준다. 문부대신 당시 모리토 다츠오(森戶辰男)와 조선인교육대책위원회 책임자 최용근 사이에 각서가 체결되었다. 조인에 이어 문부성은 각서의 구체적 조치를 규정한 통고문을 도도부현 지사 앞으로 보냈다.[153)]

151) 이후 재일코리안 사회는 민족교육의 원점으로 기억하고 있다(김경해 지음, 정희선 외 옮김, 『1948년 한신교육투쟁』, 경인문화사, 2006, 223~227쪽; 정희선 외역, 『재일코리안 사전』, 선인, 2012, 471~472쪽).

152) 김경해는 미국의 동아시아 정책 속에서 논의해 왔다.

153) 통고문은 재단법인을 가지고 또 설치 기준에 도달한 조선인학교는 사립학교로 인가하고, 일본인학교에 전학하는 조선인학생에게는 특별히 편의를 제공하고 일본인 학생과 동일하게 취급하며, 각 지방청은 조선인학교 책임자의 의견을 충분히 청취한다는 등의 사항을 정하고 있다. 그러나 가장 핵심적인 사항은 '조선인 독자의 교육'을 어디까지 허용할지 그 범위를 규정한 데 있었다. 이와 같은 5월의 통고문은 기본적으로 1월의 통고문을 반복한 것임에 분명하다. 전문(前文)에는 "이때 조선인의 교육 및 취급에 대해서는 선의와 친절을 으뜸으로 하고, 장차 양 민족의 친선에 기여하도록 조처할 것을 요망한다"고 명기했다. 문부성은 조선인에게 굴욕과 차별임이 분명한 '일본인과 구별하지 않는 교육'

당시 일본의 지방 자치단체는 이 통고문을 기초로 즉각 행동에 옮겼다. 오사카에서는 재일코리안 측이 부지사와 교섭을 재개하고 6개월 만에 각서를 매듭지었다. 그런데 이 과정에서 민족학급의 발족을 보게 되었다. 이것은 오사카만의 독자적인 제도로 지금도 잔존해 있는 중요한 역사적 산물이다.[154]

4) 본국지향적 활동과 귀국사업

1945년 해방 이후 재일코리안 사회와 조련에게 한반도는 절대적인 이상향이었는지 모른다. 따라서 조련은 재일코리안 사회의 관심을 반영하여 국내 귀국에 대해 지속적인 관심과 적극적인 대책을 수립했다.

조련은 일상적인 회의체인 제10회 확대중앙상임위원회에 귀국 관련 내용을 결정했다. 그리고 조련의 특파원을 보냈다. 조선의 정세를 파악하고 본국 단체와 제휴하며 귀국문제 등을 원만하게 추진하기 위해 특파원을 파견했던 것이다.[155] 당시 '본국'으로 가는 조련의 특파원으로는 윤근, 김민화, 장정주, 임종강, 강창호, 이호연, 이민선 등이 참가했다.[156] 이들은 국내에 들어와서 전국을 순회했다. 그리고 가는 곳마다 지역의 정서를 읽었다.

특히 서울에서는 조선인민당, 조선공산당, 조선국민당, 한국민주당 등

이라는 행위를, '선의와 친절'인 것처럼 간주하고 있다(김인덕, 『재일본조선인연맹 전체대회 연구』, 선인, 2007, 176쪽).

154) 한편 조련의 각종 다른 활동은 다음 오규상의 선행연구를 참조한다(呉圭祥, 『ドキュメント在日本朝鮮人連盟－1945~1949－』, 岩波書店, 2009).

155) 이하의 내용은 별도의 주가 없으면 다음의 책을 참조한다(김인덕, 『재일본조선인연맹 전체대회 연구』, 선인, 2007).

156) 張錠壽, 『在日朝鮮人・自立と抵抗 在日朝鮮人運動史への證言』, 社會評論社, 1989; 朴慶植, 張錠壽, 梁永厚, 姜在彦, 『體驗で語る解放後の在日朝鮮人運動』, 神戸學生・青年センター 出版部, 1989, 51쪽.

과 신문사, 사회단체 등을 방문하여 재일코리안의 상황을 보고하고 적극적으로 연대를 도모했다. 이들은 서울과 부산에 연락부를 두고, 조선 내의 미군정청과 일본인세화회에 연락하여 원만한 대책이 절실하다고 했다.[157)]

8월 15일 이후 시간이 지나면서 국내에서는 해방의 기쁨은 조금 그 뉘앙스가 변하기 시작했다. 해방의 흥분과 감격이 점차 '답답함', '어두움'으로 바뀌어 갔다. 이런 분위는 일상적인 삶의 고단함이 주요하게 작용했다. 일제강점기 조선총독부가 통화를 남발한 일은 극심한 인플레이션으로 돌아왔다. 그리고 공장 가동이 정지되면서 생활필수품은 구하기 어려워졌다. 공장이 가동되지 않은 것은 곧바로 실직자를 양산했다. 정책적인 문제도 여기에는 작용했다. 1945년 8월 15일 해방된 해는 풍년이 들었다. 따라서 절대적인 양의 식량이 부족하지 않았다. 문제는 미군정의 자유방임으로 식량이 부족해진 것이다. 모리배의 창궐, 쌀 남용 등으로 심각한 식량문제가 발생했다.

국내에서 여러 정황을 살펴본 조련은 이후 국내 문제에 보다 적극적이었다. 조련의 움직임은 바로 나타났다. 조련 제2회 중앙위원회는 조선인민공화국 지지에 나섰다. 여기에서는 '인민공화국은 정당인가 국가조직인가', '남한에는 군정청이 있고, 그 지도 아래에서는 우선 민주정부를 수립하는 것이 선결이다', '민족의 완전 독립이 없이 이승만을 국적시하는 것은 왜 그런가.' 등을 논의했다. 이후 조선인민공화국 지지문제에 대해 반대했던 사람들은 제2회 임시전국대회 이후에는 제명되거나 탈퇴당했다. 조선인민공화국의 지지와 국기게양 문제는 이후 조련의 정치적 입장이 개입되는 내부 분란의 한 요인으로 작용한 것은 잘 알려져 있다.

157) 金太基, 「'前後'在日朝鮮人問題の起源」, 一橋大學大學院法學硏究科, 1996, 167쪽.

특히 제5회 전체대회에서는 국기게양 문제에 대한 의장단 성명서가 발표되면서 정리되었다.

실제로 해방 공간 귀국은 재일코리안에게는 우선적인 일이었다. 단순히 생각만하는 것이 아니라 사람들은 움직였다. 여기에 조련이 대책을 수립하는 것은 당연한 일이었다. 이 귀국의 문제를 '역사적 사정'과 '통일 민주정부 수립'과 연관 지어 설명하기도 했다.[158] 이런 설명에 따르면 절대 다수의 조선인은 정주할 생각이 없었다는 것이다.

조련은 조직 초기 강령에서도 귀국에 주목했다. 여기에서는 '귀국 동포의 편의와 질서를 도모'라는 내용이 확인된다.[159] 제10회 조련 확대중앙상임위원회에서는 강제연행기 징용된 노동자에 대한 귀국 여비와 위문금품 지급을 결의했다. 나아가 중앙 질서 있는 행동을 호소하며, 구체적인 움직임을 보면, 시모노세키와 하카타에 출장소 설치 결정을 확인할 수 있다. 이에 따라 귀환자 수송계획을 세우고 시행에 들어가서, 시나가와(品川)역에 관동지방 수송연락사무소를 설치했다.

절대로 조련은 가만히 있지 않았다. 귀국과 관련한 1945년 해방 이후 9월부터 11월까지 주련의 주요한 활동을 정리해 보면, 첫째, 중앙위원회 결성 때부터 행동 강령에 '귀국 동포의 편의와 질서를 도모함'을 명기했

158) "인양문제는 무엇을 의미하는가. 그것은 첫째로 재일조선인은 조선 본국에서 근대적 민족을 형성해서, 즉 그. 대부분이 8.15부터 20년 이내에 일본에 이주해서, 더군다나 그 이주의 동기는 일본군국주의의 강제에 의한 것으로 일본에 이주해서 절대로 그곳을 정주지로 생각하지 않고 생각하려 해도 생각이 되지 않는 사회적-민족적 차별과 억압이 항시 계속된 것, 이러한 역사적 사정에 의한 것을 명확히 해야 할 것이다. … 둘째, 8.15 이후의 재일조선인의 모든 투쟁은 아메리카제국주의의 조선분할-식민지화정책에 기인한 것을 1945년 당시의 인양의 사정에서도 확실히 안다. 어려운 이론을 언급할 것도 없이 조선이 모스크바협정에 규정된 것 같은 방법으로 통일된 민주주의적인 정부가 수립된다면 재일조선인의 대부분은 인양되었을 것으로 잔류한 소수가 있지만 금일과 같은 정치적, 사회적 문제가 되지 않을 것은 분명하다."(林光澈, 「在日朝鮮人運動・10年の歩み(上)」, 『新朝鮮』(8), 1955.9, 72쪽).

159) 조련의 귀국정책은 다음의 내용을 주로 인용한다(김인덕, 『재일본조선인연맹 전체대회 연구』, 선인, 2007, 216~224쪽).

다. 둘째, 중앙 본부는 귀환쇄도가 혼란을 야기함으로 상경을 삼가고 책임 있는 당국의 지시가 있을 때까지 질서 있는 행동을 호소했다. 셋째, 조련 제1회 중앙위원회 회의에서 시모노세키(下關)과 하카타(博多)에 출장소 설치를 결정, 김만유를 소장으로 하여 조련출장소를 설치, 시모노세키 조선인귀국자후원회를 지도했다. 넷째, 조련 마이즈루(舞鶴)지부가 흥생회 교토(京都)지부와 협력하여 숙박, 급식, 출항사무 보조했다. 다섯째, 귀환자 수송계획을 수립하여 전술했듯이 시나카와역에 관동지방 수송연락사무소를 설치했다.[160]

이렇게 조련은 귀국과 관련하여 다른 민족단체나 GHQ보다 일찍이 조직적인 움직임을 보였다. 즉, 9월 중순에 이미 질서 있는 귀국을 도모했다. 조련은 11월부터는 일본 후생성, 운수성과 교섭하고 귀국자 수송의 모든 일을 인수받았다. 그리고 귀국자 명부의 작성, '귀환증명서'의 발행, 특별수송열차 계획, 동포의 승차, 승선의 일, 갖고 갈 수 없는 재산의 관리 등의 일을 시행했다. 동시에 조련은 승선지에서의 수용소의 설치, 선박 증가 배치 등을 요구했다. 또한 실제로 하카타, 센자키(仙崎), 시모노세키에 출장소를 개설하고, 귀국동포구원회, 조선인구호회를 만들어 귀국자의 구원활동을 적극 추진했다.

그런가 하면 민단계열은 1945년 해방 이후 3의사유해봉환사업(三義士遺骸奉還事業)을 시작했다. 먼저 이봉창이 교수형을 당한 우라와형무소(浦和刑務所) 부속 묘지에서 유해를 확인하여 접수하고, 이후 1946년 1월 유해를 모두 찾아 국내로 송환시켰다.[161]

160) 김인덕, 「해방 후 조련과 재일조선인의 귀환정책」, 『한국독립운동사연구』 (20), 2003 참조.
161) 재일본대한민국민단 홈페이지(www.mindan.org) 참조.

제2장

분단 정권과 재일코리안 단체의 대립 (1948~1955)

제2장
분단 정권과 재일코리안 단체의 대립 (1948~1955)

1. 재일본대한민국민단의 변환 1

민단은 새로운 집행부를 위해 1949년 4월 1일 제6회 전체대회에서 무기명 투표 방식으로 임원을 선출했다. 결과는 박열집행부의 퇴진이었다. 이후 정한경, 조규훈으로 이전진 민단 단장은 같은 해 10월 18~19일 제8회 전체대회에서는 중앙기구에 3기관을 확립하는데 역점을 둔 규정을 개정 통과시켰다. 특히 같은 해 9월 제9회 전체대회에서는 분열이 시작되어 통일파가 탈락하여 '남북통일촉진회'를 결성했다.[1]

그런가 하면 제12회 전체대회 이례적인 대회로 임원선출 과정에서 선거위원회가 단장후보자 3명(원심창, 김재화, 김광남)을 단장단으로 대회에 추천, 대회에서 가결했다. 그리고 제15회 전체대회 단장단 제도를 폐지하고, 단장제로 복귀를 결의하고 새로운 단장으로 김재화가 제13대 단

1) 『민단50년사』, 재일본대한민국민단, 1997, 73쪽.

장으로 선출되었다.

제18회 임시전체대회는 1954년 6월 11일에 열렸다. 대의원 198명 출석한 대회에서 민단은 '재일한국인 전부를 친일파로 보는 이승만 대통령의 발언을 비난하는 결의문' 채택을 가결했다. 민단 위원장 선출방식의 변화와 관련하여 제20회 전체대회에서 규약 개정을 하여 위원장 호선제를 직선제로 개편했다.

〈표 11〉 제1~19대 민단 중앙 단장과 재임기간[2]

차 수	단장 (기간)	차 수	단장 (기간)
1~5대	박열 (1946년 10월 3일~1949년 4월 1일)	6대	정한경(鄭翰景) (1949년 4월 1일~1949년 6월 9일)
7, 8대	조규훈 (1949년 6월 9일~1950년 3월 25일)	9, 10대	김재화(金在華) (1950년 3월 25일~1951년 4월 3일)
11대	원심창(元心昌) (1951년 4월 3일~1952년 4월 3일)	12대	단장단 (원심창, 김광남(金光男), 김재화) (1952년 4월 3일~1952년 10월 4일)
13~16대	김재화(金在華) (1952년 10월 4일~1955년 4월 13일)	17~19대	정찬진 (1955년 4월 13일~1958년 4월 26일)

2. 재일조선민주통일전선의 조직

재일조선민주통일전선(이하 민전)은 조련과 총련 사이의 재일조선인의 또 하나의 중심 세력이었다고 할 수 있다.

재일조선인 사회는 한국전쟁으로 직접, 간접적인 영향을 받는다. 그리고 조련[3] 강제 해산 이후 재일동포 사회의 새로운 구심을 결성하게 되

2) 위키백과 참조.
3) 재일본조선인연맹을 말한다.

었다. 그것이 민전이라고 할 수 있다.

재일조선인운동에서 재일본조선인연맹(이하 조련) 해산 이후부터 재일본조선인총연합회(이하 총련) 결성까지 사이는 민전의 시대이다.[4] 한국전쟁의 발발과 정전, 인도차이나 전쟁의 변화 등 국제적으로는 열전에서 냉전으로 크게 변모한 시기였고 일본은 미국과의 단독 강화와 안보조약을 체결하고 한국전쟁 특수 등 경제적으로는 이전의 수준을 넘었던 시기이기도 했다.

민전에 대한 연구는 경원시되어 대부분은 실패한 운동에 관한 연구로 부정적 교훈은 있어도 전진적인 것을 만들기는 어렵다고 생각해서 전면적인 조사 연구는 거의 이루어지지 않았다고 할 수 있다. 물론 여기에는 자료적 제한도 작용하고 있다. 기록 자료가 거의 없다고 할 수 있고, 구술 청취 조사 등의 증언도 거의 없다.

1) 민전 제1기(제1회 전체대회)

(1) 창립 전사

알려져 있듯이 조련이 해산되고 그에 대신하는 조직의 결성이 준비되었다. 그러나 쉬운 과정은 아니었다. 재정적으로 조련은 재산이 압수되어 재정적으로 어려웠고, 일본 정부의 감시가 결성에 이르는 과정에서는 절대 무관하지는 않았다.[5]

일찍이 1949년 9월 조련은 해산 명령으로 본부를 비롯하여 여러 기관을 폐쇄, 접수당하고, 소장하고 있던 문서·문헌 등을 대량으로 공안 당국에게 빼앗겨 버렸다.[6] 과도기에는 조련 산하에서 어렵게 해산을 모면한

4) 연구사는 오규상의 미간행 초고를 참조한다(2018.3.7).
5) 전준, 『조총련연구』 2권, 고려대학교 아세아문제연구소, 1972, 25쪽.

몇 개의 조직이 활동했다. 청년동맹은 해산당해 버리지만 동시에 여성동맹이나 해방구원회는 해산당하지 않았으며 사무소도 그대로 남았기 때문에 같은 장소를 사용했다. 물론 해산당하여 운동이 끝나도 아무것도 할 수 없는 것은 아니다. 결국 새로운 구심점을 만들려는 노력이 개시되었다. 그리고 조선전쟁이 시작되기 이전에 이미 실질적으로는 과도적인 조련의 후계기관의 성격을 가진 재일조선인단체중앙협의회가 구성되었다.[7]

1950년 6월 1일 가와사키(川崎)에서 민전의 결성을 준비한 중앙준비회가 개최되었다. 이후 8월 15일을 기하여 중앙결성대회를 추진하고자 했다. 이런 가운데 한반도에서 한국전쟁이 일어나서 민전 결성대회는 유산되었다.

그런가 하면 조직상으로는 민전에 앞서 조국방위위원회(祖國防衛委員會)[8]와 산하의 행동대로 조국방위대(祖國防衛隊)[9]가 각 지역마다 계속해서 편성되었다. 이들 조직은 행동대로 일본에서 미군과의 투쟁을 담당하는 군사 조직의 형태였다.[10] 초기에는 비합법으로 조직이었다.[11]

조방위와 조방대는 당초 전국조직이 아니었다.[12] 실질적인 활동은 청년행동대를 비롯한 청년 단체가 중심이었다. 특히 민전계의 청년들은 미

6) 가지무라 히데키 저, 김인덕 역, 『해방 후 재일조선인운동 : 1945~1965』, 선인, 2015, 76쪽.

7) 가지무라 히데키 저, 김인덕 역, 『해방 후 재일조선인운동 : 1945~1965』, 선인, 2015, 77쪽.

8) 이하 조방위라고 약칭한다.

9) 이하 조방대라고 약칭한다.

10) (一) 재일조선인조국방위대 규약 "1. 중앙위원회 결의에서 본 단체는 조국방위행동대라고 호칭한다."고 되어 있다(『일본 한인의 역사』(자료집), 국사편찬위원회, 2010, 226쪽).

11) 가지무라 히데키 저, 김인덕 역, 『해방 후 재일조선인운동 : 1945~1965』, 선인, 2015, 79쪽. 대중단체로서의 민전과는 표리일체로 그 가운데 결집된 행동조직이라고 할 수 있다. 민전과 조방대(祖防隊) 두 조직이 조선전쟁 시기 운동의 실제 담당자였다. 당시 조방대는 조련의 지도를 받아온 사회주의자들이 중심이었고, 따라서 당시 형식상 일본공산당 민족대책부의 지도 아래에 있었다. 실제로 조방대를 움직인 것은 이들이지 일본공산당은 아니었다(가지무라 히데키 저, 김인덕 역, 『해방 후 재일조선인운동 : 1945~1965』, 선인, 2015, 79~80쪽).

12) 노기영, 「한국전쟁과 재일 한인」, 『일본 한인의 역사』(하), 국사편찬위원회, 2010, 30쪽.

국의 한국전쟁 개입에 대한 반대운동을 전개하고 일본에서 무기를 제조하여 한국으로 수송하는 것을 저지하기 위해 총력을 모았다.

(2) 창립대회

민전은 1951년 1월 9일 비공개로[13] 결성되었다. 전국 부현대표 73명이 모였다. 대회는 김훈의 정세보고가 있었고, 선언, 7개항의 강령, 규약, 활동 방침이 결의되었다. 그리고 중앙위원의 선출이 있었다. 먼저 정세분석을 보고한 민전 준비위원장 김훈이 보고한 내용을 보면, 일반정세의 내용은 다음과 같다. "조국해방전쟁은 새로운 단계에 돌입했다. 미제국주의자의 패퇴는 벌써 시간문제이지만 적 역시 보복 수단을 생각하고 있음을 고려해야 한다. 즉 '전아세아민족'을 침략하는 제1보로서 '**침략'에 손을 댔다는 것을 알 수가 있다. 그들의 조선 내 간섭은 전술과 같이 아세아침략의 제1보이고 이런 짓을 감행하는 악독한 미제국주의는 중공인민의용군의 적극적 응원으로 즉각적으로 궤주되고 있어 인민군의 승리는 결정적이다. 새삼스럽게 말할 것도 없거니와 제군의 영웅적 용기를 갖고 일본인민을 분기시킬 것을 망실치 말고 언제나 일본인민의 선봉에서서 조국해방전에 따라야 한다." 그리고 세계정세의 분석은 "세계 전인민이 미국의 강편한 인민압제정책을 지지할 이도 없고 이제 미국은 완전히 고립되어 발광하는 수밖에－진보적 인민의 승리가 미국 자신의 속에 생기고 있다."고 했다.

특히 일본정세를 설명하여, "요시다반동정부는 '공산세력의 말소만이 치안유지의 급선무'라 하여 인민세력의 증대와 중앙세력의 일본침투를 두려워하고 있다.－이상 전동포가 민단이다 민전이다 할 때가 아니다.

13) 朴慶植, 『解放後在日朝鮮人運動史』, 三一書房, 1989, 279쪽.

재일동포의 사활문제이다. 단결하여 조선인 송환에 반대해야 한다."고 했다.

이상과 같은 정세 인식 아래 민전은 결성 전국대회 선언을 내놓고 있다. 여기에서는 "민족의 독립과 자유와 행복과 영예를 위한 조국해방전은 제국주의, 도적놈 등의 잔학무도한 만행에도 불구하고 우리 인민군 및 중국의용군은 영웅적 애국적 투쟁으로 전세계의 애호인민의 절대한 성원을 얻어 용감무비한 반격전에 돌입하여 새로운 승리를 올리고 있다. 구적인 그들의 군대를 우리 조국에서 완전소탕하고 단시일 간에 승리를 전취하고자 일로남진하고 있다."고 했다. 그리고 "조국 침략 계획을 분패당하여 실패에 끝난 침략자, 강도 등은 다시 발광적 무차별 폭격을 가하여 평화한 조선민족을 학살하고 야수적 만행을 감행하여 불안과 동요리에 전쟁 확대에 광분하고 있다." 나아가, "제국주의자들은 일본을 조국침약의 묘지화하고 일본의 모든 산업시설은 침략전쟁에 동원시키고 일본을 재무장화하여 놈들의 야만폭압의 도를 증가하고 있다. 놈들과 야합한 일본정부는 살기 위한 정당한 요구에 대해 중상적 도발, 유혈적 압박을 가할 뿐만 아니라 거주권마저 박탈하여 공공연히 강제송환의 음모를 꾸미고 다시 재일중국인과 우리 동포재산까지 동결을 계획하고 있다. 우리는 사상, 신앙, 감정에 좌우되지 말고 소수의 매국노를 제거하고 일치단결하여 비법한 놈들의 폭압을 물리치어 우리들의 요구확보를 위해 투쟁할 것을 자에 선언한다."고 했다.

아울러 민전은 '민전 결성 전국대회 강령'으로, "(1) 우리는 조국의 완전한 독립과 일체의 외국 군대를 조선에서 즉시 철퇴할 것을 요구한다. (2) 우리는 인민의 생활옹호와 인격, 거주의 자유, 재산을 박탈할 것을 반대한다. (3) 우리는 민족문화를 위해 교육의 자주성을 확보함에 전력을 다 한다. (4) 우리는 조국통일을 방해하는 민족의 분열책동자 및 매국분자를 소탕하고 반동분자를 타도한다. (5) 우리는 일본을 아세아침략의 기지로 하는 군사화 반대와 전면 강화체결에 전력을 다한다. (6) 우리는 제국주의 침략전쟁을 위한 원자병기의 제조사용에 반대하고 세계평화를 염원하는 세계국가를 제창한다. (7) 우리는 조선민주주의인민공화국을 사수한다."[14]고 했다.

아울러 5개의 활동 방침은 첫째 돌격투쟁 월간의 실시, 둘째 선전활동, 셋째 재정활동, 넷째 민족교육투쟁, 다섯째 기성단체의 강화가 주요 주제였다.

전술했듯이 창립된 민전은 한국전쟁을 해방전쟁으로 보았다.[15] 그리고 이전의 조련 관련 사람들만으로 된 것이 아니었다. 조선건국촉진청년동맹에서 출발하여 1948년 이후 조선민주통일동지회라는 형태로 민단에서 이탈하여 독자적인 길을 걷고 있던 사람들이 참가하고 있었다. 이강훈[16]을 비롯하여 통일동지회계의 사람들이 적극적으로 참가했다. 이강훈은 민전 의장의 역할을 수행했다.[17] 민전의 의장단에는 김훈, 이강훈, 김성률, 윤덕곤, 박갑룡, 그리고 서기국장 이계백,[18] 중앙상임위원 10명,

14) 法務硏修新, 『在日北鮮系朝鮮人團體資料集』, 1952, 77~82쪽.

15) 김훈의 정세보고를 참조. 朴慶植, 『解放後在日朝鮮人運動史』, 三一書房, 1989, 279쪽.

16) 이강훈(1903~2003): 강원도 금화 출신. 3·1운동 후에 구 만주에서 김좌진의 영향을 받아 독립운동에 가담했고, 상하이로 가서 주중국 일본공사 아리요시 아키라(有吉明)에 대한 폭살미수사건에 관여했다가 체포되어 해방될 때까지 12년간 옥중에 있었다. 해방 후 김천해(金天海) 등과 함께 후추형무소(府中刑務所)에서 석방되어 신조선건설동맹, 재일본조선거류민단(민단)의 결성에 참여했다가 5·10단독선거에 반대하여 민단을 떠나, 김구(金九)의 남북통일전선을 지지하는 조선통일동지회를 결성했다. 한국전쟁 발발 후에는 민전에 참가하여 의장단의 일각을 차지하는데, 민전이 일본공산당·북한과 결탁하는 것에 반발하여 1954년 1월 탈퇴 성명을 발표했다. 민전 중앙상임위원회는 이강훈을 간첩이라면서 제명하는 성명을 발표했다. 그 후 김삼규(金三奎)·권일(權逸) 등이 북한 제의를 받은 것을 계기로 결성한 좌우합작 남북통일촉진협의회(통협)의 고문에 취임했다가, 1960년 4월 혁명 이후 한국으로 귀국하여 독립운동사 편찬 등에 관여했다(정희선 외 역, 『재일코리안사전』, 선인, 2012).

17) 가지무라 히데키 저, 김인덕 역, 『해방 후 재일조선인운동 : 1945~1965』, 선인, 2015, 79쪽.

18) 이계백, 제주 출생. 18세 때 일본으로 건너가 항일운동 및 재일본조선인총연합회(약칭 총

중앙위원 78명이었다.[19]

실제로 민전은 중앙위원회를 통해 중요 사항을 정리해 갔다. 제1~4차 중앙위원회의 내용을 보면, 1951년 1월 10일에는 전체대회 장소에서 민전 1차 중앙위원회가 개최되었다. 여기에서는 중앙부서의 결정되었고, 강제송환반대돌격월간(2월 1일부터 3월 1일)을 정하고 운동을 전개하기로 했다.

민전 2차 중앙위원회는 1951년 4월 10~11일 미도시(水戶市)에서 열렸다. 여기서는 민족교육, 메이데이 대책, 민전 조직의 확립이 토론되었다. 그리고 재정활동, 청소년과 부인조직의 강화, 그리고 인권옹호투쟁, 기관

련) 사업에 관여하였다. 광복 이후인 1947년 7월 재일본조선인연맹 시즈오카(靜岡)현 본부 위원장을 시작으로 1951년 11월 민전(民戰) 중앙본부 서기장, 1953년 11월 민전 중앙본부 의장단을 거쳤다. 1955년 5월 총련 중앙사무국 국장에 임명되면서 총련사업을 본격적으로 시작하였다. 1956년 5월 오사카(大阪)부 본부 위원장을 역임하였고, 1960년 중앙위원회 부의장에 임명되었다. 1972년 2월 재일본조선인 인권옹호투쟁위원회 위원장을 겸하는 등 총련 인권신장에 큰 노력을 쏟았다. 그 공로로 1972년 4월 북한 최고의 영예칭호인 '노력영웅' 칭호를 수상하였고, 1976년 1월 '국기훈장 제1급'을 수상한 경력이 있으며, 1978년 4월에는 주체사상국제연구소 이사를 역임하였다. 1989년 4월 약 30년간 맡아온 총련 중앙상임위원회 부의장 자리를 내놓고 북한 노동당의 우당인 사회민주당 중앙위원장에 취임하였다. 그의 방북 시기는 1972년 10월이다.(오규상선생 교시(2020년 2월 3일)). 북한에 들어간 지 얼마 안 되던 1990년 5월 최고인민회의 상설회의 의원에 임명되었다. 그 뒤 1990년 8월 '조국통일상'을 수상한 데 이어 1991년 1월 '노력영웅' 칭호를 또다시 받는 등 능력을 인정받아 1967년 11월 최고인민회의 제4기 대의원에 선출된 것을 시작으로 1972년 12월 제5기 대의원에, 1977년 11월 제6기 대의원에 잇따라 재선되었다. 1982년 2월에는 제7기 대의원(평남 강동), 1986년 11월에는 제8기 대의원(평양 비파) 1990년 4월에는 제9기 대의원(어은)에 선출되었다. 1970년대부터 북한 의회대표단을 인솔해 국제의원연맹(IPU) 총회에 참석하기 시작하였다. 1974년 9월 동경에서 열린 제61차 IPU총회에 북한의회대표단 부단장 자격으로 참석하였고, 1975년 3월에는 스리랑카에서 열린 IPU이사회에 대표단 고문 자격으로 참석하였다. 1975년 9월 영국 런던에서 열린 IPU총회에는 의회대표단원으로, 1976년 4월과 1977년 4월에도 의회대표단원으로 멕시코와 호주에서 열린 IPU이사회에 참석하였다. 1993년 1월 23일 병으로 사망하였다. 장례는 국장으로 치러졌고, 당시 강성산(姜成山) 총리, 이종옥(李鍾玉) 부주석, 김영남(金永南) 부총리 겸 외교부장 등 모두 21명으로 장의위원회가 구성되었다. 중앙인민위원회와 조국통일민주주의전선, 조선사회민주당은 공동명의로 부고를 발표하였다. 김일성(金日成) 주석도 사망 하루 뒤인 1월 24일 그의 빈소를 찾아 조문하고 유가족들을 위로하였다(한국민족문화대백과사전 참조).

19) 朴慶植, 『解放後在日朝鮮人運動史』, 三一書房, 1989, 282쪽. 한편 전준은 의장단으로 김훈, 서영호, 이강훈, 김성률 그리고 중앙위원 25명이라고 했다.

지 강화 등에 주목했다.

1951년 8월 4~5일에 동경에서 3차 중앙위원회가 열렸다. 이 자리에서는 조국통일전취월간투쟁(8월 10일~9월 10일)을 결의했다. 아울러 9.9기념운동을 평화서명운동으로 하기로 했다.

아울러 9월 11~12일 요요기(代代木) 일본공산당 본부에서 민대부 전국대표자회의가 있었다. 그리고 9월 21일에는 전국대표자회의가 열렸다. 그리고 월간투쟁 총결 전국보고대회가 9월 23일 열렸다.

민전 4차 확대중앙위원회가 1951년 9월 25일 오지(王子) 조선인학교에서 열렸다. 여기서는 강제송환 반대, 조국방위운동 강화, 일조협회의 조직, 교육과 재정방침 등이 논의되었다.[20] 그리고 중앙위원 보선 등이 있었다.

강제송환 반대운동은 적극적이었다. 강제송환 문제는 민전과 조방의 간부들에게는 공포를 느끼게 하는 일이었다.

2) 민전 제2기(제2~4회 전체대회)

(1) 제2회 전체 대회

민전 제2회 전체대회는 1951년 12월 12~13일 개최되었다.[21] 여기에는 전국대표 약 300명이 참가했다. 이 자리에서는 임시의장단에 박갑룡, 윤덕곤, 김훈, 이강훈, 이계백, 김성률, 서영호 등이 선출되었다.[22] 대회의 선언은 다음과 같다. "우리 조국은 제국주의자들의 극악한 무력침략을

---

20) 朴慶植, 『解放後在日朝鮮人運動史』, 三一書房, 1989, 289쪽.

21) 朴慶植, 『解放後在日朝鮮人運動史』, 三一書房, 1989, 295쪽.

22) 이정문과 이건식의 선출에 대해서는 이설이 있다(朴慶植, 『解放後在日朝鮮人運動史』, 三一書房, 1989, 295쪽).

받아 실로 비참한 상태에 있고 60만 재일동포도 그 생존권의 위협을 받는 일대 위기에 조우했다. 이것은 우리 조국에 침입하고 야만적이며 폭력 행위를 누적하고 형제자매와 무사의 인민을 살해하여 국토를 황량하게 함과 동시에 무수의 보물과 민족재산을 약탈 소각한 제국주의자들과 그 괴뢰 도당 등이 조선문제가 해결됨을 — 일본에 거주하는 우리들까지 살해하는 극악한 강제추방의 음모를 노골적으로 진행시키고 있는 까닭이다. 조선민주주의인민공화국정부에 공고히 단결한 전체 인민은 조국의 전체 애국역량을 총결집하여 조국통일민주전선의 평화적 통일방안을 추진시켜 그 실현에 최후까지 노력해 왔다."

이와 함께 "제국주의자들과 그 괴뢰 매국 리승만 도당은 조국의 평화적 통일방침을 철저적으로 파탄시키면서 침략전쟁의 준비를 하고 동족상쟁의 내란을 발생시켜 이것을 구실로 제국주의자들은 우리 조국에 무력침공을 개시했다. 이에 대해 조국해방전쟁에 총궐기한 조선인민군부대와 남녀 빨치산부대 및 중국인민 지원군 등은 선두에 위대한 소련과 세계평화 애호 인민 등의 강대한 지원을 받아 적을 분쇄하고, 드디어 정전회담을 개시하지 않으면 안되게끔 했다. 그럼에도 불구하고 개성의 정전회담을 비열한 수단으로 지연 파탄시키며 단독강화조약과 군사협정을 체결하고 우리 조국과 아시아에 대한 침약체제 강화를 위해 일본의 재군비와 군국주의 부활 및 군사기지 강화를 공연히 진행하고 있다."고 했다. 나아가 "이런 우리들의 투쟁 앞에는 더한층 위협을 받고 있는 제국주의자들과 그 앞잡이인 요시다파쇼도당은 일본인민이 우리 조국침약을 대대적으로 동원하기 위해 60만 동포의 강제송환 음모에 발광적으로 되고 있다. 일본에 거주하는 동포는 그 생명재산과 민주적 민족적 권리에 극도의 척협을 받고 있다. 그러나 우리는 이 정세 속에서 조련 민청 해산 후 전동포가 수행한 투쟁을 통하여 실력으로 쟁취하는 본전선의 제2차 전체대회를 역사적으로 개최했다. 동포 여러분 우리들이 조국과 생명, 재산 및 민족 권리를 지키기 위해서는 어떤 곤란함이 있어도 광범한 일본국민과 기타 민족들과의 친선제휴를 강화해야 하는 것을 잘 이해하고 대외공작을 충분히 수행하여 승리의 길을 가자.[23)]"고 했다. 그리고 강령으로 다음과 같이 내걸었다.

1 영웅적으로 통일된 독립 조선 만세!
2. 3천만 전체 조선 인민에 승리와 영광을!
3. 과감한 투쟁으로 조국과 민족의 승리 방위에 단결된 재일 60만 동포 만세![24)]

그리고 첫째, 조국의 통일 전취, 둘째, 평화 옹호, 반파쇼투쟁, 셋째, 민주적 민족 권리의 옹호, 넷째, 전선의 확대 강화의 4대 방침을 결정했다.[25)]

일본공산당은 야마나카 히로시(山中宏)의 이름으로 「민전 제2차 대회 강령초안에 기하여」를 민전에 보냈다. 주요 내용을 보면 다음과 같다.[26)] "(1) 강령초안에 재일조선일 60만(반동을 제외)이 모두 찬성하면 좋으나 그렇치 않는 경우에는 문제가 생길 것이다. (2) 통일전선 강령이란 것은 당면의 최대의 적에 대해 우리측의 최대의 세력을 결집하는 내용이어야 한다. (3) 조선인민의 최대의 적은 침략전쟁으로 민족해방과 국가의 독립과 통일을 방해하는 미제국주의자와 그 앞잡이인 리승만 매국정권이다. (4) 재일조선인은 전조선인민의 공통된 적에 대해 투쟁할 때 현재 놓

23) 法務研修新, 『在日北鮮系朝鮮人團體資料集』, 1952, 99~103쪽.
24) 法務研修新, 『在日北鮮系朝鮮人團體資料集』, 1952, 99~103쪽.
25) 朴慶植, 『解放後在日朝鮮人運動史』, 三一書房, 1989, 295쪽.
26) 山中宏은 中央委員 志田重男이며, 志田은 1956년 4월 중앙위원회 총회에서 서기국원 해임, 1957년 5월 중앙위원회 총회에서 제명처분되었다(法務研修新, 『在日北鮮系朝鮮人團體資料集』, 1952, 77~82쪽, 103쪽).

여 있는 조건을 고려치 않으면 그 구체적이고 실천적인 입장을 잃는다. a) 미제국주의자에 대한 공동 투쟁. b) 리승만 정권의 반동세력과의 투쟁. c) 요시다정권과의 투쟁. (5) 교조주의의 배척. (6) 재일조선인의 실제적 결집. (7) 민전의 성격을 일개의 정당과 동일시해서는 안 된다. (8) 당내의지의 통일."[27)]

이상과 같은 일본공산당의 문건은 민전에 압력이 되었다. 민전 내부의 민대부에 대한 비판을 억압하고자 했다.

특히 제2회 전체대회에서는 '조선민주주의인민공화국을 사수한다'는 강령의 조항을 둘러싸고 논쟁이 있었다.[28)] 당시는 이 조항을 제재했다. 민대부의 의견이 통했던 것이다. 이때 민전에서는 노선의 대립이 발생했고, 이강훈과 민대부는 대립이나 분파적 상황을 억압했고 민대부 방향으로 대회는 흘러갔다.[29)]

당시 대회에서는 첫째, 당면한 임무, 둘째, 국제정세 보고, 셋째, 조국정세 보고, 넷째, 재일조선인의 민주교육을 발전 강화시키기 위하여 등이 토의되었다. 그리고 의장단, 중앙위원 등의 선인도 있었다.

이에 다음과 같은 중앙위원회와 각종 회의가 지속되었다. 제5차 중앙위원회의 내용을 보면, 먼저 5차 중앙위원회가 1951년 12월 13일 있었다. 이 회의에서는 2회 전국대회에서 결의된 내용이 구체적으로 확인 결의되었다. 당시 중심은 전술한 4대 방침이었다.[30)] 4대 방침은 다음과 같다. "(1) 무력 침공한 제국주의자를 격퇴하고 조국의 통일쟁취 (a) 대일단독

27) 전준, 『조총련연구』 2권, 고려대학교 아세아문제연구소, 1972, 32~33쪽.

28) 이미 1951년 12월 초 일본공산당 중앙민대부, 민전중앙그룹의 박은철, 김훈 등 15명이 제2회 전체 대회를 준비하는 가운데 논의했다(朴慶植, 『解放後在日朝鮮人運動史』, 三一書房, 1989, 295쪽).

29) 이후 조국파와 일공파=민대부로 나누었다고 한다(朴慶植, 『解放後在日朝鮮人運動史』, 三一書房, 1989, 296쪽).

30) 法務研修新, 『在日北鮮系朝鮮人團體資料集』, 1952, 107~110쪽.

강화 및 일미안전보장조약 폐기와 일본의 군사기지화 및 무기생산 수송의 분쇄, 일본의 군국주의 부활 반대. (b) 재일동포의 애국적 사상을 높이고 목적이 의식적이며 구체적인 실천, 혁명적 행성(行性)을 발전시키고 동시에 일본의 혁명세력의 주력인 노동자, 농민 및 광범한 일본국민과의 긴밀한 제휴. (c) 리승만 괴뢰정권의 주일대표부에 대한 투쟁을 경시말고 이것을 극복하여 투쟁을 과감히 하여 리정권에 타격을 주며 재일반동세력을 분쇄하여 그 세력 하에 있는 대중을 전선에 포착하여 투쟁한다. (2) 평화옹호, 반제, 반파쇼투쟁의 강화. (3) 재일조선인의 민주적 민족권리 획득 투쟁 강화. (4) 전선의 확대 강화 발전에 관하여."

그런가 하면 민전 3월 13일 중앙지령 제34호에는 「3·7 국회투쟁의 성과를 발표시키기 위하여」를 발령했고, 1952년 4월 4일 중앙지령에서 「제23회 메이데이 총궐기 월간 설정에 관하여」는 4월 15일부터 5월 15일을 투쟁 월간으로 설정했다.

한편 민전 제6차 확대중앙위원회가 계속 개최되었다. 1952년 5월 26~28일 사이 비밀리에 진행되었다. 당시 회의에는 중앙위원 60명, 지방대의원 63명이 참가했다. 여기에서는 1. 정세와 활동보고, 2. 강령, 규약의 개정, 3. 당면한 활동방침, 4. 당의 민족강령 등이 논의되었다.

강령 개정은 제2회 전체대회에서 부결되어 '조선민주주의인민공화국을 사수한다'는 조항이 새로 삽입되었다. 그리고 제2회 전체대회에서 결의된 '4대 방침'이 재확인되기도 했다.[31] 아울러 회의의 결의로 '해방전쟁 2주년 구국월간(6월 15일부터 8월 15일)'이 정해졌다.

이렇게 민전 제6차 중앙위원회에는 민대부에서 제안한 '재일조선민족강령'이 제시 되었는데 그 내용은 다음과 같다. "1) 침략자 미제는 전조

31) 전준, 『조총련연구』 2권, 고려대학교 아세아문제연구소, 1972, 35쪽.

선민족의 구적이다. 2) 재일조선민족의 현상. 3) 당면의 임무와 구체적 요구. 4) 민족총저항과 단결"[32].

구체적으로 '당면의 임무와 구체적 요구'는 다음과 같다. "(1) 조선투쟁의 즉시정전, 일체의 외국군대 철퇴, 리승만 매국도당의 타도, 조선민주주의인민공화국에 의한 조국의 통일. (2) 일본인을 미국의 용병으로 하지 않는다. 조선전선으로부터 일본군인 즉시철수, 조선전선에 보내기 위한 살인병기 및 일체의 군수품생산 및 수송의 금지. (3) 침략을 위한 일본재군비 반대, 군사기지 및 군수산업의 철폐. (4) 천황제를 그만 두고 일체의 반동적 군국주의적인 것을 제거하고 일본제국주의의 근원을 근절하는 요시다반동 정부타도. (5) 단독강화, 안전보장 조약, 일미행정협정의 파기. 포츠담선언에 기한 조선민주주의인민공화국을 포함한 전면강화. (6) 점령제도의 철폐와 전점령군의 일본철퇴. (7) 조선민주주의인민공화국과 우호관계를 맺을 일본민주주의 국민정부의 수립. (8) 원자병기, 세균병기의 제조 및 사용금지. (9) 전(全)아시아로부터 미·영·불군대의 철퇴, 5대국평화협정의 체결. (10) 전쟁선전과 반소, 반공, 반조 선전의 금지, 소동맹을 선두로 하는 국제평화 애호세력과의 제휴강화, 민족권리와 자유를 수호하기 위해. (11) 출입국관리령, 파괴활동방지법 및 기타 일체의 파쇼적 제법령의 폐지. (12) 사회문화시설의 이용, 사회보장 등에서의 일체의 차별폐지. (13) 자유로이 국적을 정할 수 있다. 조국조선과의 교통왕래, 교역의 자유. (14) 언론, 출판, 집회, 결사, 데모, 신앙의 자유. (15) 18세 이상의 남녀에게 선거권, 피선거권을 준다. 생활, 민족교육 문화수호를 위해. (16) 실업자와 빈곤자에게 국가에서 직업을 주고, 생활을 보장한다. 동일노동에 동일노임. (17) 군사기지로 하는 농민의 토

32) 전준, 『조총련연구』 2권, 고려대학교 아세아문제연구소, 1972, 37~38쪽.

지징발, 어민의 어장징발을 중지. (18) 상인에게 부당과세를 중지. 영업, 금융에서의 차별을 하지 않는다. (19) 조선 및 해외자지역과 자유로이 무역을 한다. (20) 교육비 일체를 국가에서 부담, 자국어에 의한 의무교육의 완전실시. (21) 일반성인의 문맹퇴치, 국어강습, 오락, 시설 등에 대한 사회교육비의 지출, 식민지노예교육문화의 추방."[33]

이렇게 민대부에서 제시한 조선 민족 강령에서 중대한 점은 선거권과 피선거권의 주장이라고 했다.[34]

민전 시기 재일조선인은 조국 방위를 위한 행동을 전개하고 있었다. 구체적으로는 집회와 데모의 개최 등의 합법적인 대중운동과 함께 당시 폭력혁명노선을 취하고 있었던 일본공산당과 공동으로 반미 투쟁도 전개했다. 한반도에 대한 무기의 수송과 군수물자 생산을 저지하기 위해서 화염병 투쟁 등도 불사했다. 이러한 활동은 1952년 12월의 민전 제3회 전국대회에서 합법적 평화투쟁을 주축으로 한 방침이 내세워지기까지 지속되었다.[35]

(2) 제3회 전체대회

1952년 12월 18, 19일 열렸다.[36] 당시 민전 제3회 전체대회는 다음과 같은 제출안으로 그 대강을 확인할 수 있다. 그 목차를 보면, "선언－강령－행동강령－규약－국제정세－활동보고－활동방침/전선확대 강화에 대하여－선전활동 강화를 위하여/각 단일단체 활동보고와 당면방침－예산안"이다.[37]

33) 法務硏修新, 『在日北鮮系朝鮮人團體資料集』, 1952, 234~242쪽.

34) 전준, 『조총련연구』 2권, 고려대학교 아세아문제연구소, 1972, 38쪽.

35) 도노무라 마사루 저, 신유원·김인덕 역, 『재일조선인사회의 역사학적 연구』, 논형, 2010, "4. 한국전쟁 하의 재일조선인운동과 일본의 민중의식의 변화" 참조.

36) 朴慶植, 『解放後在日朝鮮人運動史』, 三一書房, 1989, 342쪽.

여기에서는 선언과 강령, 행동강령, 규약이 결정되었다. 당시 선언은, "세계 지배의 야망을 가지고 우리 조국에 침략해 온 미 제국주의자들과 그 주구들은 과거 2년 반 사이 군사적, 정치적, 도덕적으로 패배했음에도 불구하고 의연하게 침략 유지와 전쟁 확대에 광분하고, 불합리하게 일반적인 주장을 모으며 조선 문제를 평화적으로 해결하기 위한 종전회담을 1년 동안 지연시켰다. 일본은 재군비로 군국주의 부활을 급속히 준비하며, 동시에 소위 "아시아인들끼리 서로 싸우는 것 이외에는 아시아를 확보할 길은 없다."고 아시아의 특성과 그들의 야망을 달성하려고 최후의 몸부림을 하며 일본 안보대를 증가시켜 조선에 출동시키기 위해 광분하고 있다."고 하고, "그들은 종전회담 과정에서도 우리 공화국 북반부 전역에 걸쳐 다수의 무방위 도시와 평화적 농촌을 무차별 폭격하여 파괴하고, 남녀노소의 비전투원을 다수 학살하였으며, 비인도적인 세균 무기, 독가스 등의 대량 살인 무기로 우리 민족을 말살하려 하고 있다. 특히 거제도 포로수용소의 우리 인민군 포로와 중국 의용군 포로들에 대한 학살 사건은 세계 전사상에서도 유례가 없는 참학성을 보였고, 그들은 종전회담을 의식적으로 파국으로 인도하여 신전쟁 방화 준비에 광분하고 있다."고 했다.

그리고 "우리는 통일된 민족으로 통일된 국가를 갖고, 어떤 일이 있어도 하나가 되어야 한다. 이것이 조국 조선의 모습이다. 우리는 우리가 민족의 영도자인 김일성장군과 공화국 정부를 높이 들고 조국 강토에 무력 침공했던 제국주의자들을 격퇴하고 그 주구 매국도당들을 철저히 분쇄하고 애국적인 일본국민들과 굳은 단결로 최후까지 투쟁할 것을 맹세한다. 통일전선 제3차 전체대회의 이름으로 재일 전체 동포와 조국의 형

37) 「민전 제3차 전체대회 제출의안」(1952년 12월 18,19일), 朴慶植 編, 『朝鮮問題資料叢書』 9 (解放後の在日朝鮮人運動I), アジア問題研究所, 1983, 297쪽.

제자매 및 전 세계 인민 앞에 선언한다."[38]고 했다.

강령으로는 "1. 우리는 전체 조선인민의 애국역량을 총괄하여 조선민주주의인민공화국 정부 아래 굳게 단결하여 우리 조국에 무력 침략했던 미, 영제국주의자들과 괴뢰 이승만정권을 격멸 쇠퇴하여, 국토안정과 민족통일을 전취하여 조국의 안전과 번영을 위해 싸운다. 2. 우리는 재일조선인민의 일체의 민주적 민족 권리를 박해 유린하는 일제 파쇼적 죄악법령과 미, 일, 한 협정에 반대하고 다음의 정치, 경제, 문화, 사회적 기본 권리를 위해 투쟁한다. 3. 우리는 국제적 제 협정을 유린하고 단독강화와 군사협정을 갖고 일본군국주의를 재생하며, 일본을 아시아침략의 기지로 일본인민을 용병으로 하여 식민지 예속화 투쟁정책에 광분하는 미제와 그 주구 매국적 정권에 반대하여 민족해방과 독립을 위해 투쟁하는 일본 국민의 미주세력과 굳건히 제휴하고 투쟁한다. 4. 우리는 원자폭탄, 세균무기 등 일체의 대량살육 병기의 제조 및 사용금지, 5대국 평화조약의 체결을 요구하고, 세계평화 애호인민 등과 긴밀한 제휴를 하고 전 세계평화와 민족의 독립을 위해 투쟁한다. 5. 우리는 민족의 자주권을 존중하고 우리 조국에 대해서 우호 평등한 원칙에서 원조 협력해 준 소동맹, 중화인민공화국 및 제 인민 민주국가와 전 세계 평화인민과 친선협동 강화를 위해 적극적으로 노력한다."고 했다. 아울러 행동강령[39]

38) 『일본 한인의 역사』(자료집), 국사편찬위원회, 2010, 249쪽,

39) 행동 강령은 다음과 같다. 1. 조선 전쟁의 즉시 정전, 제네바협정에 의한 포로 전원 송환, 전 외국 군대의 즉시 철퇴. 2. 조국 영토에 대한 무차별 폭격과 만행 반대, 일본 군대의 조선 출동 절대 반대, 일본의 군국주의 부활과 군사 기지 분쇄, 군수품 생산과 수선 반대. 3. 강제 추방과 강제 격리를 비롯하여 일체의 폭정 반대, 민족 차별과 민족 이간 반대, 반조·반중·반소·반공의 악선전 반대. 4. 외국인등록법과 출입국관리법 적용 반대, 파방법을 비롯한 일체의 악법 철폐. 5. 언론·집회·결사·출판·시위·신앙의 자유 보증. 6. 일체의 생활에 대한 탄압 반대, 실업자의 직장 확보, 빈곤자의 사회 보장, 노동자의 최저 임금제 확립, 농민의 토지 몰수 반대. 7. 애국자의 평화 전선에 대한 박해 반대, 옥중 애국자의 즉시 전원 무죄 석방. 8. 조선인 학교 사립 이관 반대, 전액 일본 국고 부담에 의한 민주 민족 교육의 완전 실시. 9. 식민지 문화 결별, 문맹 퇴치와 성인 교육 강화, 민주적·민

도 결정했다.[40]

또한 제3회 전체대회에서 결정된 임원은 다음과 같다. “의장단 : 이강훈, 김훈, 윤덕곤, 이호연, 이군생, 박광해/ 검사위원 : 이심철, 송문기, 나원출, 이윤우, 신홍식/ 서기국 : 이계백(국장), 남기양(차장), 김영근(차장)/ 조직선전부 : 이대우(부장), 김정환(차장)/ 외무부 : 이호연(부장), 고성호(차장)/ 문교부 : 이진규(부장), 정백운(차장)/ 사회경제부 : 문동건(부장), 이일우(차장)/ 재정부 : 이군생(부장) 등”이다.[41]

실제로 민전의 1954~55년 노선 전환의 징조는 1952~53년경부터 엿보였다. 일본혁명의 과제가 이후에도 남았는데 어느 사이에, “일본공산당의 깃발 아래 결집하라.”는 직접적인 슬로건으로 바뀌었다. 그리고 “조·일(朝日) 양 민족의 연계 제휴로 일본의 곤란한 상황에 대처해 가야 한다”, “반미투쟁을 할 때에도 일본인과의 공동투쟁을 통해 유리하게 국면을 타개해 가야한다.”고 1951~52년부터 민전과 재일조선인의 주체성을 보다 강하게 제기하는 방식으로 변해 갔다.[42] 민전 내부에서는 이때 노선 전

족적 문화 발전. 10. 여성의 정치·경제·사회·문화적 제 권리와 자유 평등의 보증, 모권의 존중, 아동의 복리 증진. 11. 청년 및 학생의 일체의 권리 옹호, 조선민주주의인민공화국 청년으로서의 자각과 긍지의 고양, 과학적 역량과 기술 습득의 노력 강화. 12. 민족 자본의 옹호, 차별 없는 자유, 평화 산업의 발전, 중과세와 과중한 전력비 반대, 무역 제한 반대, 호혜 평등한 무역의 자유 확보. 13. 통일 전선의 확대 강화, 분열 책동의 단결 파괴, 재산 약탈 반대, 일부 악질 매국매족자들의 배제. 14. 조국 인민들과의 연대 강화, 일한회담 분쇄, 전 동포의 자유와 번영 고수. 15. 노동자, 농민을 선두로 하는 일본 인민의 제휴 강화와 전면 강화 및 일본에서의 전 점령군 철퇴. 16. 소련, 중국을 비롯한 우호 평등적, 형제적 전 세계 평화 애호 국가 및 인민과의 국제친선과 경제·문화 교류 강화. 17. 국제연합의 침략, 항구화, 동서의 제 군사 동맹, 전쟁 선전, 내정 간섭 반대, 원자폭탄, 세균무기, 독가스, 네이팜탄 등의 대량 살인 무기 제조·사용 금지, 국제협정의 존중, 군비 축소, 5대국 국제평화조약 체결.

40) 『일본 한인의 역사』(자료집), 국사편찬위원회, 2010, 249~250쪽.

41) 坪井豊吉, 『在日同胞の動き』, 1977, 43쪽,

42) 이미 1951년 1월 10일 민전 결성대회에서 「全在日同胞に檄撤す」에서도 “권력기관은 우리들과 일본인을 이간시키기 위해 날뛰고 있다. 이런 일은 일본을 전장(戰場)화하고 일본인을 전쟁터로 몰아넣기 위해서이다. 우리들은 본질을 선전하여 일본인이 자신의 문제로 삼고 공동으로 투쟁 하도록 해야 한다”고 하는데, 예를 들면 1952년 5월 26일의 민전 제6회 중

환에 대한 논쟁이 시작되었다. 1951년 민전이 생길 때, 총련의 지도자가 된 한덕수를 중심으로 한 사람들은 민대(民對)를 통해 민전이 일본공산당의 지도 아래 있는 것이 잘못이라고 공공연히 문제를 제기하고 처음부터 내부에서 민전에 대해 비판의 자세를 견지했다. 결국 이들의 비판이 민전에 영향을 미쳤고 문제제기의 방식이 변해 갔던 것이다.[43]

이 대회는 4대 방침을 재확인하고 북한의 공화국 사수에 대한 이른바 '어필'에 대해 3.1독립투쟁을 적극 수행하기로 했다.[44] 아울러 일본정부의 민족교육 탄압에 대해 민족차별, 민족말살로 규정하고, 사립학교 이관에 대해 철저히 반대를 조직해 갔다.[45]

제3회 전체대회 시기에는 9~12회 중앙위원회가 열렸다. 제9회 중앙위원회는 제3회 전체대회에 이어 열렸다. 여기에서는 '일조친선평화 월간'으로 구체적 방침을 정했다. 그 기간은 1953년 1월 1일부터 3월 1일까지로 했다. 1952년 12월 26일 민전 중앙지령으로 제59호 '일조친선평화 월간 설정에 관한 방침'이 나왔다. 그리고 민전 중앙 2월 26일 중앙지령 제75호가 하달되었다. 여기에서는 3·1운동을 발판으로 하여 3.26일 전국에서 항의단을 조직하여 중앙에 결집하여 강력한 공격을 하여 타격을 주고, 이것을 4.24교육투쟁을 거쳐 메이데이 투쟁으로 발전시키자고 했다.[46]

그리고 제10회 중앙위원회는 1953년 5월 25~29일에 걸쳐 개최했다. 이 회의에서는 정세분석, 조직 활동 보고, 당면한 활동방침 등이 토의되었

앙위원회의 재일동포에 대한 슬로건은 '在日全同胞よ, 祖國解放戰爭の勝利のため總決起せよ', '日朝兩國民の固い團結萬歲', '在日同胞は民戰の旗の下に固く團結しよう', '日本國民を朝鮮の侵略戰爭に送るな' 등이었다(가지무라 히데키 저, 김인덕 역, 『해방 후 재일조선인운동 : 1945~1965』, 선인, 2015, 85~86쪽).

43) 가지무라 히데키 저, 김인덕 역, 『해방 후 재일조선인운동 : 1945~1965』, 선인, 2015, 86쪽.

44) 朴慶植, 『解放後在日朝鮮人運動史』, 三一書房, 1989, 342~343쪽.

45) 朴慶植, 『解放後在日朝鮮人運動史』, 三一書房, 1989, 328쪽.

46) 전준, 『조총련연구』 2권, 고려대학교 아세아문제연구소, 1972, 47쪽.

다. 특히 당면한 활동방침 보고에서는 '4대 방침'이 재확인되었다. 1. 저항 자위대 조직의 육성 강화, 2. 재일조선인상공업자 조직, 3. 간부의 학습양성, 4. 섭외활동 중요성이었다.[47)]

특히 북한에 대한 대책으로 채택된 문건은 「제10차 중앙위원회에서 채택한 조국에 대한 성명문」이 있다. 여기에서 민전은 '단결하여 조국의 강토에서 적들을 박멸하고 공화국의 기치 아래 국토안정, 조국통일의 위업을 반드시 달성해야 할 것을 굳게 맹서하는 바입니다. 조국의 자유와 통일독립과 영예를 위해 영웅적으로 투쟁하는 조국인민의 승리와 영광'을 표현하고 있다.[48)]

1953년 8월 제11차 중앙위원회가 열렸다. 1953년 8월 25~27일 사이에 있던 자리에서 민전 중앙위원회는 첫째, 반미, 반요시다, 반재군비의 3대 방침을 논의했다. 그리고 둘째, 조국의 부흥건설을 위한 귀국과 시찰단의 파견, 셋째, 조선종합대학 설치와 학교폐쇄 기념투쟁, 넷째, 11월 중순 제4차 전체대회의 오사카 개최가 토의되었다.[49)]

제11차 중앙위원회는 일본 노농전선과의 협력 구축과 북한 입장의 절대 지지를 결의하는 중요한 자리였다. 실제로 민족적 입장[50)]에서의 전술 채택에 대해 많은 논의와 오랜 시간이 경과한 끝에 민전은 일본 노농전선과 협력[51)]으로 정리했다. 이 문제는 문제해결은 아니었고 이후 지속적으로 민전의 위상과 존재에 재고하는 결정적 요소였다.

특히 「이승엽 일파 12명의 반인민적 국가적 죄상의 처단」이라는 1953년 8월 3일 북한의 발표 문건에 대해 지지를 표현했던 것은 이후 민전 행보

47) 전준, 『조총련연구』 2권, 고려대학교 아세아문제연구소, 1972, 48쪽.
48) 「日共の基本的戰略戰術」, 548쪽.
49) 전준, 『조총련연구』 2권, 고려대학교 아세아문제연구소, 1972, 49~50쪽.
50) 치바 대표인 황희수는 민족적 권리 옹호를 민대의 중요한 존재 이유라고 했다.
51) 민전 중앙조직부장 김충권이 이런 입장을 주장했다.

에 지대한 영향을 끼쳤다.

그런가 하면 민전의 제61차 상임위원회는 '조선종합대학 설치안'을 결정했다. 이 결정에 대해 제11차 중앙위원회는 설치를 결정했다.[52]

한편 1953년 9월 시기 민전은 전국적 규모의 조직을 갖게 되었다. 산하단체 12개소, 중앙위원 할당단체로 5개소 구성원 138,754명의 구성원을 갖고 있었다. 구체적으로 그 내용을 보면 다음과 같다. 산하단체로는 재일조선해방구원회(이강훈/56,380명), 재일조선민주여성동맹(김은순/39,212명), 재일본조선민주애국청년동맹(윤상철/6,535명), 재일본조선인교육자동맹(남일룡/700명), 재일본조선학교 PTA전국연합회(윤덕곤/17,600명), 재일본조선문학예술가총회(신홍식/157명), 재일본조선학생동맹(김상권/557명), 재일본조선민주소년단(이은직/10,000명), 재일본조선불교도연맹(류종묵/80명), 재일본조선인과학기술협회(이명주/23명), 조선민주통일동지회(이강훈/80명), 재일조선인건국촉진청년동맹(이강훈/200명), 그리고 중앙위원 할당단체로는 재단법인조선장학회(최용연/50명), 일조협회(이영표/50명), 재일조선인상공인연합회(이재동/7,100명), 통일민보사(고성호/2명), 해방신문사(이심철/28명) 등이다.[53]

이미 1953년 6월 시기에 6개 지방협의회, 44개 도도현위원회, 7개 지구협의회, 278개 지구위원회, 123개의 지부를 두는 조직이 되었다.[54] 또한 1953년 11월 6일 상임위원회는 제11차 중앙위원회 결정을 존중하기로 하여 오사카 개최를 결정했다.

같은 해 11월 제12차 중앙위원회가 1953년 11월 10일 오사카시립노동

52) 여기에 대해 일본공산당 중앙은 비판적인 의견을 냈고, 일본공산당 민대부도 중지시켰다. 그러나 민전은 사범전문학교로 안을 전환시키고, 도쿄 제6조선인학교에 신입생 49명을 입학시켜 무인가교로 개교했다.

53) 전준, 『조총련연구』 2권, 고려대학교 아세아문제연구소, 1972, 46쪽.

54) 坪井豊吉, 『在日同胞の動き』, 1977, 44쪽.

회관에서 열렸다. 이 회의 앞서 전날 민전 전체회의가 열렸다. 그 이전에 제11차 중앙위원회에서 결의하여 제4회 전체대회 대회준비위원회를 열어 전체대회를 준비해 갔다. 당시 회의 주도권은 민대부파가 갖고 있다. '반이' 항목을 넣어 4반 투쟁으로 할 것을 결의했다. 이후 민대부는 4반 투쟁을 일본공산당 전당원에 대해 지령했다.

(3) 제4회 전체대회

제4회 전체대회가 1953년 11월 11~13일 열렸다. 오사카시에서 열린 대회는 전국대표 589명, 방청객 약 400명이 참가했다. 당시 대회장에서는 김일성과 모택동, 말렌코프 사진을 정면에 걸었다.

첫째 날 대회는 축전문의 낭독과 각각 분과위원회를 구성했다. 둘째 날은 각부의 활동보고와 토론이 있었다. 셋째 날에는 이계백의 일반 활동 총괄과 향후 방침에 대한 보고가 있었다.[55] 그리고 대회는 활동방침으로 5대 방침을 결정했다.[56]

이 대회의 결정서의 목차는 다음과 같다. "선언－강령－조국전선에서 온 축전－김일성원수에 올리는 편지/－조국통일민주주의전선 중앙위원회에 보내는 편지－슬로건－대회경과/－일반보고와 당면한 임무－통일전선의 확대강화를 위하여/－민주민족권리를 지키는 투쟁에 관하여－교육활동의 보고와 방침/－문화선전활동의 보고와 방침－의무활동의 보고와 방침－재정활동의 보고와 방침/－일본국민에 보내는 친선 멧세지－일본정부에 보내는 항의문"[57]으로 되어 있다.

55) 「제4차 전체대회 결정서」(1953.11), 朴慶植 編, 『朝鮮問題資料叢書』 9(解放後の在日朝鮮人運動I), アジア問題研究所, 1983, 513~514쪽.

56) 1. 정전협정의 완전실시, 2. 반미, 반요시다, 반일, 반재군비 투쟁, 3. 재일동포의 민주민족권리옹호투쟁, 4. 5대국 평화조약의 귀결과 평화운동, 5. 민전의 확대강화와 일본국민과의 친선단결(坪井豊吉, 『在日同胞の動き』, 1977, 481~482쪽).

먼저 선언의 내용을 보면, "조선인민은 성스러운 조국해방전쟁에 있어서 역사적 위대한 승리를 쟁취하였다. 이는 또한 위대한 소련과 중국을 위시한 인민민주주의 제국가 인민들과 전세계 평화애호 인민들의 위대한 승리이다.－미제는 만고역적 이승만과 소위 한미호상방위조약을 체결하고 일본에 대하여서는 MSA 군비증강 등으로써 종래의 식민지 예속화와 용병으로서의 재군비정책을 전면적으로 강화하는 한편 소위 이승만라인문제를 조작하여 배타적 민족주의와 침략사상을 고취하여 일본의 재무장 우익 팟쇼의 재생을 책동하고 있다.－미일은－재일동포를 침략정책의 값싼 대포밥으로 몰아 넣으려 하고 있다.－조선민주주의 인민공화국 공민으로서의 영예를 견결히 고수하며 적들의 어떠한 탄압과 박해에도 굴하지 않고 싸울 것이다.－미제. 이승만, 요시다반동세력들과의 견결한 투쟁에서 우리 조국의 신속한 평화적 통일독립을 달성하기 위하여 용감히 전진할 것을 제4차 전체대회의 이름으로써 엄숙히 선언한다."고 했다.

아울러 강령에서는, "1. 우리는 재일 전체 조선인민의 애국역량을 총집결하여 조선민주주의인민공화국 정부 두리에 굳게 뭉쳐 미, 영제국주의자들의 내정간섭을 배격하며 그 앞잡이 이승만역도들과 일본반동세력을 분쇄하여 우리 조국의 신속한 평화적 통일독립을 쟁취하기 위하여 싸운다. 2. 우리는 재일조선인민의 민주적 민족 권리를 박해 유린하는 일정(일체 오자: 필자)의 정책 및 팟쇼적 제악법령과 미, 일, 한 제협정을 반대하여 정치적, 경제적, 문화적, 사회적 기본 권리를 옹호하기 위하여 싸운다. 3. 우리는 국제적 제협정을 유린하고 단독강화와 군사협정을 강행하여 일본을 재무장시켜 미제의 식민지로 만들고 우리 조국과 아시아

57) 「제4차 전체대회 결정서」(1953.11), 朴慶植 編, 『朝鮮問題資料叢書』 9(解放後の在日朝鮮人運動I), アジア問題研究所, 1983, 508쪽.

침략의 기지로 삼어 전쟁 조발(당시 표기 그대로: 필자)에 광분하는 미제와 그 주구 매국정권에 반대하여 자기민족의 자유와 독립을 위하여 싸우는 일본국민과 굳게 제휴하여 싸운다. 4. 우리는 원자폭탄, 세균무기 등 일체의 대량살육 병기의 제조 및 사용금지, 5대국 평화조약의 체결을 요구하며 전세계 평화애호 인민들과 긴밀히 제휴하여 협의에 의한 항구 평화를 달성하기 위해 싸운다. 5. 우리는 호상평등의 원측(원칙의 오자: 필자)에 서서 민족의 자주권을 존중하고 우리 조국에 대하여 원조 협력하여 주는 쏘련, 중화인민공화국 및 제 인민민주주의 국가들과 전세계 평화애호 인민들과의 친선 협동을 강화하기 위하여 적극적으로 노력한다."[58]고 했다.

제4차 전체대회는 이계백 의장, 김충권 서기장으로 민대부파의 주도로 진행되었다. 이 대회 이전에 민전그룹회의에서 일본공산당의 민대부의 생각이 작용하여 반이승만을 더하는 것이 투쟁 방향으로 결정되어, 4반투쟁방침을 채택하고, 이후 제13회 중앙위원회에서 재확인했다. 이후 일본공산당은 반이승만투쟁을 뺀 3반 투쟁으로 개편했다.[59]

제4회 전체대회 시기에는 제13~17차 중앙위원회가 열렸다. 제13차 중앙위원회가 제4회 전체대회 다음날인 1953년 11월 14일 오사카시 이쿠노구 제1조선인학교에서 열렸다. 이 자리에서는 '반이'투쟁의 내용을 넣어 4반투쟁을 확인했다.

1954년 2월 20~21일 제14차 중앙위원회가 열렸다. 참가자는 중앙위원 103명이 참가했다. 그리고 김충권 서기장의 일반정세 보고가 있었고, 규약 수정, 5대방침의 검토, 이강훈[60]문제, 3반투쟁문제 등이 토의되었다.

---

58) 「제4차 전체대회 결정서」(1953.11), 朴慶植 編, 『朝鮮問題資料叢書』 9(解放後の在日朝鮮人運動I), アジア問題研究所, 1983, 509쪽.

59) 朴慶植, 『解放後在日朝鮮人運動史』, 三一書房, 1989, 346~347쪽.

그리고 4반 투쟁을 3반 투쟁으로 변동을 결의했다.

이후 민전은 1955년 3월 17일 「제14차 중위결정서 침투사업추진에 관하여」를 배포하고, 이강훈은 반민족반역자로 규정, 처단했다.

그리고 제15차 긴급중앙위원회가 1954년 5월 5일 열렸다. 중앙위원 109명, 옵저버 32명이 참가했다. 이 자리에서는 1. 일반 보고, 2. 투쟁 슬로건, 3. 결론, 4. 결의사항, 5. 조국방문 결정, 이호연의 환송회 개최 등이 토론되었다.

이 회의의 목적은 민전의장단 이호연의 북한도항문제였다. 결국 일본 정부의 반대로 이호연의 방북이 이루어지지 않았다.

그런가 하면 1954년 8월 21~23일 민전 제2회 전국서기장회의를 개최했다. 당시 회의에서는 1. 김충권의 정세보고, 2. 전국 활동 보고, 3. 생활과 교육, 4. 여러 권리투쟁, 5. 조직 강화와 방위, 6. 외국인 등록 반대투쟁, 7. 선전과 재정 등에 대해 토론했다.

도쿄에서는 제16차 중앙위원회가 열렸다. 1954년 9월 27일 열린 회의는 중앙위원 99명, 기타 30명이 참가했다. 회의는 저조했다. 그리고 민전에서 탈퇴한 사람의 문제로 분규가 있었다.[61]

1954년 11월 7일 제17차 중앙위원회가 열렸다. 제5회 전체대회의 준비회의로, 당시에는 재일조선민주애국청년동맹, 재일조선민주여성동맹, 재일조선해방구원회 등의 회의가 있었다.

60) 이강훈은 1953년 12월 15일 의장 사의를 제출했고, 1954년 1월 15일 탈퇴 성명서를 냈다(전준, 『조총련연구』 2권, 고려대학교 아세아문제연구소, 1972, 53쪽).

61) 전준, 『조총련연구』 2권, 고려대학교 아세아문제연구소, 1972, 58쪽.

3) 민전 제3기(제5~6회 전체대회)

(1) 제5회 전체대회

1954년 11월 8~10일까지 민전 제5차 전체대회가 열렸다. 대의원 432명, 방청객 500명이 참가했다. 당시 보고순서는 다음과 같다. "선언－강령－규약－경과보고/ 1955년도의 활동방침~조국의 평화적 통일 독립과 민주적 민족권리를 위한 재일60만 동포의 당면한 임무~－회계보고－예산안"[62]이다.

보고서에서 확인되는 선언과 강령을 보면, 먼저 선언의 내용은 다음과 같다. "조국 해방 전쟁에서 위대한 승리를 쟁취한 조선 인민은 민주기지 강화를 위한 전후 인민 경제 복구 발전의 장엄한 투쟁에서 성과를 달성하고 있다.－미제의 그 주구 일본 반동정부는－재일동포를 자기 조국 조선 민주주의 인민공화국에 반역 시킬려고(시키려고의 오자: 필자) 하며 일본 국민과 유리시키고 가진 방해로서 노예적 무권리 상태에 몰아 넣으므로써 과거와 같은 식민지 민족적 압박을 시도하고 있다.－오늘날 재일동포의 생활 교육 재산 영업 등 일체의 민주적 권리는 박탈당하고 있으며 외국인 등록법 출립국 관리법 등 팟쇼적 악법에 의하여 수많은 동포들이 부당검거 투옥 당하며 이승만 도당의 도살장에 강제추방 당하고 있다.－미일반동의 어떠한 박해도 재류동포의 투쟁의 불길을 꺽지 못할 것이다. 우리들의 어떠한 고난한 투쟁도 공화국 남일 외무상의 성명하신 바와 같이 우리들이 영광스러운 우리 조국 조선 민주주의 인민공화국 정부의 보호와 따뜻한 배례(배려의 오자: 필자) 밑에 있는 이상－우리의 민족적 권리를 박탈하고 식민지 민족처럼 노예화 할려는(하려는의 오자:

[62] 「민전 제5차 전체대회 보고서(초안)」(1954년 11월 8~10일), 朴慶植 編, 『朝鮮問題資料叢書』 9(解放後の在日朝鮮人運動I), アジア問題研究所, 1983, 536쪽.

필자) 미일반동의 탄압정책과 재군비정책에 반대하여 일본 국민들과 단결을 더욱 확고히 하며 조선민주주의 인민공화국 공민으로서의 권리를 끝까지 고수하여 싸울 것이다."[63]

아울러 강령은 다음과 같다. "1. 우리는 재일 전체 조선인민의 애국역량을 총집결하여 조선민주주의인민공화국 정부 두리에 굳게 뭉쳐 미, 영 제국주의자들의 내정간섭을 배격하며 그 앞잡이 이승만역도들과 일본반동세력을 분쇄하여 우리 조국의 신속한 평화적 통일독립을 쟁취하기 위하여 싸운다. 2. 우리는 재일 조선 인민의 민주적 민족 권리를 방해 유린하는 일정(일체 오자: 필자)의 정책 및 팟쇼적 제 악법령과 미, 일, 한 제 협정을 반대하여 정치적, 경제적, 문화적, 사회적 기본 권리를 옹호하기 위하여 싸운다. 3. 우리는 국제적 제협정을 유린하고 단독강화와 군사협정을 강행하여 일본을 제무장(재무장의 오자: 필자)시켜 미제의 식민지로 만들고 우리 조국과 아세아 침략의 기지로 삼아 전쟁 조발(도발의 오자: 필자)에 광분하는 미제와 그 주구 매국 정권에 반대하여 각 민족의 자유와 독립을 위하여 싸우는 일본 국민과 굳게 제휴하여 싸운다. 4. 우리는 원자폭탄, 세균무기 등 일체의 대량 살육 병기의 제조 및 사용금지, 5대국 평화조약의 체결을 요구하며 전세계 평화 애호 인민들과 긴밀히 제휴하여 협의에 의한 항구 평화를 달성하기 위해 싸운다. 5. 우리는 호상평등의 원측(원칙의 오자: 필자)에 서서 민족의 자주권을 존중하고 우리 조국에 대하여 원조 협력하여 주는 쏘련, 중화인민공화국 및 제 인민민주주의 국가들과 전 세계 평화애호 인민들의 친선 협동을 강화하기 위하여 적극적으로 노력한다."[64]

---

63) 「민전 제5차 전체대회 보고서(초안)」(1954년 11월 8~10일), 朴慶植 編, 『朝鮮問題資料叢書』 9(解放後の在日朝鮮人運動I), アジア問題硏究所, 1983, 538쪽.

64) 「민전 제5차 전체대회 보고서(초안)」(1954년 11월 8~10일), 朴慶植 編, 『朝鮮問題資料叢書』 9(解放後の在日朝鮮人運動I), アジア問題硏究所, 1983, 538쪽. 5차 전체대회 강령과 4차 전체

첫날 회의는 김충권 서기장의 일반정세와 활동보고가 있었다. 그리고 3분과위원회를 구성했다. 둘째 날은 각 분과위원회를 열었다. 셋째 날은 각 분과위원회 보고와 본부 제안을 토의했다. 결의 내용은 다음과 같다. “1. 북조선최고인민회의의 어필 지지와 호소문, 2. 민전 중앙간부학교와 중앙정치학교 설립, 3. 『해방신문』의 강화와 북한조선영화의 운영, 4. 1955년도 예산과 조선중앙회관 건설운동, 5. 조국방문단 파견운동 강화에 관하여.[65]”

이렇게 제5회 전체대회에서는 북한의 어필 지지와 호소문에는, 첫째, 재일조선인 단체, 각 개인은 해방 전후의 일체의 행동여하를 막론하고 당면의 전민족의 염원으로 되어 있는 조국의 평화적 통일을 달성하기 위해 ‘재일조선민족회의’를 급속히 개최하자. 둘째, 동 회의는 조국의 평화적 통일을 위해 1955년 조국에서 개최되는 연속회의 및 동 회의 소집에 관한 문제와 남북조선 간의 경제문화의 교류, 통상, 교통, 통신의 거래에 관한 문제를 토의하기 위해 1955년 2월 개성 또는 판문점에서 소집되는 남북조선의 대표자회의에 재일조선인대표를 파견하자. 셋째, 동 회의는 재일조선인의 생활권, 교육권, 기본적 인권의 옹호와 조국과의 자유왕래, 문화교류, 무역문제에 대해 공동행동을 취하자는 제의가 있었다.[66]

이상과 같은 민전의 시기별 전체대회의 선언을 보면 다음과 같이 정리할 수 있다.

대회 강령은 오자 이외에는 완전히 동일하다.

65) 坪井豊吉, 『在日同胞の動き』, 1977, 501~502쪽.

66) 坪井豊吉, 『在日同胞の動き』, 1977, 502쪽.

〈표 12〉 민전 전체대회 선언의 비교

전체대회	선언 내용
1	우리 인민군 및 중국의용군은 영웅적 애국적 투쟁으로 전 세계의 애호인민의 절대한 성원을 얻어 용감무비한 반격전에 돌입하여 새로운 승리를 올리고 있다. －제국주의자들은 일본을 조국침략의 묘지화하고 일본의 모든 산업시설은 침략전쟁에 동원시키고 일본을 재무장화하여 놈들의 야만적 폭압의도를 증가하고 있다.－ 우리는 사상, 신앙, 감정에 좌우되지 말고 소수의 매국노를 제거하고 일치단결하여 비겁한 놈들의 포압을 물리치어 우리들의 요구확보를 위해 투쟁할 것을 자에 선언한다.
2	우리 조국은 제국주의자들의 극악한 무력침약을 받아 실로 비참한 상태에 있고 60만 재일동포도 그 생존권의 위협을 받는 일대위기에 조우했다. 이것은 우리 조국에 침입하고 야만적이며 폭력행위를 누적하고 형제자매와 무사의 인민을 살해하여 국토를 황량하게 함과 동시에 무수의 보물과 민족재산을 약탈소각한 제국주의자들과 그 괴뢰 도당 등이 조선문제가 해결됨을 험악하여 일층 침략확대에 광분하고 일본에 거주하는 우리들까지 살해하는 극악한 강제추방의 음모를 노골적으로 진행시키고 있는 까닭이다.－조선민주주의인민공화국정부에 공고히 단결한 전체인민은 조국의 전체애국역량을 총결집하여 조국통일민주전선의 평화적 통일방안을 추진시켜 그 실현에 최후까지 노력해 왔다.
3	세계 지배의 야망을 가지고 우리 조국에 침략해 온 미 제국주의자들과 그 주구들은 과거 2년 반 사이 군사적, 정치적, 도덕적으로 패배했음에도 불구하고 의연하게 침략 유지와 전쟁 확대에 광분하고, 불합리하게 일반적인 주장을 모으며 조선 문제를 평화적으로 해결하기 위한 종전회담을 1년 동안 지연시켰다. －우리는 통일된 민족으로 통일된 국가를 갖고, 어떤 일이 있어도 하나가 되어야 한다. 이것이 조국 조선의 모습이다. 우리는 우리가 민족의 영도자인 김일성장군과 공화국정부를 높이 들고 조국 강토에 무력 침공했던 제국주의자들을 격퇴하고 그 주구 매국도당들을 철저히 분쇄하고 애구적인 일본국민들과 굳은 단결로 최후까지 투쟁할 것을 맹세한다.
4	조선인민은 성스러운 조국해방전쟁에 있어서 역사적 위대한 승리를 쟁취하였다. 이는 또한 위대한 소련과 중국을 위시한 인민민주주의 제국가 인민들과 전세계 평화애호 인민들의 위대한 승리이다.－미일은－재일동포를 침략정책의 값싼 대포밥으로 몰아넣으려 하고 있다.－조선민주주의 인민공화국 공민으로서의 영예를 견결히 고수하며 적들의 어떠한 탄압과 박해에도 굴하지 않고 싸울 것이다.－미제. 이승만, 요시다반동세력들과의 견결한 투쟁에서 우리 조국의 신속한 평화적 통일독립을 달성하기 위하여 용감히 전진할 것－.
5	조국 해방 전쟁에서 위대한 승리를 쟁취한 조선 인민은 민주기지 강화를 위한 전후 인민 경제 복구 발전의 장엄한 투쟁에서 성과를 달성하고 있다.－미제의 그 주구 일본 반동정부는－재일동포를 자기 조국 조선민주주의인민공화국에 반역시킬려고(시키려고의 오자: 필자) 하며 일본 국민과 유리시키고 가진 방해로서 노예적 무권리 상태에 몰아 넣으므로써 과거와 같은 식민지

	민족적 압박을 시도하고 있다.－미일반동의 어떠한 박해도 재류동포의 투쟁의 불길을 꺾지 못할 것이다. 우리들의 어떠한 고난한 투쟁도 공화국 남일 외무상의 성명하신 바와 같이 우리들이 영광스러운 우리 조국 조선민주주의 인민공화국 정부의 보호와 따뜻한 배례(배려의 오자: 필자) 밑에 있는 이상－우리의 민족적 권리를 박탈하고 식민지 민족처럼 노예화 할려는(하려는의 오자: 필자) 미일반동의 탄압정책과 재군비정책에 반대하여 일본 국민들과 단결을 더욱 확고히 하며 조선민주주의 인민공화국 공민으로서의 권리를 끝까지 고수하여 싸울 것이다.

행동의 구체적인 내용을 정리한 강령은 적극적인 내용을 반영하는데 다음과 같이 확인된다.

〈표 13〉 민전 전체대회 강령 비교

전체대회	강령
1	1. 우리는 조국의 완전한 독립과 일체의 외국군대를 조선에서 즉시 철퇴할 것을 요구한다. 2. 우리는 인민의 생활옹호와 인격, 거주의 자유, 재산을 박탈할 것을 반대한다. 3. 우리는 민족문화를 위해 교육의 자주성을 확보함에 전력을 다 한다. 4. 우리는 조국통일을 방해하는 민족의 분열책동자 및 매국분자를 소탕하고 반동분자를 타도한다. 5. 우리는 일본을 아세아침약의 기지로 하는 군사화반대와 전면 강화체결에 전력을 다 한다. 6. 우리는 제국주의 침략전쟁을 위한 원자병기의 제조사용에 반대하고 세계평화를 염원하는 세계국가를 제창한다. 7. 우리는 조선민주주의인민공화국을 사수한다.
2	1. 영웅적으로 통일된 독립조선 만세! 2. 3천만 전체 조선인민에 승리와 영광을! 3. 과감한 투쟁으로 조국과 민족의 승리방위에 단결된 재일60만 동포 만세
3	1. 우리는 전체 조선인민의 애국역량을 총괄하여 조선민주주의인민공화국 정부 아래 굳게 단결하여 우리 조국에 무력 침략했던 미, 영제국주의자들과 괴뢰 이승만정권을 격멸 쇠퇴하여, 국토안정과 민족통일을 전취하여 조국의 안전과 번영을 위해 싸운다. 2. 우리는 재일조선인민의 일체의 민주적 민족 권리를 박해 유린하는 일제 파쇼적 죄악법령과 미, 일, 한 협정에 반대하고 다음의 정치, 경제, 문화, 사회적 기본 권리를 위해 투쟁한다. 3. 우리는 국제적 제 협정을 유린하고 단독강화와 군사협정을 갖고 일본군국

	주의를 재생하며, 일본을 아시아침략의 기지로 일본인민을 용병으로 하여 식민지 예속화 투쟁정책에 광분하는 미제와 그 주구 매국적 정권에 반대하여 민족해방과 독립을 위해 투쟁하는 일본 국민의 미주세력과 굳건히 제휴하고 투쟁한다. 4. 우리는 원자폭탄, 세균무기 등 일체의 대량살육 병기의 제조 및 사용금지, 5대국 평화조약의 체결을 요구하고, 세계평화애호인민 등과 긴밀한 제휴를 하고 전 세계평화와 민족의 독립을 위해 투쟁한다. 5. 우리는 민족의 자주권을 존중하고 우리 조국에 대해서 우호 평등한 원칙에서 원조협력해 준 소동맹, 중화인민공화국 및 제 인민 민주국가와 전 세계 평화인민과 친선협동 강화를 위해 적극적으로 노력한다.
4	1. 우리는 재일 전체 조선인민의 애국역량을 총집결하여 조선민주주의인민공화국 정부 두리에 굳게 뭉쳐 미, 영제국주의자들의 내정간섭을 배격하며 그 앞재비 이승만역도들과 일본반동세력을 분쇄하여 우리 조국의 신속한 평화적 통일독립을 쟁취하기 위하여 싸운다. 2. 우리는 재일조선인민의 민주적 민족 권리를 박해 유린하는 일정(일체 오자: 필자)의 정책 및 팟쇼적 제 악법령과 미, 일, 한 제협정을 반대하여 정치적, 경제적, 문화적, 사회적 기본 권리를 옹호하기 위하여 싸운다. 3. 우리는 국제적 제협정을 유린하고 단독강화와 군사협정을 강행하여 일본을 재무장시켜 미제의 식민지로 만들고 우리 조국과 아시아 침략의 기지로 삼어 전쟁 조발(도발의 오자: 필자)에 광분하는 미제와 그 주구 매국정권에 반대하여 자기민족의 자유와 독립을 위하여 싸우는 일본국민과 굳게 제휴하여 싸운다. 4. 우리는 원자폭탄, 세균무기 등 일체의 대량살육 병기의 제조 및 사용금지, 5대국 평화조약의 체결을 요구하며 전세계 평화애호 인민들과 긴밀히 제휴하여 협의에 의한 항구 평화를 달성하기 위해 싸운다. 5. 우리는 호상평등의 원측(원칙의 오자: 필자)에 서서 민족의 자주권을 존중하고 우리 조국에 대하여 원조 협력하여 주는 쏘련, 중화인민공화국 및 제 인민민주주의 국가들과 전세계 평화애호 인민들과의 친선 협동을 강화하기 위하여 적극적으로 노력한다.
5	1. 우리는 재일 전체 조선인민의 애국역량을 총집결하여 조선민주주의인민공화국 정부 두리에 굳게 뭉쳐 미, 영제국주의자들의 내정간섭을 배격하며 그 앞재비 이승만역도들과 일본반동세력을 분쇄하여 우리 조국의 신속한 평화적 통일독립을 쟁취하기 위하여 싸운다. 2. 우리는 재일 조선 인민의 민주적 민족 권리를 방해 유린하는 일정(일체 오자: 필자)의 정책 및 팟쇼적 제 악법령과 미, 일, 한 제협정을 반대하여 정치적, 경제적, 문화적, 사회적 기본 권리를 옹호하기 위하여 싸운다. 3. 우리는 국제적 제협정을 유린하고 단독강화와 군사협정을 강행하여 일본을 제무장(재무장의 오자: 필자)시켜 미제의 식민지로 만들고 우리 조국과 아세아 침략의 기지로 삼아 전쟁 조발(도발의 오자: 필자)에 광분하는 미제와 그 주구 매국 정권에 반대하여 각 민족의 자유와 독립을 위하여 싸우는 일본 국민과 굳게 제휴하여 싸운다. 4. 우리는 원자폭탄, 세균무기 등 일체의 대량 살육 병기의 제조 및 사용금지,

	5대국 평화조약의 체결을 요구하며 전세계 평화 애호 인민들과 긴밀히 제휴하여 협의에 의한 항구 평화를 달성하기 위해 싸운다. 5. 우리는 호상평등의 원측(원칙의 오자: 필자)에 서서 민족의 자주권을 존중하고 우리 조국에 대하여 원조 협력하여 주는 쏘련, 중화인민공화국 및 제 인민민주주의 국가들과 전세계 평화애호 인민들의 친선 협동을 강화하기 위하여 적극적으로 노력한다.

그런가 하면 당시 전체대회의 호소문은 일본공산당의 비판을 받았는데, 민전 중앙상임위원회는 호소문의 내용을 정정하여 1955년 1월 25일자 『해방신문』에 실었다. 그 내용은 다음과 같다. "첫째, '민족회의 소집'을 '상호에 담합하고 연락하여 지역적 전국적으로 무수한 회의를 갖고 재일 60만동포의 대동단결을 촉진하기 위해 총궐기하자'로 수정한다. 둘째, '조선에 있어서의 대표자 회의에 재일조선인 대표를 파견하자'를 '회의를 실현시키는 문제를 토론하자'로 정정한다. 셋째, '재일조선인의 생활권, 교육권, 기본적 인권의 옹호에 대한 공동행동'을 삭제하고 '조국과의 자유왕래, 경제문화교류, 무역문제에서 토론하자'로 정정한다.[67]"

한편 민전 중앙은 '재일조선남북통일촉진준비회'는 첫 회합을 갖고 북한의 어필에 조응하기도 했다.[68]

이런 민전 제5회 전체대회 시기에는 19, 20회 중앙위원회가 있었다. 제19차 중앙위원회는 1955년 3월 11~12일 열렸다. 회의에는 대표 126명이 참가했다. 첫날 회의에서는 서기장 김충권의 '현정세와 당면의 임무'라는 보고가 있었다. 이후 이계백의 소개로 한덕수가 '재일조선인운동의 성격과 임무'라는 연설을 했다.[69] 여기에서 한덕수는 민전 중앙의 지도에 근본적 오류가 있다고 지적했다. 연설문은 다음과 같다. "서언, 1. 재

67) 『해방신문』 1955년 1월 25일.

68) 이미 북한의 남일외상은 항의성명을 1954년 8월 30일 발표했다(朴慶植, 『解放後在日朝鮮人運動史』, 三一書房, 1989, 348쪽).

69) 『해방신문』 1955년 3월 22일.

일조선인운동의 성격과 임무, 2. 과거의 운동에서의 오류, 3. 금후의 활동의 기본, 4. 금후의 전투과제, 5. 재일조선동포의 총단결을 위해."

이후 5월 22일 일본공산당 본부에서 민전 중앙과 대의원 G회의에서 한덕수 이론의 지지가 표현되었다.

제20차 중앙위원회는 1955년 5월 23일 도쿄에서 열렸다. 여기에서는 제6차 전체대회를 준비하는 토론을 했다.

(2) 제6회 전체대회

1955년 5월 24일 민전 제6차 임시대회가 열렸다. 대의원 460명, 방청객 650명이 참가했다. 당시 대회는 이호연의 사회로 시작하여 의장단에는 한덕수, 이계백, 이호연, 윤덕곤이 선출되었다.[70]

〈표 14〉 민전 전체대회별 중앙조직의 개편 상황

전체대회	중앙조직 내용
1	의장단 : 김훈, 이강훈, 김성률, 윤덕곤, 박강룡, 서기국장 : 이계백, 중앙상임위원 10명, 중앙위원 78명
2	임시의장단 : 박갑룡, 이정문, 윤덕곤, 김훈, 이강훈, 이계백, 김성률, 서영호, 이건석 등
3	의장단 : 이강훈, 김훈, 윤덕곤, 이호연, 이군생, 박광해 감사위원 : 이심철, 송문기, 나원출, 이윤우, 신홍식 서기국 : 이계백(국장), 남기양(차장), 김영근(차장) 조직선전부 : 이대우(부장), 김정환(차장) 외무부 : 이호연(부장), 고성호(차장) 문교부 : 이진규(부장), 정백운(차장) 사회경제부 : 문동건(부장), 이일우(차장) 재정부 : 이군생(부장)
4	의장 : 이계백 서기장 : 김충권
5	서기장 : 김충권
6	의장단 : 한덕수, 이계백, 이호연, 윤덕곤

70) 전준, 『조총련연구』 2권, 고려대학교 아세아문제연구소, 1972, 62쪽.

이계백은 경과보고를 통해 한덕수의 의견으로 통일되었다고 했다. 그리고 김충권 서기장의 총회보고와 과거의 오류에 대한 자기비판이 있었다. 이 자리에서 민전의 해산과 재일본조선인총연합회를 조직하자는 제의와 토론이 있었다. 그리고 민전은 해소되었다. 이어서 1955년 5월 25, 26일 재일본조선인총연합회가 결성대회를 열었다.

이상과 같이 민전은 제1차에서 6차에 걸쳐 조직의 변화가 지속되었다.

한편 『在日朝鮮人運動の概況』은 1956년 1월 1일자 민전의 조직이 확인된다. 의장단 : 이호연, 이계백, 박광해, 윤덕곤/ 서기국 : 김충권(장), 박재노(차)/ 조직부 : 오석두(장), 이일우(차)/ 문교부 : 정백운(장)/ 외무부 : 손만길(장), 고성호(차)/ 경제사회부 : 박원준(장), 최용근(차)/ 재정부 : 한봉섭(장)/ 중앙상임위원회 : 11명/ 중앙위원회 : 133명/ 중앙재정감사 : 박갑룡, 남정일, 나원출 등이었다.[71]

1956년 1월 1일자 민전의 전국 조직은 6개 지방협의회로 동북(서만규), 관동(이삼문), 중일본(배룡호), 근기(박갑룡), 중사국(강태생), 구주(김성률)지방으로 구성하고 43개 도도부현위원회, 24개 지구협의회, 338개 지구위원회, 101개 지부로 구성되었다.

민전은 산하 단체는 13개, 그리고 지도단체는 5개소였다. 그리고 구성원은 172,572명으로 기록하고 있다. 그 내용을 보면 다음과 같다. 산하단체로는 재일본조선민주애국청년동맹(윤상철[72]/6,443명), 재일조선해방구원회(김성률/56,380명), 재일조선민주여성동맹(김은순/60,793명), 재일본조선학생동맹(김상록/557명), 재일조선인상공연합회(이재동/15,500명), 재일본조선학교 PTA전국연합회(윤덕곤/17,600명), 재일본조선인교육자동맹(남일룡/754명), 재일조선인문화단체연합회[73](신홍식/1,115명), 조선건국

[71] 전준, 『조총련』 2권, 고려대학교출판부, 1973, 69쪽.
[72] 책임자로, 이하 동일하다.

촉진청년동맹(고성호/1,000명), 조선통일민주동지회(문동건/200명), 재일본조선불교연맹(류종묵/80명), 재일본조선인과학기술협회(송계회/23명), 재일본조선민주소년단(이은직/10,000명)이다. 그리고 지도단체로는 국제친선단체(일조협회, 일조친선협회)(이영표/2,000명), 재단법인조선장학회(최용연/50명), 언론기관 해방신문(이심철/32명), 언론기관 조선통신사(김병소/7명), 언론기관 학우서방(김상기/3명), 언론기관 조선문제연구소(신홍식/35명) 등이었다.[74]

이렇게 민전은 전국적인 전망을 갖고 조직적 발전을 거듭했고, 결국 또 다른 조직을 위해 해산의 길로 갔다. 그것이 갖는 의미는 이후 재일동포 사회의 또 다른 결정 요소로 작용했던 것은 부정할 수 없을 것이다.

3. 재일코리안의 다양한 활동

1) 재일코리안의 생활, 정치적 모습

재일코리안의 경우 이 시기 민전의 활동은 생활권을 지키는 투쟁, 강제송환 반대투쟁, 군사기지화반대, 평화전취투쟁 등이 주목된다.

민전, 조방대의 독자적인 비합법 투쟁과 일본공산당이 조직한 대중봉기가 있었다. 재일코리안에게도 민대를 통해 민전으로의 동원이 요구되었고 민전 산하인 재일코리안 대중은 적극적으로 호응하여 시위에 참가했다.

73) 재일본조선문학예술가총회가 개칭한 것으로 보인다.

74) 坪井豊吉, 『在日朝鮮人運動の概況』, 法務研修所, 1959, 523쪽.

1952년의 일련의 사건, 도쿄의 메이데이 사건을 시작으로 하여, 오사카의 스이타(吹田)사건,[75] 나고야(名古屋)의 오쓰(大須)사건[76] 등에서 체포자 또는 기소된 사람 가운데 재일코리안이 차지하는 비율이 높았다. 일본공산당은 강력하게 동원을 요청했고, 조선인은 적극적으로 가담했다.

실제로 이들 사건에 대한 재판이 10년 이상 걸려 결심에 이르렀다. 20년이나 걸린 맘모스 재판에 '소란죄'로 피고가 된 사람은 보석으로 생활의 장에 돌아오고, 공화국으로의 귀국을 희망해도 재판이 끝나지 않았기 때문에 인정되지 않았으며 안정된 취업도 할 수 없었다.

한편 일본공산당의 무장투쟁 노선이 내부 대립으로 혼돈되어 있는 가운데 민전은 사실상 갖고 있는 독자성을 점차 강화하지 않을 수 없었다. 일본공산당의 지도에 따르는 것이 희미해졌다. 1952년 이후는 거의 별개였다.[77]

해방 이후 재일코리안은 8할 정도가 실업이나 반실업 상태였다.[78] 당시 재일코리안 민족단체의 구체적인 운동은 조국의 적과 실력으로 싸우는 것이었고, 집회 등의 개최 등에 머물렀던 그 이전의 단계와 비교해서 조국과의 일체성을 강화해 가고 있었다. 그러나 민전의 활동이 조국방위를 위한 반미투쟁 일변도였던 것은 아니다.

재일코리안의 생활권 옹호는 여전히 중요 과제로서 다루어지고 있었

---

75) 노기영, 「한국전쟁과 재일 한인」, 『일본 한인의 역사』(하), 국사편찬위원회, 2010, 32쪽. 국철 수이타조차장을 중심으로 1952년 6월 24~25일 군사기지 군사 수송 분쇄를 외치던 시위대가 경찰대와 출동한 사건이다. 그리고 히라가타에서도 6월 24일 전쟁 지저운동이 있었다.

76) 1952년 7월 나고야시(名古屋市) 오쓰(大須)에서 발생한 사건으로 중일무역협정 조인식에 다녀온 일본 국회의원 환영과 관련, 일본 경비체제 강화시킨 사건이다. 일본공산당원과 재일조선인인 탄압을 받았다.

77) 가지무라 히데키 저, 김인덕 역, 『해방 후 재일조선인운동 : 1945~1965』, 선인, 2015, 83~84쪽.

78) 朴慶植, 『解放後在日朝鮮人運動史』, 三一書房, 1989, 298쪽.

고, 민족교육에 대해서도 계속되고 있었다.

2) 재일코리안의 민족교육 투쟁

GHQ와 일본정부는 재일코리안 민족교육의 활성화를 원치 않았다. 지속적인 탄압을 통해 재일조선인의 학교는 1953년 6월 말에는 217개교, 학생 약 2만 2천 명 선이었다.[79]

재일코리안 민족교육[80]에서는 학부모회의 역할도 민전 활동기에는 주목된다. 재일조선인학교 PTA연합회와 교육자동맹을 보면, 동경도PTA는 1949년 12월에 결성되었다. 당시 회장은 윤덕곤이 선임되었다. 1950년 1월 18일 오지(王子)조선고교에서 제2차 임시대회가 열려 고등학교 1, 중학교 1, 소학교 13의 PTA 회원 약 200명이 참가했다. 그리고 PTA 동경도연합회를 조직했다.

이후 PTA연합회와 교육자동맹은 공동회를 하는데, 1953년 6월 27~28일 교토(京都)조선인중학교에서 PTA전국연합 제3회 대회 및 교육자동맹 제6회 대회의 합동대회가 있었다. 1954년 6월 20일에는 치바현 후나바시시(千葉縣船橋市) 조선중앙사범학교에서 PTA 전국연합 제4회 대회와 교육자동맹 제7회 대회의 합동대회가 있었다.[81] 이후에도 지속적으로 양 조직은 연합하였다.

재일조선인 민족교육 관련 학부모회의 역할은 1953년 12월에 특기할 만하다. 1953년 12월 4일에 동경도교육위원회에서는 재일조선인 PTA동

[79] 朴慶植, 『解放後在日朝鮮人運動史』, 三一書房, 1989, 329쪽. 1948년 4월에는 568개교, 5만 7천 여 명, 1949년 5월에는 307개교, 3만 3천 여 명이었다.

[80] 민전 시기의 교육은 김덕룡, 오자와 유사쿠, 정희선 등의 연구를 참조할 것.

[81] 전준, 『조총련연구』 2권, 고려대학교 아세아문제연구소, 1972, 78쪽.

경도연합에 강제적으로 학교운영에 대해 통고한다.[82] 이 통고에 서명하지 않으면 1954년도 예산은 심의하지 못하겠다고 했다. 1954년 1월 7일에 PTA 측은 도교육위원회에 회담을 신청했으나 도교육위원회는 타협하지 않았다.

1954년 1월 31일에는 동경에서 제8차 PTA전국이사회와 제13차 교육자동맹중앙위원회와의 합동회의를 열었다. 이 자리에서는 투쟁체제를 확립할 것을 결의했다.

그런가 하면 민전은 10월 5일 산별회관에서 민전, PTA, 교육자동맹, 민애청(民愛青), 여동(女同) 등의 합동회의를 개최했다. 여기에서는 PTA 성명과 항의운동의 전개를 결정했다.

이와 함께 10월 6일 민전은 폐교 통고를 반송하고 중의원, 참의원 양원에 청원서를 냈다. 특히 양 의원에서 실정 청취를 했는데, 이때 민전은 남일외상성명을 내걸고 민족교육의 보장을 요구했다.

결국 동경조선학원의 설립과 각종학교 설치에 관한 인가신청서를 도교육청에 제출하고, 마침내 4월 1일에는 도지사 이름으로 인가서를 받아 각종학교가 발족했다.

3) 재일코리안의 또 다른 활동

이 시기부터 본격적으로 민단과 총련의 대립이 구도화되었다. 양 조직의 대립은 1946년 7월 건청과 조련이 격돌한 가와자키(川崎)사건을 비롯해, 1949년 4월의 동경 에가와(枝川)사건 그리고 같은 해 5월, 좌우학생들이 충돌한 조선장학회사건, 8월의 민단·조련의 일대결전이었던 시모노

82) 坪井豊吉,『在日同胞の動き：在日韓国人(朝鮮)関係資料』, 自由生活社, 1975, 486쪽.

세키(下關)사건 등이 발생했다.

1950~1960년대부터 지속적으로 한국은 각종 문제에 민단을 개입해 왔다. 1950년 한국전쟁에는 재일코리안 지원병을 파견했는데, 1950년 7월 민단은 644명의 재일 청년학도를 중심으로 학도의용군을 조직하여 파견했다. 문제는 이후 1953년 7월 정전 이후에 한국전쟁 때의 대립 감정이 존속한 사실이다.

제3장

재일코리안 사회의 변화와 단체의 갈등 (1955~2000)

제3장
재일코리안 사회의 변화와 단체의 갈등 (1955~2000)

1. 재일본조선인총연합회의 결성과 움직임

재일본조선인총연합회(이하 총련)은 1955년 5월 25일 아사쿠사(淺草) 공회당에서 정식으로 결성되었다. 대표적인 재일코리안 관련 사전에서는 먼저 크게 2분 하여 서술하고 있다. 먼저, 총련은 재일조선인운동의 노선전환을 통해 1955년 5월에 결성된 민족단체, 총련 혹은 조선총련(조련)으로 약칭된다고 하고, 일본공산당 민족대책부*(민대)의 지도하에 활동한 민전의 노선을 '내정간섭'이라 하여 거부했다. 그리고 재일동포의 "조선민주주의인민공화국 정부의 주위"로 결집을 강령으로 내걸었다. 그리고 한국전쟁 정전(1953년 7월) 이후의 동아시아 정세 변화는 민대의 지도하에서 실력투쟁을 밀어붙인 조방위(祖防委)와 민전의 노선 수정을 피할 수 없게 했다.

1954년 6월에는 중국 · 인도 간에 평화 5원칙의 공동 성명이 발표되어 주권 존중과 내정 불간섭 등을 원칙으로 하는 평화공존이 시대의 조류가 되었다. 그런 가운데 재일조선인을 '공화국의 해외공민으로 한다'는 북한 남일(南日) 외무장관의 성명이 발표되었다. 이듬해 3월의 민전 제19회 중앙위원회에서는 한덕수(韓德銖)가 '재일조선인운동의 전환에 대해서'라는 제목으로 연설하여 '공화국 공민의 입장'에 선 '재일조선인운동의 방향과 투쟁 방법'을 분명히 했다. 같은 해 5월에는 그러한 노선전환 주장이 대세를 이루었고, 24일 임시대회에서 민전의 발전적 해소 결의를 거쳐 25일 총련이 결성이 되었다. 일본공산당도 민대의 해산 · 조선인 당원의 당적 이탈을 결정하여, 재일조선인운동은 4반세기 동안 그 기치 아래에서 투쟁해 온 일본공산당과 결별하고, '공화국의 해외공민'으로서 김일성과 조선노동당의 지도하에 새로운 출발을 했다.

결성대회에서는 '재일동포'의 공화국 주위로의 결집, 조국의 평화통일, 재일동포의 민주적 · 민족적 권리 옹호, 민족교육 실시, 북일 친선과 세계평화에의 공헌 등이 강령으로 채택되었다. 결성 시에는 한덕수 등 6명의 의장단 집단지도체제가 만들어졌고, 지도부의 일각에는 여전히 민대파가 포진했다. 그러나 1958년 5월 제4회 전체회의에서는 한덕수의 1인 의장체제로 이행한 동시에, 활동가가 3명 이상 있는 각급 기관, 직장, 지역에 비공식의 중핵적 지도조직으로 '학습조'가 조직되었다. 이 학습조는 김일성 혁명사상의 총련 내 침투와 민대파 추락에 따른 한덕수 지도체제 강화를 촉진하기 위한 수단으로 이용되었다[1]고 보인다.

실제로 총련은 제4회 전제대회 이후 변화, 조직의 강화와 활동이 적극적이었다고 보고 있다. 그리고 현재의 모습을 명기하고 있다. 그 내용을 보면, 제4회 전체회의를 전후해서는 북한 정부의 교육 원조 비용 송금과 북한으로의 귀국사업 등 운동의 고양기를 맞이했고, 1960년대 초에는 거

[1] 문경수의 정의이다(정희선 외 역, 『재일코리안사전』, 선인, 2012).

의 모든 도도부현(都道府縣)에 설치된 지방본부, 조청(朝靑) 등 14개 참가 단체, 조선신보사 등 24개 사업체, 나아가 유치원에서 조선대학에 이르는 150개에 가까운 민족학교 등으로 현재의 총련 조직체계가 거의 확립되었다. 공안조사청의 자료에 따르면, 1960년대 초 총련 산하의 동포 수는 20만 명 정도로 6·7만 명이던 민단의 세력을 압도하고 있었다.

총련의 전성기라고도 할 수 있는 1970년 전후에는 재일조선인 중 거의 반수를 산하에 두었고, 김일성의 주체사상을 유일한 지도사상으로 하는 반석같은 조직체제 확립을 강력하게 추진했다. 이 과정에서 한덕수와 인척관계에 있던 김병식(金炳植)이 학습조를 거점으로 대두하면서 조직이 극단적으로 경직되어 갔지만, 1972년에는 한덕수와 대립하여 실각했다. 김병식사건의 충격은 일부 간부나 일반 동포의 조직 이탈을 초래하면서 총련의 세력이 하향곡선을 그리기 시작했다. 한덕수 지도체제는 재건되기는 했지만, 1980년대에는 김일성의 후계자 지위를 확립한 김정일의 지도가 총련에 영향을 미치게 되었다. 김정일의 후원으로 1986년에 재정 담당 부의장에 취임한 허종만(許宗萬)이 1993년에는 책임부의장으로 승격하여 사실상 총련의 제일인자가 되었다. 1995년에는 강령이 대폭 개정되어 제1조에 "애국애족의 기치 하에 주체의 위업 계승, 완성을 위해서 공헌할 것"이 명기되었다. 그 후 2004년에 개정되었다.

2001년에는 한덕수 의장이 타계하고, 서만술(徐萬述) 의장·허종만 책임부의장 체제로 이행했는데, 1990년대 이후 북한의 식량 위기와 탈북자 급증, 나아가 조긴(朝銀) 파산과 납치 문제 등으로 조직의 쇠퇴가 가속화되었고, 2000년대 후반에 세력은 4만 명 전후까지 격감했다고 한다. 지방 차원의 중견·소장파 간부, 산하의 상공인들과 일반 동포들이 총련의 중앙을 비판하는 의견서나 탄원서도 자주 제출하고 있지만, 북한의 현 체제로 직결하는 지도체제는 여전히 견지되고 있다[2)]고 한다.

실제로 총련은 홈페이지[3]에서 21세기를 준비하는 내용을 다음과 같이 천명하고 있다. "21세기를 맞이한 총련 앞에는 애족 애국의 선각자 세계 해외 동포 운동의 귀감으로 칭송되었다. 빛나는 업적과 귀중한 전통을 빛나게 계승해 — 총련 결성 이후 역사적 과제를 실현하고 애족 애국 운동을 새로운 단계로 발전시키는 중요한 역사적 사명이 제기되고 있다. 21세기 재일조선인 운동의 진로는 총련의 모든 활동에서 주체성과 민족성을 견지하고 새로운 세대가 주역이 되어 다양한 애국 운동을 발전시키는데 있다."

조련[4]이 해산된 다음에 조련의 계속 조직으로는 조선인단체협의회, 조국통일전선실행위원회 등이 존재했다. 이들 단체는 1951년 1월 9일 민전을 결성했다.[5] 이후 민전의 해산과 총련의 결성은 이어졌다.

실제로 총련 결성의 직접 계기는 북한의 한덕수 지지가 작용했다고 할 수 있다. '재일동포'를 "공화국의 해외공민으로 한다"는 북한 남일 외무장관의 성명과 이것의 연장선상의 한덕수를 지지하는 성명이 나왔다. 1955년 5월 25일 민전과 조방위가 해산되고 한덕수가 중심이 되어 총련이 결성되었다.[6]

---

2) 정희선 외 역, 『재일코리안사전』, 선인, 2012.

3) 일본 현지에서 홈페이지에 접속하여 자료로 활용한다.

4) 조련 결성에 대해서는 총련은 다음과 같이 서술하고도 있다. "1945년 8월 15일 – 해방되었다. 조국 광복의 기쁨으로 떠들썩 중 애국 활동가들은 광복 직후 인 8 월 20 일에 가나가와 현에서 「관동 지방 조선인 회」를 조직 한 것을 비롯해 도쿄, 오사카, 효고 등 일본 각지에서 조직 만들기에 임했다. 애국 운동가들은 각지의 조직을 하나의 애국 역량에 정리 위해 전력을 기울였다. 9 월 10 일, 관동 지방의 18 단체에서 선발 된 약 60 명이 모여 재일본 조선인 연맹 결성 준비위원회를 발족시켜 통일 애국 조직을 결성하기 위한 준비를 본격적으로 추진 한 그리고 1945 년 10 월 15 일 각계각층의 광범위한 재일 동포를 망라한 통일적인 해외 동포 조직이며 그들의 의사와 이익을 대표하는 민주주의적이고 애국적인 조직이다. 재일본조선인연맹이 결성되었다."(총련 홈페이지 참조)

5) 김인덕, 「재일동포가 걸어온 두 갈래 길, 민단과 조총련」, 『한일관계 2천년 보이는 역사, 보이지 않는 역사』, 경인문화사, 2006.

6) 총련과 관련해서는 오규상과 진희관, 정진성 등의 연구와 박경식의 자료집이 있다. 아울

1) 총련 조직의 결성과 단체 형성 역사 1(결성)

총련은 1955년 5월 25, 26일 아사쿠사공회당에서 정식으로 결성되었다. 민전 제6차 전체대회 자리에서였다. 1955년 3월 11~12일 민전의 제19차 중앙위원회에서 한덕수는 "재일조선인운동의 전환에 대하여"라는 연설을 했다. 노선전환을 주장한 연설이었다. 그리고 민전의 해산이 결정되었다.[7]

이틀째에는 선언, 강령, 규약이 채택되었다. 선언의 주요한 내용을 보면, "해방된 지 10년이 가까워오는 오늘 아직도 국토와 민족이 양단된 채 남아 있기 때문이다. 우리 조국 북반부에서는 이미 10년 전부터 모든 부문에 걸쳐 민주개혁이 실시되었으며－남반부에서는 민족경제와 민족문화가 파괴되고 있다.－오늘의 조선인민은 선진적 조선민주주의인민공화국 공민으로서 자기 조죽의 자유와 독립을 고수하고 평화적 통일독립을 능히 달성할 수 있는 튼튼한 민주기지를 가지고 있으며－우리들은 이것을 올바르게 시정하고 조국에 대한 자기의 임무에 충실하기 위하여 재일조선통일민주전선을 발전적으로 해체하고 여기에 집결하여 줄기차게 싸워온 건전한 민주역량을 기초로 전체 재일동포들을 집결한 재일조선인총연합회를 조직한다."[8]고 했다.

선언은 1955년 5월 26일자로 "재일 조선인 총련합회 결성대회" 명의로 채택되었다.

당시 대회에서는 8개 조로 된 강령이 채택되었다.[9] 제1조는 "우리들은

러 일본공산당 관련한 다음의 책에도 많은 자료가 보인다(『最近における日共の基本戰略戰術』 1~9卷, 1953~1962, 日刊勞動通信社). 소개서로 박두진과 김찬정의 단행본도 있다(朴斗鎭, 『朝鮮總連』, 中央公論社, 2008; 金贊汀, 『朝鮮總連』, 新潮社, 2004).

7) 『총련』, 조선신보사, 2005, 19쪽.

8) 전준, 『조총련연구』(제2권), 고려대학교 아세아문제연구소, 1972, 276~277쪽.

모든 재일조선인 동포를 조선민주주의인민공화국정부의 주위에 총결집하여 조국 남북 동포와의 연계와 단결을 긴밀하고 강고하게 한다."고 했다. 이하의 7개의 조항은 이 제1조에 종속하는 조항으로 되어 있는데, 구체적으로 다음과 같다. "1. 우리들은 모든 재일조선동포를 조선민주주의인민공화국정부의 주위에 총결집하여 조국 남북 동포와의 연계와 단결을 긴밀하고 강고하게 한다. 2. 우리들은 조국의 주권과 영토를 침해하고 내정에 간섭하는 아메리카제국주의자를 우두머리로 하는 일체의 외래침략자를 철거시키고 그 앞잡이(선봉) 괴뢰들을 고립시켜 조국의 평화적 통일을 위해 헌신한다. 3. 우리들은 재일조선동포의 거주, 취업, 재산 및 언론, 출판, 집회, 결사, 신앙 등 모든 것의 민주적 민족권익과 자유를 옹호한다. 4. 우리들은 재일조선동포 자제에게 모국의 말과 문자로 민주민족교육을 실시하고, 일반성인 중에 남아있는 식민지노예사상과 봉건적 습관을 타파하여 문맹을 퇴치하고 민족문화의 발전을 위해 노력한다. 5. 우리들은 공화국공민의 영예를 고수하고 재일조선동포에 대한 강제수용, 강제추방에 반대하며 그 희생자를 구원하기 위해 노력한다. 6. 우리들은 조국과 일본의 경제문화 교류, 통신, 왕래의 자유 및 국교의 정상화와 양국민의 우호친선을 위해 노력한다. 7. 우리들은 침략적 군사동맹과 전쟁에 반대하고, 원자병기, 수소폭탄, 세균병기 등 일체의 대량살육병기 제조 및 사용의 금지와 그 완전한 살폐를 요구하고 세계평화를 위해 노력한다. 8. 우리들은 호혜평등의 우방제국인민 및 전세계의 평화애호 인민과의 연계를 한층 강화한다."

기본적으로 일본에서의 힘든 삶에서 북한으로의 귀국을 생각했던 재일코리안에게 이런 강령은 적극적인 수용이 가능한 범주에 속하는 내용

9) 朴斗鎭, 『朝鮮總連』, 中央公論社, 2008 참조.

이었다. 조국지향성이 강한 내용이었다.

아울러 8 · 15 10주년 기념활동과 '조국방문단' 파견문제, 평화옹호운동과 원자전쟁 준비 반대 서명운동, 재정활동과 예산안, 건의안 등에 대해서도 심의했다. 동시에 의장단으로 한덕수, 이심철, 신홍식, 윤덕곤, 김은순, 김성률, 1명은 지정으로 결정되었다.[10]

2) 총련 조직의 결성과 단체 형성 역사 2(전체대회[11])

〈1기(1955~1960년대)〉

총련 창립대회는 1955년 5월 25, 26일 있었다.[12] 468명 대의원, 600명[13] 방청객이 참가했다. 이 자리에서는 선언, 강령[14], 규약, 일반방침 결정되었다. 당시 의장단에는 전술했듯이 한덕수, 이심철, 신홍식, 윤덕곤, 김은순, 김성률이 보인다.

주요 결정 내용은 다음과 같다. 1. 조국의 지도 아래 활동하는 것을 원칙, 2. 일본 내정 불간섭 원칙, 3. 조국과 민족을 위해 활동, 4. 재일조선인이 갖고 있는 내재적 과제를 해결하는 것이 기본적 임무임을 확인했다.

이 시기 총련은 제2, 3, 4회 중앙위원회의 내용을 통해 활동상을 확인할 수 있다. 제2회 중앙위원회는 실무 집행을 위해 중앙위원 147명이 모여서 1955년 9월 24일 열려, '일반정세와 당면 임무' 보고와 조국 복구와 자금용도 규명보고, 조련과 민전 시기 제명 해제문제, 중앙회관과 조선

10) 「재일조선인 총련합회 결성대회 결정서」, 104~108쪽(전준, 『조총련연구』(제2권), 고려대학교 아세아문제연구소, 1972, 285쪽).

11) 이하 전체대회에 대해서는 오규상의 다음의 책을 참조(吳圭祥, 『記錄 朝鮮総聯60年』, 2015).

12) 『총련』, 조선신보사, 2005, 20쪽.

13) 『총련』, 조선신보사, 2005, 20쪽.

14) 吳圭祥, 『記錄 朝鮮総聯60年』, 2015. 이하 오규상 책 참조.

대학교 설립문제 등이 토의되었다. 그리고 제3회 중앙위원회는 1956년 2월 14~16일에 방청이 금지된 상태에서 중앙위원만으로 열려, '모든 것을 조국에서 배우는 민족교육', '통협대책', '생활옹호투쟁'과 그리고 김충권 추방문제였다. 이 김충권 추방문제가 제3회 중앙위원회의를 비밀회의로 하게 되었다.[15] 제2차 전체대회 준비를 위해 제4회 중앙위원회가 1956년 5월 27일 열렸다.

중앙위원회의 준비에 기초하여 제2차 전체대회가 1956년 5월 28~30일 사이에 열렸다. 이 대회는 창립 이후 첫 전제대회로, '조선대학교 건설사업 보고와 금후의 방침에 대하여'을 건설위원장 강창조가 보고했다. 대회에서 있었던 '중앙위원회 보고와 금후의 방침'의 주요 내용은, "1. 국제정세와 조국정세, 2. 조국의 평화적 통일의 위업달성을 목표로, 3. 공화국공민의 정당한 권리, 4. 문화 선전활동, 5. 조일양국간의 국교정상화와 평화옹호운동, 6. 재정활동, 7. 재일동포의 총단결, 8. 결론"이다.[16]

이 가운데 '7. 재일동포의 총단결'과 관련해서는 '활동가의 통일과 작풍의 개선, 조직사업의 수준 향상, 간부 등용과 배치, 단체 강화' 등의 방향에 대해 상술하고 있다.

같은 해에도 중앙위원회가 제6, 7, 8, 9회가 열렸다. 1956년 7월 16~17일 제6회 임시중앙위원회가 열렸다. 124명이 참석하여 북한노동당의 제3차 대회 방침에 대한 소개, 특히 이기심 문제와 관료주의 극복에 대해 소개하고 재일동포의 방침으로 민단 및 중립적 간부와 적극 접촉하고, 겸허하게 대할 것을 논의했다. 북한의 방침에 따른 이런 활동 방침의 재편 모습은 흥미롭다.

같은 해 10월 24~26일 제7회 중앙위원회가 열렸다. 제6회 중앙위원회

15) 전준, 『조총련연구』(제2권), 고려대학교 아세아문제연구소, 1972, 291쪽.
16) 전준, 『조총련연구』(제2권), 고려대학교 아세아문제연구소, 1972, 295쪽.

이후의 투쟁성과와 결함이 비판되고 활동방침, 재정보고 등이 있었다. 그리고 '재일조선인생활옹호월간'을 설정하고 지문등록과 갱신반대운동, 생활옹호투쟁을 전개하기로 결정했다. 교육부장 이진규의 '교육사업의 총화와 신학년도 준비사업'의 보고가 있었다.

1957년 3월 7~9일 105명이 참가하여 제8회 중앙위원회가 3일 동안 열려, 학습조의 제도화, 제3회 전체대회 준비, 한미조약과 한일회담 반대투쟁의 조직화 등에 대해 결의했다.[17] 내부 조직의 단속을 위해 총련은 제9회 중앙위원회를 같은 해 5월 26일 소집하기도 했다.

한편 제3차 전체대회는 1957년 5월 27~29일 사이 열렸다. 대의원 529명이 참석했고 의장단에는 김민화, 노재호, 이심철, 박광해, 조희준, 한덕수의 이름이 보인다. 대회의 결정서에서는 '4. 평화옹호운동과 조일 양국의 국교정상화, 5. 동포생활의 정상화와 권리옹호, 6. 재일동포 자녀교육의 비약적 발전을 위하여' 등의 내용이 할애되어 있다. 일상의 문제와 민족교육에 대한 적극적인 대책을 총련이 수립했다고 확인된다.[18]

제3차 전제대회 시기 제11, 12회 중앙위원회가 있었다. 제11회 중앙위원회는 128명의 중앙위원이 참가하여 열렸다. 1957년 10월 10~12일 열린 대회는 생활안정 문제, 대중적 반미투쟁, 사상과 조직통일의 강화, 청년지도와 조직 방위 등에 대해 토의했다. 특히 셋째 날에는 '제3전 대회 이후의 교육사업의 총화보고와 1958년도 준비사업방침 및 조선대학교 건설'에 대해 이진규가 설명했다.

다음 해 1월 20일에 제12회 중앙위원회가 있었다. 여기에서의 활동방침으로 주요하게는 1. 조국전선 제2차대회의 어필의 지지실천, 2. 한일회담 반대투쟁에 관한 방침, 3. 민족교육 신학년도 방침, 4. 활동가 간부의

17) 坪井豊吉, 『在日同胞の動き：在日韓国人(朝鮮)関係資料』, 自由生活社, 1975, 653쪽.
18) 전준, 『조총련연구』(제2권), 고려대학교 아세아문제연구소, 1972, 306~307쪽.

결집방침을 발표했다.

또한 1958년 5월 27~29일 총련 제4차 전체대회가 열렸다. 이 회의는 한덕수의 1인 의장체제로 이행한 대회라고 한다.[19] 대회 개회사 한덕수 의장, 보고 윤봉구 사무국장이 했다. 이후 총련도 활동가가 3명 이상 있는 각급 기관·직장·지역에 비공식의 중핵적 지도조직으로 '학습조'가 조직되었다. 이 학습조는 김일성 혁명사상의 총련 내 침투와 민대파 추락에 따른 한덕수 지도체제 강화를 촉진하기 위한 수단이었다고 평가할 수 있다.

제4차 전체대회 결정서는 총련과 조직 강화를 위한 주력 사업으로 생활문제, 상공인문제, 교육사업, 문화활동 등에 주목했는데, 이 가운데 교육 사업으로는 구체적으로, '1) 학교자립체제 확립, 2) 공백지대의 해소, 3) 교육의 질적 향상, 4) 장학사업의 확대강화, 5) 교육체계의 확립'을 결의했다.

이 제4차 전체회의를 전후 북한의 교육 원조 지원 송금과 북한 귀환이 고양되기 시작했다고 할 수 있다. 이후 총련은 1958년 8월 12일 '8.15조선해방 13주년기념중앙대회'를 열고 집단귀국에 관한 요청서를 결의했다. 여기에 대해 북한은 환영했고, 총련은 일본 정부에 적극적인 대책을 요청했다.[20]

제15, 16회 중앙위원회가 열렸다. 총련은 귀국에 주목하는데, 1958년 10월 8~10일 제15회 중앙위원회는 귀국문제를 주제로 열렸다. 1959년 12월 14일 이후 1974년까지 170차에 걸쳐 9만 1천여 명이 귀국했고, 이후에도 9만 3천여 명이 귀국했다.[21] 제16회 중앙위원회는 다음 해인 1959년 3월

19) 전준, 『조총련연구』(제2권), 고려대학교 아세아문제연구소, 1972, 341쪽.

20) 『最近における日共の基本戰略戰術』 6卷, 1962, 日刊勞動通信社, 989~990쪽.

21) 정태헌, 「총련계 재일동포들의 21세기 자기인식」, 『역사비평』 (78), 2007.2, 210쪽.

11~13일 열렸다. 여기에서는 일본 정부에 진정을 요구하고 총련 내부에서는 귀국 희망자 확대운동과 귀국준비 방침 등을 토의했다. 총련은 이후 귀국 분위기 조성에 적극 나섰다.[22)]

제5차 전체대회가 시나가와공회당에서 열렸다. 3일 동안 열리 자리에서는 '제5차 전체대회에 제출하는 중앙위원회의 총화보고와 금후 방침'이 약 4시간 동안 보고되었다. 주요 목차는 다음과 같다. "1. 국제정세, 2. 국내정세, 3. 조국의 평화적 통일을 위하여, 4. 귀국운동을 더욱 강화하기 위하여, 5. 제반 사업을 확대 강화하기 위하여, 6. 평화옹호운동과 조일 양국 국교정상화, 7. 조직 강화와 통일전선 확대를 위하여."[23)]

여기에서 보고의 내용 가운데 귀국운동에 대해서는 제15회 중앙위원회와 제16회 중앙위원회 사이에 8,275회의 집회와 285,000명의 동원이 있었고 귀국신청자는 10만 명에 이른다고 보고했다.

1955년 이후 총련은 부분적인 규약 수정이 있었다. 이 대회의 3일째에 수정을 하여 60조의 내용을 50조로 개편하고, 수정 실시를 1959년 6월 12일부로 했다. 그리고 의장단체제에서 의장과 부의장제로 바꾸었다. 바뀐 체제의 의장과 부의장으로는, 의장 한덕수, 부의장 이심철, 이계백, 황봉구[24)]이다.

아울러 전국구 선출 중앙위원의 명단은 '한덕수, 이심철, 이계백, 황봉구, 조원기, 김병식' 순이다.

이 시기 제18~24회 중앙위원회가 열렸다. 구체적으로 보면, 제5차 전체대회 직후 1959년 6월 13일 제18회 중앙위원회가 열렸고, 여기에서는

22) 과거보다 더 중요한 것이 현재와 미래이다. 이런 차원에서 귀국문제를 보면, 적극적으로 다양한 관점에서 한국에서와 다른 내용을 평가해야 할 것으로 생각한다.

23) 「제5차 전체대회 방침결정서」, 12~13쪽.

24) 「제5차 전체대회 방침결정서」, 164~176쪽.

전문부문 인사가 있었다. 그리고 약 2개월이 지난 같은 해 8월 20~21일 제19회 중앙위원회가 개최되었다. 이틀 동안의 회의 첫째 날 한덕수의 '귀국에 관한 총화 및 금후의 방침'에 대한 연설이 있었다.

제20회 중앙위원회는 1959년 11월 18~20일까지 열렸다. 이 회의에서는 1. 평화적 통일정책의 실천방침－재일동포의 구체적 임무, 2. 신학년도 교육방침, 3. 교육운동방침과 함께 재일동포의 임무로, 1) 수송사업의 원만한 추진, 2) 한일회담의 음모 분쇄, 3) 귀국자의 확대, 4) 귀국집단 강화와 수송계획의 수립, 5) 제11차 이후의 할당 소화를 방침으로 결정했다.[25] 1960년 3월 7~9일 제21회 중앙위원회가 열렸다. 회의 보고와 방침은 성과, 결함 지적, 활동 방침 등으로 구성되었다. 그리고 여기에서는 제6회 전체대회 준비로 32명의 준비위원이 5월 16일 개최 예정으로 전체대회를 준비하기로 했다.

5월 8~9일 양일 긴급 제22회 확대 중앙위원회가 열렸다. 4.19혁명에 대한 대책을 수립하기 위한 대회로, 사실 이 대회는 규약을 무시한 대회였다. 규약에는 총련이 매년 대회를 열기로 되어 있었다. 이후 총련은 전국각지방본부위원장 회의를 5월 30~31일 열었다.

한편 총련 제6차 전체대회가 1961년 5월 23~25일 열렸다.[26] 총련은 '"모범분회"운동을 적극적으로 추진하여, 많은 분회 역원과 동포들이 여기에 적극적으로 참가하도록 해야 한다(대회보고)'고 요청했다. 그리고 제7회 전체대회(1964년 5월 25~27일)가 열려 3년 동안의 대회 준비에 기초하여 사회주의 애국교양 강화와 한일회담 반대를 피력했다.[27]

---

25) 『最近における日共の基本戰略戰術』 8卷, 943~945쪽.

26) 『재일본조선인총련합회 제6차 전체대회 문헌집』, 재일본조선인총련합회 중앙위원회, 1961.5 참조.

27) 『재일본조선인총련합회 제7차 전체대회 문헌집』, 재일본조선인총련합회 중앙위원회, 1964.6 참조.

제8회 전체대회는 조직 내의 주체사상 확립을 제기한 대회로 의장 한덕수체제였다. 그리고 부의장 김병식, 이계백, 허남기, 노재호, 정재필, 윤봉구이었다. 대회에서 한덕수가 보고하는데 총련사업에 관한 김일성 주석의 교시를 관철하는데 총련사업 전반을 강화하는 대책을 수립하고, 제1과제로 조직 내 주체사상체계 확립을 제기했다.

총련 제1기(1955~1960년대)의 주요 활동을 정리하면 〈표 15〉와 같다.

〈표 15〉 총련 제1기(1955~1960년대) 전체대회 일람

차수	주요 내용
1	- 1955년 5월 25일 결성 468명 대의원, 600여 명 방청객, 淺草공회당 - 선언, 강령,[28] 규약, 일반방침 결정 - 중요 내용: 1. 조국의 지도 아래 활동하는 것을 원칙 2. 일본 내정 불간섭 원칙 3. 조국과 민족을 위해 활동 4. 재일조선인이 갖고 있는 내재적 과제를 해결하는 것이 기본적 임무임을 확인
2	- 1956년 5월 28~30일[29] 도쿄 도시마공회당에서 열림 - '조선대학교 건설사업 보고와 금후의 방침에 대하여'를 건설위원장 강창조가 보고
3	- 1957년 5월 27~29일 열림
4	- 1958년 5월 27~29일 도쿄 시나가와공회당에서 열림 - 개회사 한덕수 의장, 보고 윤봉구 사무국장
5	- 1959년 6월 10~12일 열림
6	- 1961년 5월 23~25일 '"모범분회"운동을 적극적으로 추진하여, 많은 분회 역원과 동포들이 여기에 적극적으로 참가하도록 해야 한다(대회보고)'고 요청했다.
7	- 1964년 5월 25~27일 열림
8	- 1967년 5월 24~26일 - 보고 한덕수 의장 - 총련사업에 관한 김일성주석의 교시를 관철하는데 총련사업 전반을 강화하는 대책 수립. 제1과제로 조직 내 주체사상체계 확립을 제기

28) 吳圭祥, 『記錄 朝鮮総聯60年』, 2015 참조.

29) 이하 날짜는 다음의 책 참조(『총련』, 조선신보사, 2005, 29쪽).

〈2기(1970~1990년대)〉

1970년대 들어 총련의 첫 전체대회는 제9차 전체대회이다. 1971년 1월 29~31일 전체대회 앞으로 김일성주석이 처음으로 축하문을 보냈다. 조선노동당 제5차 전체대회와 김일성축하문에 기초하여 활동방침을 결의했다. 한덕수 의장과 부의장 김병식, 이계백, 허남기, 홍봉수를 선출했다.

제11차 전체대회에 뒤이어 제12차 전체대회가 1980년 11월 11~13일 동안 열렸다. 이 자리에서는 김일성 주석이 제시한 고려민주연방공화국 창립방안을 지지, 실현하기 위한 운동에 나가도록 호소했다. 보고에서는 '위대한 수령이 명확히 한 새로운 통일 통일대강에 의거하여 민족영구분단의 위기를 피하고 삼천리 강토에 고려민주연방공화국 창립을 위한 투쟁은 금일 총련과 70만 재일동포 앞에 제기된 가장 영광스러운 중요한 과제'라고 강조했다.

그런가 하면 제13차 전체대회가 1983년 6월 27~29일 열렸다. 이 자리는 김일성 주석과 김정일 총서기의 초상을 처음으로 내걸었다. 그리고 의장 한덕수, 제1부의장 이진규, 부의장 이계백 · 박재노 · 신상대 · 서만술 · 백종원을 선출했다. 또한 대회는 총련 중앙에 제1부의장제를 두고, 규약상으로는 13회 전체대회 규약에서 이를 보충했다. 이것은 이후 제18회 전체대회(1983년 6월)에서 삭제했다.

1980년대 중반 총련 변화의 중요한 대회가 열렸다. 제14차 전체대회가 1986년 9월 26~28일에 열렸다. 의장 한덕수, 이진규 제1부의장, 부의장 이계백 · 박재노 · 서만술 · 신상대 · 허종만 · 이말상 · 배병두 · 전연식 · 문동건을 선출했다. 그리고 '새로운 환경에서 총련 활동을 보다 강화 발전시키기 위해'라는 보고가 채택되었다. 이 보고에서는 정세변화와 함께, 첫째, 재일조선인의 구성에서 현저한 변화, 즉 일본에서 태어난 2세와 3세, 4세의 신세대가 운동의 주역으로 등장한 사실, 둘째, 재일조선인의 직업구성에서 영세한 상공인들이 증가한 것과 직종의 변화, 셋째, 동포들의 사상의식과 생활양식, 가치관의 변화 등 총련의 활동 환경이 크게 변한 것을 분석했다. 여기에서는 '우리는 변하는 오늘날의 현실을 직시하고 총련의 모든 활동을 새로운 환경에 부합되도록 결정적으로 전환해야 한다'고 강조했다.[30] 이런 결정 집행이 쉽지 않았다고 한다.[31] 아울러 대회는 총련의 역사상 최초로 상공인 출신 대의원을 총련 부의장(전연식, 문동건)으로 선출했다.

제16회 전체대회[32]에 뒤이어 제17회 전체대회가 1995년 9월 13~15일에 열렸다. 한덕수 의장, 이진규 제1부의장, 허종만 책임부의장과 박재노 · 서만술 · 권순휘 · 최병조 · 오형진 · 김수식 · 배병두 · 오수진 등을 부의장에 선출했다. 이 대회는 김일성 주석이 죽은 뒤 최초의 대회로 김정일 총서기가 '재일조선인운동을 새롭고 높은 단계 발전시키기 위해'라는 교시를 보낸 것으로 알려져 있다. 한덕수 의장이 연설하고, 허종만 책임부의장이 중앙위원회 사업총괄 보고를 했다. 새로운 활동방침과 개정 강령을 채택하고, 8대 강령에 따라 민족적 애국운동의 성격에 합치되는 관점에서 순서와 내용을 바꾼 과제를 선명히 한 것으로 기록되어 있다.

주목되는 것은 개정된 8대 강령 가운데 제1조의 내용이다. 그 내용을 보면, "우리는 전체 재일동포들을 우리 민족의 참다운 조국인 조선민주주의인민공화국의 두리에 총집결시키고 애국애족의 기치 밑에 주체위업의 계승완성을 위하여 헌신한다"이다.

---

30) 『제14차 전체대회』, 1986.9, 60쪽, 정태헌, 「총련계 재일동포들의 21세기 자기인식」, 『역사비평』 (78), 2007.2, 223쪽.

31) 吳圭祥, 『記錄 朝鮮総聯60年』, 2015, 152쪽.

32) 대회의 주요 내용은 한덕수 의장, 이진규 제1부의장, 박재노 · 서만술 · 허종만 · 권순휘 · 이성우 · 백한기 · 오형진 · 배병두 · 전연식을 각 부의장으로 선출했다. 그리고 김정일 총비서의 지도체계를 확고히 하고 '애국애족의 선구자, 애국충성의 모범'의 내용을 대를 이어 가는 조직으로 강화하는 대회라고도 한다(吳圭祥, 『記錄 朝鮮総聯60年』, 2015, 169쪽).

이렇게 추가된 말은 '조선 민족의 참다운 조국', '애국애족의 기치', '주체위업의 계승완성을 위하여 헌신한다'이고, '조국남북동포와의 연계와 단결을 긴밀 강고한다'이다.

1990년대 마지막대회인 제18회 전체대회가 1998년 5월 22~23일 양일 동안 열렸다. 이 자리에서는 제17회 전체대회 이후 활동을 총괄하고 총서기의 서한에 따라 '주체적인 애국운동' 방침을 철저히 수행하기로 했다.[33] 허종만 책임부의장이 중앙위원회의 사업보고를 하고, 21세기 동포사회의 변화를 예측하여 다양한 문제에 적극 대응해 가기로 방침을 제기했다. 한덕수 의장, 서만술 제1부의장, 허종만 책임부의장, 박재노 · 권순휘 · 오형진 · 김태희를 각각 부의장 등으로 선출했다.

총련 제2기(1970~1990년대)의 활동 내용을 정리해 보면 〈표 16〉과 같다.

〈표 16〉 총련 제2기(1970~1990년대) 전체대회 일람

차수	주요 내용
9	- 1971년 1월 29~31일 전체대회 앞으로 김일성 주석이 처음으로 축하문 보냄. - 조선노동당 제5회 전체대회와 김일성축하문에 기초하여 활동방침을 결의. - 한덕수 의장과 부의장 김병식, 이계백, 허남기, 홍봉수 선출.
10	- 1974년 2월 23~25일 도쿄조선문화회관에서 열림.
11	- 1977년 9월 26~28일 도쿄조선문화회관에서 열림. - 한덕수 의장과 부의장에 이진규, 이계백, 박재노, 남시우, 윤상철, 신상대 선출.
12	- 1980년 11월 11~13일 김일성 주석이 제시한 고려민주연방공화국 창립방안을 지지 실현하기 위한 운동에 나가도록 호소. - 보고에서는 '위대한 수령이 명확히 한 새로운 통일 통일대강에 의거하여 민족영구분단의 위기를 피하고 3천리 강토에 고려민주연방공화국 창립을 위한 투쟁은 금일 총련과 70만 재일동포 앞에 제기된 가장 영광스러운 중요한 과제'라고 강조했다. - 한덕수 의장, 부의장 이진규, 이계백, 박재노, 윤상철, 신상대 선출.

33) 吳圭祥, 『記錄 朝鮮総聯60年』, 2015, 199쪽.

13	- 1983년 6월 27~29일 김일성 주석과 김정일 총서기의 초상을 처음으로 내걸었음. - 의장 한덕수, 제1부의장 이진규, 부의장 이계백, 박재노, 신상대, 서만술, 백종원 선출. - 총련 중앙에 제1부의장제를 두고 규약상으로는 13회 전체대회 규약에서 보충함, 이것을 제18회전체대회(1983년 6월)에서 삭제했다.
14,	- 1986년 9월 26~28일 의장 한덕수, 이진규 제1부의장, 부의장 이계백, 박재노, 서만술, 신상대, 허종만, 이말상, 배병두, 전연식, 문동건 선출. - '새로운 환경에서 총련활동을 보다 강화 발전시키기 위해'라는 보고(이진규 제1부의장), 결정으로 채택. - 보고에서는 정세변화와 함께 첫째, 재일조선인의 구성에서 현저한 변화, 즉 일본에서 태어난 2세와 3세, 4세의 신세대가 운동의 주역으로 등장한 사실, 둘째, 재일조선인의 직업구성에서 영세한 상공인들이 증가한 것과 직종의 변화, 셋째, 동포들의 사상의식과 생활양식, 가치관의 변화 등 총련의 활동환경이 크게 변한 것을 분석. '우리는 변하는 오늘날의 현실을 직시하고 총련의 모든 활동을 새로운 환경에 부합되도록 결정적으로 전환해야 한다'고 강조. - 총련의 역사상 최초로 상공인 출신 대의원을 총련 부의장(전연식, 문동건)을 선출.
15	- 1989년 9월 20~22일 도쿄조선문화회관에서 열림.
16	- 1992년 5월 21~23일 한덕수 의장, 이진규 제1부의장, 박재노 · 서만술 · 허종만 · 권순휘 · 이성우 · 백한기 · 오형진 · 배병두 · 전연식 각 부의장 선출.
17	- 1995년 9월 13~15일 열림. 한덕수 의장, 이진규 제1부의장, 허종만 책임부의장과 박재노 · 서만술 · 권순휘 · 최병조 · 오형진 · 김수식 · 배병두 · 오수진 등을 부의장에 선출. - 김일성 주석 서거 이후 최초의 대회. 김정일 총서기가 '재일조선인운동을 새롭고 높은 단계 발전시키기 위해'를 보냄. - 한덕수 의장이 연설하고, 허종만 책임부의장이 중앙위원회 사업총괄 보고. - 새로운 활동방침과 개정 강령을 채택. 8대 강령에 따라 민족적 애국운동의 성격에 합치되는 관점에서 순서와 내용을 바꾼 과제를 제기.
18	- 1998년 5월 22~23일 열림. - 제17회 전체대회 이후 활동을 정리. 김정일 총서기의 서한에 따라 '주체적인 애국운동' 방침을 철저히 수행하기로 한 대회라고 평가. - 허종만 책임부의장이 중앙위원회의 사업보고. - 21세기 동포사회의 변화를 예측하여 다양한 문제에 적극 대응해 가기로 방침 제기. - 한덕수 의장, 서만술 제1부의장, 허종만 책임부의장, 박재노 · 권순휘 · 오형진 · 김태희 각 부의장 등 선출.

2. 재일본대한민국민단의 변환

'시시비비 선언'이라고 하는 민단의 제3차 선언이 제25회 전체대회에서 1960년 5월 26일 도쿄 사회복지회관에서 발표되었다. 여기에서는 북송반대 투쟁안에 대한 심의, 규약 일부 개정과 채택이 진행되었다.

한국의 5.16군사쿠데타가 일어나기 전날 제27회 전체대회가 시작되었다. 1961년 5월 15~16일 열린 대회는 도쿄 묘가타니(茗荷谷)홀에서 개최되었다. 그런데 대회 이틀째인 5월 16일 군사쿠데타가 일어났다. 여기에 권일은 대회 명의로 군사혁명지지 성명 발표를 제의, 지지를 성명했다. 권일은 민단 중앙 기관지 '민주신문'을 '한국신문'으로 개제, 종래의 중앙의사회, 대회 제도를 폐지하고 중앙위원회, 대회제도를 신설하여 활동방침에 관한 최고결의기관을 중앙위원회에 두고 인사와 규약 개정, 그리고 주요 사항 토의만 대회에서 심의하도록 제도 개선을 추진했다. 또한 지방본부 사무국장의 중앙임명제와 각급 조직에 재정위원회를 설치, 상공인과 경제인을 조직 주변에 규합하도록 하여 재정적 안정을 도모했다.[34]

권일은 이후 제30회 전체대회에서 재선되었다. 이전 전체대회인 제29회 전체대회에서 민전은 제38회 중앙의사회와 함께 이 대회를 개최하고 규약개정안을 제외한 모든 의안을 무삭제로 통과시켰다. 그리고 규약개정안은 오랜 토의 끝에 중앙위원제만을 가결시키고, 지방본부 사무국장의 중앙임명안은 보류했다. 그리고 권일과 대결하여 패하고 김금석(金今石)이 단장으로 선출되었다.

34) 『민단50년사』, 재일본대한민국민단, 1997, 87쪽.

〈표 17〉 민단 전체대회 현황-제1기(1946~1960년대)

차수	대회 명칭, 일시 및 장소 등
1	창단대회 1946년 10월 3일 도쿄 히비야공회당/ 제1차 선언 채택
3	정기대회 1947년 10월 1일
5	전체대회 1948년 10월 4~5일/ 제2차 선언 채택
6	전체대회 1949년 4월 1일 교토시 한국회관
7	1949년 6월 9일 민단 중총 강당
8	전체대회 1949년 10월 18~19일 민단 중총 강당
9	전체대회 1949년 9월
11	임시전체대회 1951년 4월 3일 중총 강당
12	전체대회 1952년 4월 3일
15	전체대회 1952년 10월 4일 중앙본부 강당
16	전체대회 1953년 4월 12일 오사카지방 본부 강당
17	임시전체대회 1953년 10월 23~24일 중총 강당
18	임시전체대회 1954년 6월 11일 중앙본부 강당
19	전체대회 1955년 4월 13일 중총 강당
20	전체대회 1956년 4월 7일 중총 강당
21	전체대회 1957년 4월 6일 중총 강당
22	전체대회 1958년 4월 26일 도쿄 시바(芝)공회당
23	임시전체대회 1959년 5월 21~22일 도쿄 시바(芝)공회당
25	전체대회 1960년 5월 26일 도쿄 사회복지회관/ 제3차 선언 채택
26	임시전체대회 1960년 7월 25일 拓植대학 강당
27	전체대회 1961년 5월 15~16일 도쿄 묘가타니(茗荷谷)홀 개최
28	전체대회 1962년 5월 21~22일 고베 해운회관
29	전체대회 1963년 5월 24~25일 도쿄 구보(久保)강당
30	임시전체대회 1964년 7월 12일 도쿄 유시마(豊島)공회당
31	정기중앙대회 1966년 6월 6일 도쿄 유시마(豊島)공회당/ '제4차 선언'안 통과
32	임시중앙대회 1967년 6월 13일 도쿄 미나토(港)구 닛쇼(日消)홀
33	정기중앙대회 1969년 3월 26일 치요다공회당

제31회 정기중앙대회는 1966년 6월 4~5일 제7회 중앙위원회에 이어 열렸다. 전날 회부된 '제4차 선언'안과 강령 초안을 심의한 이후 일부 수정

후 통과시켰다. 한일관계의 변화에 따른 수정안이 제기된 것으로 제29대 단장으로 권일이 재선된 대회이다.

1970년대 민단은 조직 내의 갈등이 전면화되었다. 1971년 열린 제34회 정기중앙대회(1971년 3월 25일)는 쇼보회관(消防會館)에서 개최되었다. 제18회 중앙위원회에서 이관한 의안을 심의한 이 자리는 제32대 단장에 이희원이 재선되었다. 그런데 배동호사건 처리와 관련하여 '8.2도쿄본부회관 난동사건(한청, 한학동 구성원 난입사건)'으로 이희원은 사임하고 윤달용 단장이 대리로 11월 29일자로 취임하는 일이 발생하기도 했다.

다음 해인 1972년 8월 8일 열린 제35회 임시중앙대회는 200여 명의 경비대가 동원된 대회이다. 주요 안건으로 한청, 한학동 산하 단체 인정 취소에 따른 '규약 제26조' 수정안 그리고 긴키지협이 건의한 '중앙에 청년지도국을 두고 지방본부에 청년지도부를 설치하자'는 안을 압도적 다수로 채택했다. 그리고 제33대 단장으로 김정주를 선출했다. 당시 김정주 단장의 당면한 과제는, 1. 조직 혼란의 정상화, 2. 총련 공세의 제지, 3. 건전 재정의 확립, 4. 청년 학생의 지도 육성, 5. 중앙회관의 건립이었다고 한다.

제23회 정기중앙위원회 계속 대회로 제36회 정기중앙대회가 도쿄 구단회관(九段會館) 개최되어 김정주 후보와 윤달용 후보 간 대결에서 제34대 단장으로 윤달용이 선출되었다. 그리고 1년 뒤 제37회 임시중앙대회(1975년 5월 21일)가 오사카에서 있었다. 나카노시마공회당에서 개최된 대회에는 대의원 402명 출석했다. 결의사항은 1. 지방본부 사무국장의 중앙단장 임용제 도입, 2. 각급조직 임원의 임기를 현행 2년간에서 3년간으로 연장하도록 규정개정안의 심의와 승인, 그리고 국가안보에 총력을 경주할 것이었다. 이날 대회는 정기대회가 아니었기에 임원개선은 없고 개정된 규약은 차기 정기대회부터 적용하기로 했다. 민단의 대회는 3년 단위로 열린다.

민단의 제38회 정기중앙대회는 1976년 3월 31일에 열렸다. 오후 1시부터 개최된 대회에는 대의원 395명이 참석했다. 제26회 정기중앙위원회에서 통과된 '제5차 선언'과 규약의 일부 개정, 개정 규약에 의한 국제국, 기획조정실의 신설을 승인했다. 아울러 임원개선에 들어가 이른바 거단적인 '총화체제'를 위해 단일후보 옹립을 통해 제35대 조영주 단장이 취임했다.

1980년대 들어 제40회 정기 중앙대회가 1982년 3월 18일에 열렸다. 전체대회 전날인 제32회 정기 중앙위원회에서는 1. 규약개정의 승인, 2. 선거규정안의 승인, 3. 학생회의 산하단체 인준, 4. 서울올림픽대회후원회 결성 승인 등이 결정되어 이날 원안대로 승인되었다. 그리고 규약 개정은 1. 중앙위원의 정원을 15명 증원하여 175명으로 한다. 2. 중앙대의원의 정원을 35명 증원하여 325명으로 한다. 3. 중앙대회의 정원은 450명에서 500명으로 한다. 4. 중앙집행위원회의 정원을 19명에서 23명으로 증원하기로 했다. 아울러 증원분의 지방 배정, 단세 변화에 따른 조정은 중앙 3기 기관장에 일임하여 차기 중앙위원회부터 실시하도록 했다.

1980년대 중반 민단은 조직과 재정 강화를 도모했다. 제41회 정기중앙대회(1985년 3월 18일)는 '재일동포종합연구기관'의 설립을 결의했다. 그리고 창단 40주년 기념사업안을 재확인하기도 했다. 특히 제42회 정기중앙대회(1988년 3월 11일)는 일본 전국의 신용조합 중 신용조합 예치금 1위를 차지한 '大阪興銀'에 대한 표창을 했다. 박병헌 단장의 대회는 규약 개정을 승인하여, 1. 상임부서 중 조직2국을 7국제에서 6국제로 개편, 2. 3선 금지 조항을 완화하여 지단장에는 적용 해제, 3. 부단장 수를 증원하여 중앙본부는 5명, 지방 본부는 동포 수에 따라 차등, 4. 중앙위원권 계승의 명문화 등을 진행했다.

김영삼 대통령 방일로 1개월 늦게 1994년 4월 20일 제44회 정기중앙대회가 열렸다. 제41대 단장에 신용상을 선출하고 1993년 11월 12일 제44회 임시중앙위원회 논의를 만장일치로 채택했다. 내용은 1. 명칭에서 '거류'를 삭제하여 '재일본대한민국민단'으로 개칭하였음, 2. 강령 각항의 '재류동포'를 '재일동포'로 수정하였음, 3. 우호단원제를 신설하였음, 4. 중앙대회 정원을 현행 500명에서 550명 이내로 증원하였음, 5. 중앙위원회의 정원을 현행 175명에서 205명으로 증원하였음, 6. 중앙 각국, 이에 준하여 지방 각 부서의 직위 명칭을 개칭하였음, 7. 과소 지방본부, 지부 운영에 관한 조항을 신설하였음, 8. 규정운영 규정을 신설하여 과거 '규약운영에 관한 견해통일'을 포괄토록 하였음, 9. 현행 '선거규정'을 '선거관리규정'으로 개칭하고 내용을 구체화하였음, 10. 지단장의 3선금지가 부활되었으며, 산하단체장의 3선 금지를 명문화하였음이다.

〈표 18〉 민단 전체대회 현황-제2기(1970~1990년대)

차수	대회 명칭, 일시 및 장소 등
34	제34회 정기중앙대회 1971년 3월 25일 쇼보(消防)회관
35	제35회 임시중앙대회 1972년 8월 8일 구단회관
36	제36회 정기중앙대회 1974년 3월 24일 도쿄 구단회관
37	제37회 임시중앙대회 1975년 5월 21일 오사카 나카노시마중앙공회당
38	제38회 정기중앙대회 1976년 3월 31일 '제5차 선언'과 규약의 일부 개정
39	제39회 정기중앙대회 1979년 3월 28일 중앙회관
40	제40회 정기중앙대회 1982년 3월 18일 중앙회관
41	제41회 정기중앙대회 1985년 3월 18일 중앙회관
42	제42회 정기중앙대회 1988년 3월 11일 중앙회관
43	제43회 정기중앙대회 1991년 3월 25일 중앙회관
44	제44회 정기중앙대회 1994년 4월 20일 중앙회관
46	제46회 정기중앙대회 2000년 3월 24일

2000년 3월 24일 제46회 중앙정기대회가 열려 단장 김재숙체제가 출범했다. 대회 이후 김재숙 단장은 21세기위원회를 구성했다. 이 조직은 21세기 다민족 다문화 시대 재일동포의 역할에 주목하고자 했다.[35]

3. 재일코리안의 단체 활동의 양상

1) 민단의 중요 활동

1959년 8월 민단은 일본적십자와 북한적십자 사이에 체결된 '재일조선인귀환협정'에 대해 '반대투쟁'을 전개했다.[36] 1959년 12월 14일 제1차 북송선이 북한으로 떠날 때에는 니이가(新潟)역에서 민단 청년결사대가 항구로 통하는 철로를 차단하고 반대시위를 전개했다.

1964년의 도쿄 올림픽 때는 재일한국후원회를 통해 한국 선수단을 적극 지원했다.

사실 민단은 한국에서 '4·19혁명', '5·16쿠데타'가 일어나자 일시적인 혼란이 일어났다. 특히 1965년 '한일회담' 타결을 둘러싸고 민단 내에서는 찬·반 양론이 비등했다. 결국은 한일협정 내용에 순응하기로 했고, 1966년 1월부터 1970년 1월까지 한일협정에 의한 영주권 신청운동에 역량을 경주했다. 결국 1965년 한일조약이 체결되자 민단은 대한민국 정부와 유대가 보다 강화되었다. 특히 재일동포의 법적 지위 협정에 따라 재일동포의 영주권에 대한 법적 근거가 마련되어 민단의 양적 팽창이 이루어졌다.

35) 『민단70년사』, 재일본대한민국민단, 2017, 155쪽.
36) 이하의 활동 내용은 다음을 주로 참조한다(재일본대한민국민단 홈페이지(www.mindan.org)).

1970년대에 들어 '녹음테이프사건'을 계기로 민단 중앙파(중앙총본부)와 민주세력파 사이에 대립했다. 특히 박정희정권의 '유신체제'에 민단 중앙은 호응하여 집행부를 중앙집권적 조직 편성으로 개편하고 '10월 유신'에 맞춰 스스로를 '유신민단'이라고 불렀다. 그리고 군사정권에 대한 지지를 표명했다. 결국 민단 내부에 균열이 생겨나 민단의 본국 추종 자세를 비판한 사람들과 한국청년동맹 · 한국학생동맹 등의 산하단체는 민단으로부터 제명 처분을 받기도 했다.

경제적으로는 대한민국의 경제발전을 위해 재일코리안 경제인을 중심으로 '재일한국인투자협회'를 조직하여 신한은행 신설과 함께 금융면에서도 본국의 경제발전에 기여했다.

1970년 오사카 만국박람회 때 본국 인사 초청사업 등을 전개했다. 민단 조직 정상화와 더불어 본국에서 일어난 '새마을운동'에 부응하고자 민단도 새민단운동을 전개했다. 한편, 본국의 150여 개 부락과 자매 결연을 맺고 10여억 엔(일화)의 자금을 지원했다. 1975년부터 시작된 '모국방문사업'을 통해 45,000명에 달하는 총련계 동포의 대한민국 방문을 실현시켰다.

1980년대부터 본격적으로 권익옹호투쟁을 전개했다. 1965년 한일협정에서 미비했던 법적 지위와 처우상의 문제를 둘러싸고 일본정부와 끈질기게 대립했다. 공영주택 입주문제, 아동수당, 연금 등의 복지문제, 국적에 의한 취직차별문제, 지문날인 문제 등의 외국인등록법의 인권침해문제 등과 일관하여 계속 대립했다. 1986년 '지문날인철폐 100만명 서명운동'을 전개하여 180여만 명의 서명을 획득, 권익운동의 계기를 마련했다. 1991년 1월 10일 한일 외상 간의 각서를 통해 일정부분에 있어 성과를 거두었다.

1988년 서울올림픽의 성공적인 개최를 위해 민단을 중심으로 '재일한국인'들이 한화 540억 원에 달하는 성금을 모금하여 올림픽 개최를 지원했다. 일본인을 포함한 많은 인사들을 참관단으로 조직해 서울에 보내, 홍보활동에도 커다란 성과를 올리는 등 본국과의 유대감을 강화했다. 본국의 경제발전을 위해서 재일경제인을 중심으로 '재일한국인투자협회'를 조직하여 '신한은행' 신설과 함께 금융면에서도 본국의 경제발전에 기여해 왔으며, 60년대 말부터 70년대에 진출한 재일한국인 기업들을 후원했다.

1980년대 후반부터 민단은 한·일친선사업, 성묘단 모국방문사업을 비롯해 대한민국에서 진행되는 행사인 86아시안게임, 88올림픽과 무주동계 유니버시아드 등을 후원하는 일에 적극 나섰다.

1996년 10월 3일 민단 창단 50주년을 기념하여 재일한국인은 일본 사회에서 정주해 나갈 것을 내외에 밝히고, 한국인으로서 일본지역 사회에서 공생과 공영을 위해 나갈 것을 다짐하기도 했다.

한편 민단은 재일코리안의 권익 옹호에도 주목했다. 1965년 한일조약 체결과 함께는 법적 지위 요구 관철 운동과 영주권 신청운동을 전개했다. 당시에는 문제점이 있었으나 '재일한국인 1세·2세의 협정영주권'의 획득·신청자의 확대가 있었다. 이 운동의 결과 재류 자격의 안정을 추구하는 경향이 강해졌다. 1960년대 후반이 되면 조선 국적에서 한국 국적으로 국적을 변경하는 재일동포가 급증하면서 총련과 민단의 세력 관계가 역전되기 시작했다고 할 수 있다.

1991년 1월 10일 재일한국인의 법적 지위에 관한 한일 외상 간의 합의를 통해, 협정 영주 3대 이후의 기속적(羈束的)인 영주권 부여가 확정되었다. 지문날인 철폐 등에도 일정한 성과가 있었다. 그러나 처우에 있어서는 국적에 의한 취직 차별, 민족교육권 문제, 지방 자치체에 대한 참정권 문제 등 미비한 점이 아직도 남아 있다고 보인다.

1994년 5월, '91년 문제' 해결 이후, 민단은 특수한 역사적인 연유로 인해 영주하게 된 재일동포가 일본지역사회에 생활자로서 뿌리를 내리고 있다는 현실을 감안, 반세기에 이르는 무권리 상태를 지양하기 위하여 '지방자치체 참정권운동'을 개시했다. 1996년 10월 3일 민단 창단 50주년을 기념하여 재일코리안은 일본사회에서 정주해 나갈 것을 내외에 밝히고, 한국인으로서 일본지역사회에서 '공생 · 공영'을 지향해 갈 것을 다짐하기도 했다.

1997년 말 본국이 IMF위기에 처했을 때 재일코리안은 국난 타개에 동참하는 뜻에서 '외화송금운동'을 전개했다. 약 870억 엔의 일화를 송금했다. 이는 많은 민단 단원에게 본국의 외환위기 극복에 일조를 했다는 자부심을 안겨주었다.

2) 총련의 중요 활동

총련에게 1960년대 초는 조직의 확립기였다. 거의 모든 일본의 도도부현(都道府縣)에 지방본부, 조청 등의 참가 단체, 조선신보사 등의 사업체가 조직에 들어갔다. 그리고 유치원에서 조선대학에 이르는 150개에 이르는 민족학교의 틀이 마련되었다. 그 결과 1960년대 초의 총련 산하의 재일코리안은 20만 명이 되었다.

재일코리안 사회 속의 총련은 민족교육의 목적과 내용을 정리했다. 총련은 민족교육의 목적을 다음과 같이 정리하고 있다. "21세기의 조선학교의 목적은 일본에서 태어나 성장한 동포 자녀에 조선인으로서 민족 자주 의식과 소양 올바른 역사인식과 현대적인 과학 지식을 습득하게 진정한 인간성과 건강한 육체를 기를 수 있다. 다시 말해서, 민족성과 동포애에 기초한 사이 화목 풍부하고 활력에 찬 동포 사회를 형성하는 새로운 세기의 요구에 맞게 동포 사회 건설과 국가의 통일과 부흥 발전에 기여하고 일본과 국제 사회에서 활약할 수 있는 자질을 가진 진정한 조선인 유능한 인재로 성장할 수 있다."

아울러 민족교육의 내용을 구체화했다. 그 내용은 다음과 같다. "조선 학교의 교육 내용은 교육의 목적에 따라 최신 과학의 성과 동포 학부모의 요구와 일본의 실정을 충분히 고려하여 정해져 있다. 민족교육의 기본 내용은 무엇보다 교육에서 주체를 확립하고 동포 자녀들이 조국과 민족에 대한 올바른 지식을 가지며 민족 자주 의식을 높일 수 있도록 되어 있다. 이와 함께 교육에서 과학성을 보장하여 동포 자녀들이 자연과 사회에 대한 정확하고 폭넓은 지식을 가지고 과학적인 세계관을 확립 할 수 있도록 최신 과학과 현대 교육의 성과를 전면적으로 도입하고 있다. 또한 동포 자녀들이 놓인 현실적 조건을 고려하여 일본에서 훌륭하게 살아가는 데 필요한 지식을 충분히 습득 할 수 있도록 일본어와 영어, 일본과 세계에 관한 지식을 잘 배울 수 있는 방향으로 내용이 구성되어 있다. 각급 학교에서 사용되는 교과서 122점(초급 학교 51개, 중급 학교 31개, 고급 학교 40점)은 종합적인 도서 출판사인 학우서방에서 발행하고 있다. 동창 서점은 매년 교과서 이외에도 부교재, 참고서, 학생 잡지 등 340점, 약 35만 부의 각종 교육 도서를 출판, 보급하고 있다. 각급 학교의 학기 연간 등교 일수(228일) 연간 수업 주수와 수업일수(35주, 167일), 주당 수업 시간은 일본학교와 기본적으로 동일하다. 민족 교육의 실효성을 높이기 위해 2003학년도부터 '부분적인 학교 주 5일제'를 도입하여 토요일을 과외 수업, 과외 활동의 날로 하는 조치를 취하고 있다."

총련 결성 이후 조선인학교의 체계에서 그 이전과 구별되는 것은 1956년 4월에 창설된 조선대학교이다.[37] 조선대학교 창립에서 총련의 교육이

37) 朴斗鎭, 『朝鮮總連』, 中央公論社, 2008 참조.

확립된 것이다. 조선대학교는 10여 명의 교원과 80여 명의 학생으로 2년제 학교로서 동경조선중고급학교의 한구석에서 시작되어 1958년 4월부터 4년제가 되었다. 조선학교는 초급학교부터 대학교까지의 일관된 교육체계가 되었다고 할 수 있다.

1959년부터 1984년까지 93,340명이 북한으로 갔다. 당시 재일코리안의 귀환문제가 크게 부상하는 것은 형식적으로는 1958년이다. 총련 가와사키(川崎)지부 중유(中留)분회에 거주하는 재일코리안이 집회를 열고 일본에서의 괴로운 생활을 청산해서 집단 귀국한다는 것을 결의하면서였다.

조련, 민전의 재일조선인 사회를 총련 사회로서 새 단장을 시킨 것은 1959년 12월부터 시작된 북한으로의 귀국사업이었다. 이 귀국 업무를 추진하는 귀국운동 과정에서 결성한 지 얼마 안 된 총련은 노선전환으로 약체화된 조직을 재정비할 뿐만 아니라 그것을 확대시켜 재일조선인 속에 확실히 뿌리를 내렸다. 귀국운동에 있어서 총련에서는 막대한 자산과 자금, 그리고 많은 인재가 모여 대열을 확대시키게 되었다. 또한 북한과의 연결이 긴밀해지고 조선노동당의 혁명 전략과 통일전략이 재일조선인 사회 깊숙이 들어오게 되면서 복잡한 공작 조직이 재일조선인 속으로 뿌리를 내려갔다. 일본 정부가 인도주의를 내걸고 스스로 치안문제나 재정문제를 해결하려고 한 귀환사업은 9만 3천명이라는 재일코리안을 북으로 보냈다.[38]

1970년 전후 재일코리안 사회는 급변했다. 조직적으로는 성장하여 재일동포 중 거의 절반 정도를 산하에 두었다. 그리고 김일성의 주체사상을 유일한 지도 사상으로 하는 조직체제를 마련했다. 이 과정에서 김병식이 급부상하기도 했다. 그는 1972년 한덕수와 대립하여 실각했다. 이

38) 朴斗鎭, 『朝鮮總連』, 中央公論社, 2008 참조.

른바 '김병식[39]사건'의 충격은 일부 간부나 일반 동포의 조직 이탈을 초래했다. 그리고 총련의 조직이 하향곡선을 가게 되었다.

총련의 재정은 1970년대에 들어서도 확대되었다. 일본경제는 계속 고도성장을 유지하고 있고, 재일조선인 비즈니스도 그 은혜를 받고 있었기 때문이다. 불고기 가게도 불고기점이 되고, 훌륭한 빌딩에 가게를 차리게 되었다. 파칭코점도 변두리의 직은 점포로부터 대규모의 점포로 발전 성장해갔다. 1969년 3월에 일본 경찰청이 유기기의 신요건(발사속도는 1분 동안 200발 이내, 출옥(出玉)은 2회 15개 이내)을 발표하고, 연발식이 15년 만에 부활했다. 자동화도 진보하고, 니시진(西陣), 에이스전연 등이 연달아 구슬보급 컴퓨터를 개발했다. 경품의 최고가격은 500엔부터 1000엔으로 끌어올려져 전국의 유기장 수는 1만 채를 돌파했다. 1978년에는 구슬을 빌리는 요금이 3엔에서 4엔 이내로 되고, 현재의 파칭코업의 기초가 완성되었다. 이런 순풍을 받은 파칭코의 호경기는 침략자 게임의 영향이 1979년이 올 때까지 계속되었다.[40]

1970년대 중반부터 시작된 '재일동포 성묘단'의 한국, 즉 모국을 방문

39) 김병직(1919~1999). 총련의 활동가이다. 전라남도에서 태어나 도일하여 구제제2고교(舊制第二高校 ; 현 도호쿠대학[東北大學])에서 경제학을 배웠다. 한덕수(韓德銖)의 조카사위로 조선총련 결성 이후에 조직 내에서 두각을 나타내 1958년에 조선문제연구소 소장, 1959년에 총련 인사부장에 발탁되었다. 1963년에는 총련 중앙의 실무 부문의 중추를 담당하는 사무국장에 취임하여, 총련 내의 비주류파[민대파(民對派)]의 배제와 북한 김일성(金日成)에서 한덕수로의 배타적 지도체제 수립에 수완을 발휘했다. 한덕수의 지도권이 확립되는 총련 제8회 대회(1967) 이후에는 조직 내의 '학습조'와 '올빼미부대(청년동맹열성자 조직)'를 활용하여 자신의 라이벌과 비판자에 대한 감시와 검열, 가혹한 '총괄'과 '자아비판'을 강요하여 조직을 극단적으로 경직시켰다. 김병직은 이러한 '종파 적발 운동'과 조직 내에서의 김일성 신격화를 추진하여 1966년에는 부의장, 1971년에는 제1부의장에까지 올라갔다. 그러나 1972년에는 한덕수와의 대립이 표면화되었고, 이러한 대립에 김일성이 한덕수를 지지함으로써 김병직은 실각하고 북한으로 소환되었다(김병직사건). 귀국 후에는 조선사회민주당 위원장을 거쳐 국가부주석으로까지 부활하지만, 일본에서 은닉하고 있던 거액의 자금을 북한 지도부에 헌납하고서 복권된 것이었다고 전한다(정희선 외 역, 『재일코리안사전』, 선인, 2012 참조).

40) 朴斗鎭, 『朝鮮總連』, 中央公論社, 2008 참조.

사업이 추진되어 총련의 구성원이 민단으로 전향하는 수가 증가했다.

일본이 1979년에 국제인권규약을 비준하고, 1981년 10월 3일에 난민조약에 가입한 것도 있었다. 1980년대에는 크게 전진했다. 1980년부터는 공영, 공사, 공단 주택에 입주하는 권리가 주어졌고, 1982년에는 국민연금이나 아동수당 등도 적용되었다.

1980년대에는 한덕수체제는 재건되었다. 이후에는 김정일의 지도가 총련 조직 내부에 결정적인 영향을 미쳤다. 김정일의 지도는 총련을 급변하게 했다. 그 결과는 재정 담당 부의장이었던 허종만이 1993년에는 책임부의장으로 승격되었다. 이것은 총련 조직의 일인자가 된 것을 말한다고 할 수 있다.

1980년대 이후 한국의 경제 성장과 총련계 상공인들에 대한 헌금 강요, '86년 서울아시안게임'과 '88년 서울올림픽'의 개최로 인해 그 세력이 약화되어 갔다. 한편 1970년대 들어 2세대들은 일본사회로 나오고자 했다. 귀국도 귀화도 아니고 국적을 지키면서 일본사회에 정주하자는 '제3의 길'론이 확산되었다.[41] 이에 반해 총련은 권리투쟁의 초점을 재입국 허가, 재류권 보장, '조국 래왕의 자유'에 두었다.

[41] 정태헌, 「총련계 재일동포들의 21세기 자기인식」, 『역사비평』 (78), 2007.2, 217쪽.

제4장

다양한 재일코리안 단체의 현재 (2000~현재)

제4장
다양한 재일코리안 단체의 현재 (2000~현재)

1. 총련의 조직과 활동

1) 조직 변화

〈제3기(2000년대 이후)〉

총련의 2000년대 첫 전체대회인 제19회 전체대회가 2001년 5월 25~26일 이틀 동안 열렸다. 대회에서는 총련 중앙위원회 사업보고가 있었다. "새 세기의 요구와 재일동포들의 지향에 맞게 재일조선인운동을 더욱 강화발전시킬데 대하여"를 서만술이 보고했다.[1]

사업 보고의 주요 목차를 보면 다음과 같다. '1. 귀중한 경험, 새 세기의 진로, 2. 재일동포 사회에서 민족성을 튼튼히 지키며 살려 나갈데 대하여, 3. 새 세대 동포들을 애국운동의 주역으로 내세우고 그들의 역할

1) 『총련 제19차 전체대회 보고 : 새 세기의 요구와 재일동포들의 지향에 맞게 재일조선인운동을 더욱 강화발전시킬데 대하여』, 2001.5, 19~51쪽.

을 크게 높일 데 대하여, 4. 동포들의 생활상 요구를 더 잘 실현한 데 대하여, 5. 조국의 통일과 강성대국건설에 적극 이바지할 데 대하여'라고 했다. 지난 시간의 활동을 평가하여 단결의 중요성을 지적하고[2] 새 세대 중심의 사업의 전환을 지적했다. 특히 민족교육사업을 모든 사업의 중심에서 전 조직이 힘을 쏟을 것을 거론했다. 동시에 모든 총련 조직에서 여성동맹의 지위와 역할을 높여 주고 생활상의 요구를 개선해야 한다고 했다. 조직적으로는 지부 중심의 사업방식을 견지하도록 했다. 생활, 지역 밀착의 사업작풍을 중시했다.[3]

이 대회는 한덕수 의장이 죽은 뒤 최초의 대회로 과거의 업적과 귀중한 경험을 집약적으로 총괄했다. 21세기 재일조선인운동의 새로운 진로와 비전을 명확히 한 대회라고 할 수 있다.[4] 대회에서는 광범위하게 민족애국운동을 발전시키기로 했다. 서만술 의장, 허종만 책임부의장, 박재노 · 권순휘 · 양수정 · 오형진 · 남승우 · 이기석 · 조령현 부의장 등을 선출했다.

3년 뒤인 제20회 전체대회가 2004년 5월 28~29일 열렸다.[5] 당시에는 대회 성공을 걱정하는 소리도 있었다.[6] 자유민주당총재 이름으로 고이즈미 수상이 메시지를 보냈다. 강령[7]과 규약을 대폭 개정했는데, 2004년 제20회 대회 강령은 변경되었다.[8]

2) 『총련 제19차 전체대회 보고 : 새 세기의 요구와 재일동포들의 지향에 맞게 재일조선인운동을 더욱 강화발전시킬데 대하여』, 2001.5, 22쪽.

3) 『총련 제19차 전체대회 보고 : 새 세기의 요구와 재일동포들의 지향에 맞게 재일조선인운동을 더욱 강화발전시킬데 대하여』, 2001.5, 50쪽.

4) 呉圭祥, 『記録 朝鮮総聯60年』, 2015, 213쪽.

5) 전희관의 연구에 다르면 총련의 중대 변화가 나타나기 시작한 것은 1998년 5월 제18차 전체대회부터라고 한다(진희관, 「조총련의 성격 변화와 재일동포사회의 통합」, 『월간해외동포』 (89), 2000 참조).

6) 呉圭祥, 『記録 朝鮮総聯60年』, 2015, 234쪽.

7) 일본어 전문 다음의 책 참조(呉圭祥, 『記録 朝鮮総聯60年』, 2015, 238~239쪽).

〈표 19〉 재일본조선인총연합회 제20회 전체대회 강령

각조	주요 내용
1	우리들은 애족애국에 기치하여 모든 재일동포를 조선민주주의인민공화국의 주위에 총결집시켜 동포의 권익옹호와 주체 위업의 계승, 완성을 위해 헌신한다.
2	우리들은 민주주의적 민족교육을 강화, 발전 시켜 광범한 재일동포자제를 민족성을 소유하고 지덕체를 겸비한 유능한 민족인재, 진실된 애국자로 기른다.
3	우리들은 재일동포가 민족 존엄을 가지고, 모국의 말과 문자, 문화와 역사, 풍습을 시작으로 하는 소양을 가지도록하고 동포사회에 있어서 민족성을 지키고 발양시킨다.
4	우리들은 사이좋고 풍요롭고 힘이 센 동포사회를 만들기 위해 재일동포 안에서 상호부조의 미풍을 높이고, 동포의 경제활동을 도와주고 생활봉사와 복지사업을 펼친다.
5	우리들은 조일평양선언을 기준으로 하여 재일조선인의 지위를 높이고 모든 민주주의적 민족권리와 국제법에 관해 공인되어 있는 합법적권리를 완전히 행사하게 하고, 온갖 민족적차별과 박해행위에 반대한다.
6	우리들은 6·15북남공동선언을 기치로하여 재일동포의 민족적단결과 남북, 해외 동포와의 인연을 강화, 발전시켜 반통일세력을 배격하고 연방제방식에 의한 조국의 자주적 평화통일을 성취하기 위해 전력을 다한다.
7	우리들은 조선민주주의인민공화국을 열렬히 사랑하고 옹호하고 합병, 합작과 교류 사업을 경제, 문화, 과학기술의 각 분야에 있어서 강화하고 나라의 부강발전에 특색 있는 공헌을 한다.
8	우리들은 일본인민과의 친선, 연대를 넓혀 조일국교정상화 실현과 진실된 선린관계의 발전을 위해 노력하고 자주, 평화, 친선의 이념을 기초로 세계에 진보적인 인민과의 국제적 연대를 강화한다.

2004년 강령의 제1조의 "우리들은 애족애국에 기치하여 모든 재일동포를 조선민주주의인민공화국의 주위에 총결집시켜 동포의 권익옹호와 주체 위업의 계승, 완성을 위해 헌신한다"는 내용은 두 차례 개편되었다. 1955년의 첫 강령의 제1조는 다음과 같다. "우리들은 모든 재일조선동포를 조선민주주의인민공화국정부의 주위에 총결집하여 조국 남북 동포와

8) 朴斗鎭, 『朝鮮總連』, 中央公論社, 2008 참조.

의 연계와 단결을 긴밀하고 강고하게 한다." 그리고 1995년 제17차 전체대회에서는 "우리는 전체 재일동포들을 우리 민족의 참다운 조국인 조선민주주의인민공화국의 두리에 총집결시키고 애국애족의 기치 밑에 주체위업의 계승완성을 위하여 헌신한다."고 고쳤다.

그리고 새로운 강령에서는 총련의 단체적 성격의 확대가 보인다. "동포 구성에서 변화가 일어난 현 실태는 일본 땅에서 동포사회와 우리 민족을 지켜나가기 위하여 총련사업을 각계각층의 동포들을 대상으로 한 광폭의 운동으로 전환할 것을 절박하게 요구하고 있습니다. 총련은 민단, 미조직의 동포와 일본국적을 가진 동포들과도 핏줄과 사회역사적 처지가 같은 한겨레로 단합하여 새 모습의 동포사회를 함께 이룩해 나가는 데서 선도적 역할을 다해나갈 것입니다."고 했다.[9] 아울러 조직 개편의 필요성을 거론했다. "동포사회에서 세대교체가 완전히 이루어지고 애국애족운동의 대를 잇는 문제가 더는 미룰 수 없는 문제로-우리는 이와 같은 현실을 직시하여 총련 사업을 오늘의 상황과 동포들의 지향과 요구에 결정적으로 전환해나갈 것입니다."[10]

이날 또한 대회에서는 서만술 의장, 허종만 책임부의장, 남승우 · 양수정 · 이기석 · 고덕우를 각각 부의장으로 선출했다. 조직과 활동 변화의 대회로 기억된다.[11]

제20회 전체대회 결정서 '총련 결성 50주년을 전조직적, 동포사회적으로 기념하기 위해'를 채택, 중앙위원회 직속으로 '재일조선인역사연구소[12]' 발족을 결의했다. 현실적으로 재일코리안 사회의 모습은 이런 경향성에

9) 「제20차 전체대회 사업보고」 참조.

10) 「제20차 전체대회 사업보고」 참조.

11) 강철수, 「재일본조선인총련합회의 노선전환에 관한 연구」, 서울대학교대학원 석사학위논문, 2007, 59쪽.

12) 발족 당시 소장 오형진, 2015년 소장은 김청이다.

도 불구하고 이후에도 북한지지를 표방하는 사람의 존재를 부정할 수는 없을 것 같다.[13)]

총련 제21회 전체대회는 2007년 5월 25~26일에 도쿄 조선문화회관(朝鮮文化會館)에서 열렸다. 보고의 주요 목차를 정리해 보면 다음과 같다. '첫째, 총련 제20기 사업의 총화에 대하여, 1) 제20기 사업의 성과는 총련을 동포들이 지지하고 신뢰하는 애족애국의 참된 민족단체, 동포조직으로 발전시키는 데서 귀중한 전진을 이룩한 것입니다. 2) 성과는 다음으로 불퇴전의 대중적 투쟁이 총련조직과 애족애국의 전통과 업적을 꿋꿋이 지켜온 것입니다. 3) 총련은 조국의 통일과 융성번영에 특색있게 기여하는 사업과 대외활동을 부단히 전진시켰습니다. 둘째, 3년간에 주력할 과업에 대하여, 1) '동포되찾기운동'을 전조직적으로 벌리는데 대하여, 2) 민족성의 고수, 동포들의 생활상권익옹호와 안정을 위하여, 3) 총련과 재일동포들에 대한 부당한 정치적 탄압을 반대하여 투쟁할데 대하여, 4) 조국의 통일과 부강번영에 이바지하기 위하여, 5) 일본인민들과의 친선련대를 위하여, 6) 총련조직을 애죽애국사업의 새로운 단계의 요구에 맞게 강화할데 대하여'이다.[14)] 총련은 '동포되찾기운동'에 주력하고, '민족학급'을 적극 늘이며, '동포생활상담종합센터'의 운영 활성화를 거론했다.[15)]

대회는 재일코리안의 '민족권'을 지키기 위해 신세기의 애족애국운동

13) 다음의 구술은 그 내용을 확인하게 한다. "총련이 왜 변하게 되었냐면 역시 장군님의 교시야, 재일동포의 현실에 맞는 노선으로 가라는 교시를 장군님이 하셨어. 86년 9월 15일 말씀인가, 민족교육 뿐만 아니라 여러 분야를 현실노선으로 바꾸라는 교시가 1986년 9월 말씀부터 나오기 시작했어. 그 후 중요한 시기마다 장군님의 교시가 있는데 그 교시라는 것은 정말 재일동포의 현실을 전제로 한 말씀이라고 생각해. 그러니가 지금 총련이 하는 동포, 생활, 민족, 복지 등의 정책은 모두 장군님교시에서 나온 것은 틀림없어"(강철수, 「재일본조선인총련합회의 노선전환에 관한 연구」, 서울대학교대학원 석사학위논문, 2007, 54쪽, 재인용).

14) 『총련 제21차 전체대회 보고』, 2007.5, 21~65쪽.

15) 『총련 제21차 전체대회 보고』, 2007.5, 37쪽, 43쪽, 45쪽.

의 토대를 구축하고 확대해 가기로 하는 보고를 채택했다. 그리고 '동포되찾기운동(동포재발굴운동('동포아이넷트확대21'))'을 전략적 운동으로 확대할 것을 제기하기도 했다.

제21회 전체대회는 서만술 의장, 허종만 책임부의장, 부의장 남승우·양수정·이기석·배익주·고덕우·박구호를 선출했다. 아울러 조직 중앙의 문화국, 동포생활국, 여성국, 국제국, 통일운동국을 통폐합하여 민족권위원회, 권리복지위원회, 국제통일국 등으로 재편했다. 이 대회는 각종 테러로 힘든 대회였다고 한다.[16]

2010년 총련은 제22회 전체대회를 열었다.[17] 전체대회 보고는 '총련의 모든 활동을 새 세기의 요구와 동포들의 지향에 맞게 혁신하는 대회'라고 역사적 의의를 거론했다.[18] 주요한 목차를 정리해 보면, 'I. 총련 제21기사업의 총화에 대하여, II. 재일조선인운동의 새로운 전성기를 위하여, 1. 총련과 재일조선인운동의 새로운 전성기를 열어나갈데 대하여, 2. 동포들의 행복과 후대들의 미래를 위한 사업을 결정적으로 강화할데 대하여, 3. 총련조직을 새로운 전성기의 요구에 맞게 꾸릴데 대하여, 4. 조국과 민족을 위한 애국과업을 더 잘 수행할데 대하여'이다.

여기에서는 '동포되찾기운동', '재일조선인의지위획득운동'을 범동포적으로 벌릴 것을 제시하고 있다. '민족교육대책위원회'의 기능과 역할을 높여 민족교육의 우월성에 대한 교육 선전을 대대적으로 진행하며 '자녀들을 빠짐없이 우리 학교에 받아들여' 우리 학교 교육을 강화하도록 했다. 특히 3, 4세로의 세대 계승 문제와 '동포되찾기운동'의 주역이 39, 40, 50대가 되도록 하고 동시에 '민족문화쎈터'를 조선고급학교 소재 본부에

16) 吳圭祥, 『記錄 朝鮮総聯60年』, 2015, 250쪽.
17) 『총련 제22차 전체대회 보고』, 2010.5, 21~65쪽.
18) 『총련 제22차 전체대회 보고』, 2010.5, 21쪽.

조직할 것을 제시했다. 또한 '동포생활상담종합쎈터'의 역할을 총련 각급 조직이 수행하도록 하고 총련이 지부와 블로그별로 개호 예방과 '지역밀착, 소규모, 다기능'의 개호 소통시설과 고령동포 미니데이를 확대하고 활성화할 것을 제시했다. 그리고 재일동포복지사업협회를 총련 산하에 두기로 했다. 아울러 선전 산업에도 주목하고 '선전광보망' 구축 사업의 연구도입을 천명하고 있다.[19]

총련도 김정은 시대를 맞이하면서 대회를 열었다.[20] 그 첫 대회를 제23회 전체대회가 2014년 5월 24~25일 열렸다. 김정은 제1서기는 '재일본조선인총연합회 제23회 전체대회 앞'이라는 축전을 보냈다. 허종만 의장 보고, 14인 대의원 토론, 8편 비디오 토론 등이 진행되었다.

대회 보고의 주요 목차를 보면 다음과 같다. '1. 총련 제22기사업의 총화에 대하여, 2. 재일조선인운동의 진로를 따라 새로운 전성기를 열기 위한 4년간의 주력과업에 대하여, 첫째로, 우리는 주체의 길을 따라 총련을 전통이 굳건하고 군중적 지반이 강하며 전도가 양양한 위력한 조직으로 강화 발전시킬 것입니다. 둘째로, 총련은 본 대회를 계기로 애족애국운동을 새 세대 중심으로 전환할 것입니다. 셋째로, 총련은 동포들의 행복과 후대들의 희망찬 미래를 위한 애족 애국운동을 줄기차게 벌릴 것입니다. 넷째로, 총련은 조국의 강성국가건설과 조국통일 위업실현에 특색있게 기여하며 대외사업을 활발히 벌릴 것입니다.'고 했다. 당시 제23차 대회의 구체적인 과제는 첫째, 총련을 전통 있고 대중적 지반이 강고한 전도양양한 조직으로 강화 발전시키기, 둘째, 애족애국운동을 새로운 세대를 중심으로 전환시키기, 셋째, 동포의 행복과 차세대의 희망을 만족하게 하는 미래를 위한 운동 조직 확대하기, 넷째, 조국의 강성국가 건설

19) 『총련 제22차 전체대회 보고』, 2010.5, 56쪽.

20) 『총련 제23차 전체대회 보고』, 2014.5, 23쪽.

과 통일 실현을 위한 특색 있는 기여하기, 대외활동을 활발히 하는 것으로 했다.

구체적으로 조직 강화에서는 각급 조직의 역할에 주목했다.[21] 민족교육사업에서는 2017학년도부터 초급부 5, 6학년에서 영어과목을 정식과목으로 하며, 모든 학교에서 ICT화 환경을 조성하고, 2018학년도에는 국어, 조선력사, 조선지리 등 민족과목에서부터 디지털교과서를 도입한다고 했다.[22] 의장 허종만, 부의장 남승우, 배익주, 배진구, 박구호, 강추련 등이 선출되었다.

제24회 전체대회가 2018년 5월 26~27일 동안 열렸다. 보고서는 '지난 4월 27일－력사적 회담을 통하여－민족의 화해 단합과 평화번영의 새시대'가 열렸다고 했다.[23] 대회 보고의 주요 목차를 정리해 보면 다음과 같다. '1. 총련 제23기 사업의 총화에 대하여, 2. 재일조선인운동발전의 성스러운 행로에 새로운 이정표를 세우는데 대하여, 3. 제24기 총련사업의 주력 과업에 대하여'이다. 여기에서는 판문점선언에 따라 민족공동의 번영과 조국 통일에 기여할 것을 천명하면서, 민족교육 사업에서는 고교무상교육 제외 반대 투쟁을 천명하고, 교육의 질적 제고를 재론했다.[24] ICT화와 전자교과서 도입을 2022학년도까지 완료한다고 했다.

총련 제3기(2000년대 이후)의 활동 상황을 정리해 보면 〈표 20〉과 같다.

21) 『총련 제23차 전체대회 보고』, 2014.5, 37쪽.
22) 『총련 제23차 전체대회 보고』, 2014.5, 41쪽.
23) 『총련 제24차 전체대회 보고』, 2018.5, 25쪽.
24) 『총련 제24차 전체대회 보고』, 2018.5, 43쪽.

〈표 20〉 총련 제3기(2000년대 이후) 전체대회 일람

차수	주요 내용
19	- 2001년 5월 25~26일 개최. 한덕수 의장 죽은 뒤 최초의 대회. - 과거의 업적과 귀중한 경험을 집약적으로 정리. 21세기 재일조선인운동의 새로운 진로와 비전을 명확히 함. - 서만술 의장, 허종만 책임부의장, 박재노 · 권순휘 · 양수정 · 오형진 · 남승우 · 이기석 · 조령현 부의장 등 선출.
20	- 2004년 5월 28~29일 개최. 대회 성공을 걱정함. 자유민주당총재 이름으로 고이즈미 수상이 메시지를 보냄. - 강령, 규약을 개정. 서만술 의장, 허종만 책임부의장, 남승우 · 양수정 · 이기석 · 고덕우 각 부의장 선출. - 제20회 전체대회 결정서 '총련결성 50주년을 전조직적, 동포사회적으로 기념하기 위해'를 채택. - 중앙위원회 직속으로 '재일조선인역사연구소' 발족 결의.
21	- 2007년 5월 25~26일 도쿄조선문화회관 개최. - 재일동포민족권을 지키기 위해 신세기의 애족애국운동의 토대를 구축하고 확대해 가기로 보고를 채택. - '동포되찾기운동(동포재발굴운동('동포아이넷트확대21'))' 전략적 운동으로 확대할 것을 제기. - 서만술 의장, 허종만 책임부의장, 부의장 남승우 · 양수정 · 이기석 · 배익주 · 고덕우 · 박구호 선출. - 조직 중앙의 문화국, 동포생활국, 여성국, 국제국, 통일운동국을 통폐합하여 민족권위원회, 권리복지위원회, 국제통일국 등으로 재편.
22	- 2010년 5월 22~23일 개최. 동포민족권을 사수하고 확대하는 '동포아이넷트확대 21' '재일조선인의 지위획득운동' 강화 방침 결정. 민족교육, 신세대, 상공인으로서의 활동 주목. - 서만술 의장, 허종만 책임부의장, 부의장 남승우 · 배익주 · 고덕우 · 박구호 · 배진우 선출.
23	- 2014년 5월 24~25일 개최. 김정은 제1서기 '재일본조선인총연합회 제23회 전체대회 앞'으로 축전. 허종만 의장 보고, 14인 대의원 토론, 8편 비디오 토론. - 의장 허종만, 부의장 남승우 · 배익주 · 배진구 · 박구호 · 강추련 등 선출. - 대회 과제로 첫째, 조직 강화 발전, 둘째, 애족애국운동, 셋째, 차세대 운동 조직 확대, 넷째, 조국 건설과 통일 실현에 기여 등.
24	- 2017년 5월 개최

2) 활동

일반적으로 총련은 1990년대 이후 여러 상황이 좋지 않다고 할 수 있다.[25] 여기에는 여러 이유가 있으나 북한의 식량 위기와 탈북자 문제, 그리고 조긴(朝銀) 파산과 납치 문제 등이 이를 선도했다고 판단된다. 총련의 주요 조직은 〈그림 2〉 총련 조직체계도와 같다.

북한의 영향을 절대적으로 받는 총련은 1995년 강령이 대폭 개정되었다. 제1조 "애국애족의 기치하에 주체의 위업 계승, 완성을 위해서 공헌할 것"이 공식적으로 명기되었다. 그리고 정세의 변화에 따라 2004년에 개정되었다.

조직을 장악했던 한덕수는 2001년 사망했다. 이후 총련은 전술했듯이 서만술 의장, 허종만 책임부의장 체제가 되었다. 2000년대 후반 총련은 조직이 약화되어 약 4만 명으로 줄었다. 이런 총련은 『조선신보』를 발행하고 있다. 월요일, 수요일, 금요일 발행한다. 활동의 주체인 주요 기관은 〈표 21〉과 같다.

[25] 진희관, 「조총련연구: 역사와 성격을 중심으로」, 동국대학교 박사학위논문, 1999; 정진성, 「조총련 조직 연구」, 『국제지역연구』 14-4, 서울대학교 국제학연구소, 2005.

〈그림 2〉 총련 조직체계도[26)]

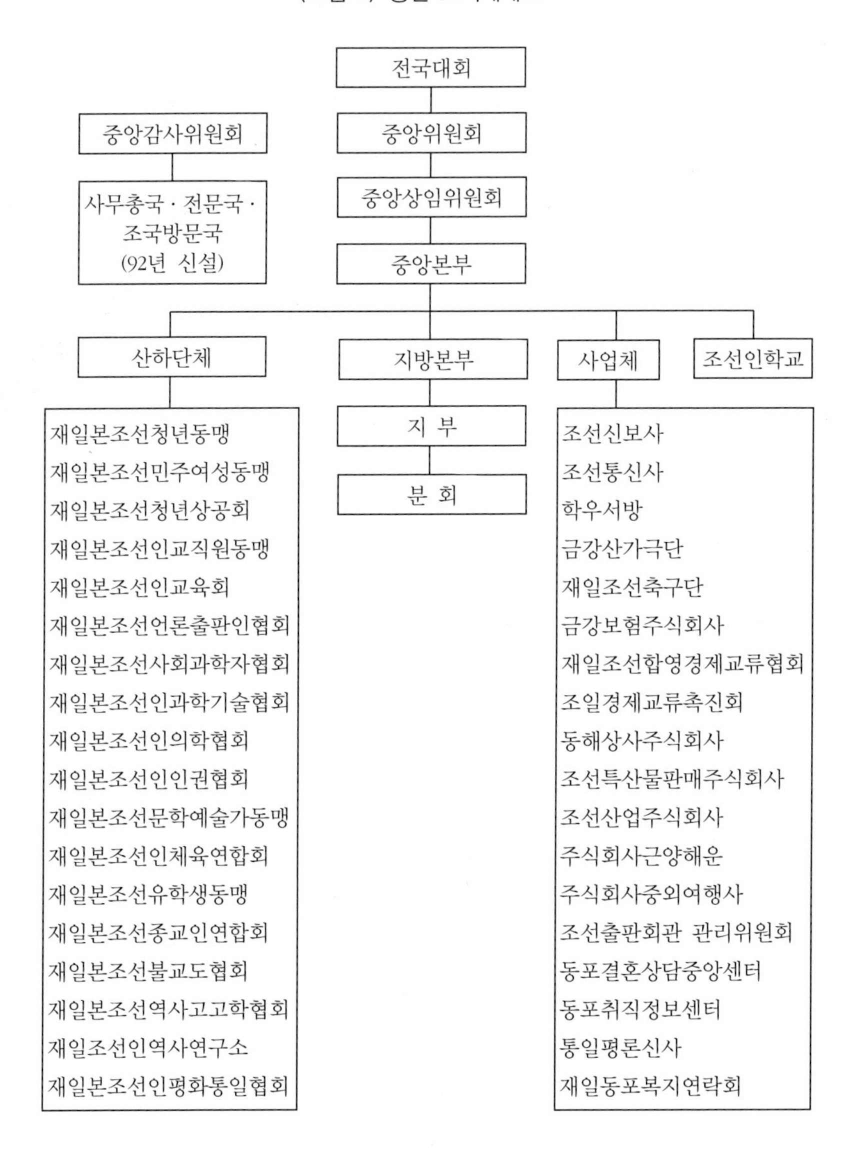

26) 재일조선인총연합회 홈페이지(http://www.chongryon.comlindex.html 검색일: 2010/09/01) 참조.

〈표 21〉 총련의 주요 기관

기관명	소재지
재일본 조선 상공 연합회	도쿄도 다이토 구 우에노 7-2-6
재일본 조선 청년 동맹 중앙 본부	도쿄도 치요다 구 후지미 2-14-15
재일본 조선 민주 여성 동맹 중앙 본부	도쿄도 치요다 구 후지미 2-14-15
재일본 조선 청년 상공회	도쿄도 다이토 구 우에노 7-2-6
재일본 조선인 교직원 동맹 중앙 본부	도쿄도 치요다 구 후지미 2-14-15
재일본 조선인 중앙 교육 회	도쿄도 치요다 구 후지미 2-14-15
재일본 조선 사회 과학자 협회	도쿄도 치요다 구 후지미 2-14-15
재일본 조선인 과학 기술 협회	도쿄도 코토 구 동양 5-6-4
재일본 조선인 의학 협회	도쿄도 치요다 구 후지미 2-14-15
재일본 조선인 인권 협회	도쿄도 타이토 구 타이토 3-41-10-3F
재일본 조선 문학 예술가 동맹	도쿄도 치요다 구 후지미 2-14-15
재일본 조선인 체육 연합회	도쿄도 다이토 구 우에노 7-2-6
재일본 조선 유학생 동맹 중앙 본부	도쿄도 치요다 구 후지미 2-14-15
재일본 조선 종교인 협회	도쿄도 치요다 구 후지미 2-14-15
재일본 조선 불교도 협회	도쿄도 치요다 구 후지미 2-14-15
조선 신보	도쿄도 아라카와 구 東日暮里 2-26-1
조선 통신사	도쿄도 다이토 구 히가시 우에노 2-19-1 금강 빌딩 4F
동창 서점	도쿄도 이타바 시구 小豆沢 4-24-16
조선 청년 사	도쿄도 치요다 구 후지미 2-14-15
금강산 가극단	도쿄도 고다 上水新 마치 2-3-9
조일 경제 교류 촉진회	도쿄도 다이토 구 우에노 7-2-6
東海商事 주식회사	도쿄도 치요다 구 히라카와 쵸 1-2-2 요시다 빌딩 3F
(주) 중외 여행사	도쿄도 다이토 구 우에노 7-2-6
동포 결혼 상담 중앙 센터	도쿄도 시나가와 구 東大井 5-25-21 品川商工 빌딩 6F
톤뽀 취업 정보 센터	
통일 평론 신사	사이타마 현 사이타마시 우라와 구 岸町 3-3-23
재일 조선인 역사 연구소	도쿄도 치요다 구 후지미 2-14-15
재일 조선 합영 경제 교류 협회	도쿄도 다이토 구 우에노 7-2-6
재일본 조선인 미식 축구 협회	도쿄도 다이토 구 우에노 7-2-6

이런 총련의 2000년대 주요한 활동을 일지식으로 정리해 보면 다음과 같다.[27]

2000년 2월 2일	총련 부의장 "지방 참정권 법안" 즉각적인 철회를 요구하는 담화
2000년 4월 22일	총련 도쿄도 中杉지부와 에도가와지부, 동포 생활 상담 종합 센터를 개설
2000년 6월 15일	남북공동선언 발표
2000년 9월 22일	제1회 총련 동포 남한 고향방문단 출발(~27일)
2001년 2월 21일	한덕수 의장 서거
2001년 3월 3일	故韓徳銖議長告別式, 총련 일군들과 동포 조국의 조의 대표단 일본의 정당 대표의 참여 하에 거행(도쿄조선문화회관)
2001년 5월 16일	조국통일범민족연합 북측, 남측, 해외 동포 본부 "일본의 역사 교과서 왜곡 문제"에서 공동 성명
2001년 11월 29일	일본 당국이 총련중앙본부, 도쿄본부, 니시도쿄본부에 부당한 강제 수사
2001년 12월 5일	총련들에 대한 부당한 정치 탄압을 단죄 규탄하는 재일본조선인중앙대회(도쿄조선문화회관)
2002년 9월 2일	재일본조선학생예술단 한국 공연(~9일)
2002년 12월 20일	조선해외동포원호위원회, '납치 문제'를 구실로 일본 반동들의 책동이 격화하는 가운데 총련과 재일 동포에 편지
2003년 3월 5일	朝青, 留学同, 青商会代表, 일본의 국립대학 입시 자격 차별 문제와 관련 문부 과학성을 방문해 차별 시정을 요청
2003년 9월 1일	총련 중앙본부 1923년 관동대지진 조선인학살 80년 즈음 전체 동포들에게 보내는 호소문을 발표, 관동대 지진 조선인 학살 80년 즈음 각지에서 행사와 법회
2004년 6월 26일	'재일코리안고령자 생활지원네트워크 하나' 설립 총회(오사카시)

27) 재일본조선인총련합회 홈페이지(http://www.chongryon.com/j/cr/diary.html) 참조.

2004년 10월 1일	총련 중앙 상임위원회 "재일 동포 여러분에게 보내는 호소 –총련 제20차 전체 대회 결정 집행을 위한 확장 8개월 운동"을 발표했다. 8개월운동 시작
2004년 10월 23일	총련 중앙본부 "니가타현 주에쓰지진"대책위원회를 조직, 민족 교육들에 대한 차별의 완전 해소와 북일 국교 정상화의 조기 실현을 주제로 하는 제6회 하루 아침 교육 심포지엄(일본교육회관)
2005년 1월 17일	1.17 阪神淡路大震災10周年犧牲同胞追悼会(고베조선초중급학교 강당)
2005년 3월 30일	총련 대표단 제네바에서 유엔 인권위 제61차 회의에 참가 의제 10 '경제적, 사회적 및 문화적 권리'로 일본 정부의 민족교육권의 침해 상황을 호소하고 시정을 요구
2005년 8월 24일	≪浮島丸≫ 爆沈事件60周年追悼集会가 마이즈루시의 "순난자의 비 공원"에서 개최
2005년 8월 28일	6.15공동선언 발표 5주년, 조국해방 60주년 기념 및 재일동포와 오사카부민, 시민 친선교류 페스티벌 "오사카 하나마쯔리"가 오사카에서 개최
2005년 9월 1일	関東大震災 때 수천 명의 무고한 동포가 학살 된 지 82주년을 맞아 도쿄, 치바, 사이타마의 총련 본부에서 추모 집회 개최
2005년 10월 15일	"제7차 일본 조선 교육 심포지엄–민족 교육권 차별의 완전 해소와 북일 국교 정상화의 조기 실현을!–" 일본 교직원 조합 재일본 조선인 교직원 동맹 일본 조선 학술 교류 협회의 공동 주최로 일본 교육 회관에서 개최
2005년 11월 12일	〈을사5조약〉강요100年, 재일조선인사100년기념심포지엄 조치 역사적 사실과 법적 관점에서 검증을 통해 도쿄 중앙대 駿河台記念館에서 개최
2006년 3월 29일	大阪府商工会에 대한 일본 경찰 당국의 부당한 강제 수색을 단죄 규탄하는 오사카 동포 긴급 집회가 히가시나리구 민홀에서 개최
2006년 6월 14일	6.15共同宣言発表6周年記念民族大祝典 開催(~17일 광주)

2006년 6월 22일 東京第2初級学校의 토지문제에 관한 제13회 구두변론이 도쿄지방법원에서 열림

2006년 8월 5일 東京ＮＰＯ法人 '코리안 동포 생활 지원 넷 네비'의 홈 헬퍼 2급 1기 통신강좌 수료식 개최, 총련 시가 오츠지부에서 '토요 아동 교실' 개강

2006년 9월 1일 「関東大震災朝鮮人虐殺83周年記念東京同胞追悼会」가 도쿄 横網공원에서 재일조선인위령비 앞에서 개최

2006년 10월 21일 中等教育実施60周年記念中央大会가 도쿄에서 개최

2006년 11월 8일 日本政府의 '제재'에 따르면 "만경봉－92"호의 입항 금지를 반대하고 조선 학교 아동에 대한 박해 총련 조직에 대한 파괴 테러 행위를 폭로 규탄하기 위해 동포들의 일본 국회 앞에서 농성과 가두 전단지 배포

2006년 11월 16일 総聯中央委員会 第20期 第3次会議가 総聯 中央本部에서 열려 総聯 第21回 全体大会를 2007年 5月에 도쿄의 도쿄조선문화회관에서 하기로 결정. "6개월운동" 제기

2007년 1월 14일 "日本警察当局의 商工会組織에 대한 강제 수색을 반대 규탄하는 효고현 조선인 긴급 집회"(고베)

2007년 1월 30일 総聯滋賀県本部와 滋賀朝鮮初級学校代表 強制捜索의 不当性을 暴露糾弾하기 위해 시가 현청에서 기자 회견

2007년 3월 3일 '3. 1人民蜂起88周年, 일본 당국의 총련과 재일 동포들에 대한 부당한 정치적 탄압과 인권 유린 행위를 반대 규탄하는 재일조선인중앙대회'가 도쿄의 히비야공원 대음악당에서 개최

2007년 3월 15일 大阪朝鮮高級学校의 「運動場明渡」에 관하여 제1회 공판이 열린 긴급보고 집회가 열림

2007년 6월 10일 安倍首相가 총련을 범죄시하는 부당한 발언을 한 것에 대해 총련 중앙 부의장이 담화 발표

2007년 6월 28일 整理回収機構(RCC)가 東京地裁에 総聯中央本部의 토지와 건물에 대한 강제 경매의 집행 신청을 한 것에 대해 총련 중앙 상임위원회를 즉시 철회 할 것을 요구하는 성명 발표

2007년 10월 10일 「日本当局의 不当한 制裁措置延長에 반대하여 総連과 在日

同胞에 대한 탄압을 규탄하는 在日本朝鮮人中央大会」(東京·日比谷公園大音楽堂)

이렇게 총련은 조선학교 지원 제재 반대운동인 고교무상화 제외 취소와 민족교육, 3·1운동 1923년 조선인학살 등의 각종 역사적 기억운동, 일상적 스포츠, 학술, 인권 관련 행사를 지속적으로 전개했다. 그리고 본국지향적 관점을 정주와 재일코리안 중심의 모습으로 바꾸어 갔다고 보인다.

2010년대 이후 총련의 활동은 다양한 모습으로 전개된다. 특히 총련은 고교무상화제도에서 조선학교를 배제한 일에 대해 전면 대항했다. 고교무상화제도는 2010년 4월 일본 민주당 정권이 외국인 학교를 포함, 전 일본의 고등학교에 도입한 정책이다.

그런데 2013년 2월 아베정권은 북한과 총련과의 밀접한 관계와 학교운영의 적정성이 의심스럽다는 이유로 조선학교를 고교무상화제도에서 배제했다. 이에 조선고급학교 10개교 중 오사카, 아이치, 히로시마, 후쿠오카, 도쿄의 조선학원과 학생들은 고교무상화 제외 취소소송과 국가배상 소송을 제기해 오고 있다.

2. 민단의 조직과 활동의 현재

1) 조직의 변화

〈전기〉

2000년 6.15선언 이후의 민단의 각종 운동은 변화의 모습을 불가피하게 보일 수밖에 없었다.

2000년대 민단은 2003년 제47회 정기 중앙대회를 2003년 3월 27일 열었다. 도쿄 미나미아자부(南麻布) 한국중앙회관(韓國中央會館)에서 열었다. 이 자리에서는 임기 만료에 따른 3기 기관장 선출로, 제44대 중앙본부단장에 현직의 김재숙이 재선되었다.[28] 그리고 2006년 2월 24일 제48회 정기 중앙대회가 열려, 하병옥을 민단 단장으로 하여 조직의 변화가 나타났다.

제49회 정기 중앙대회 2006년 2월 24일 열렸다. 지금까지 중앙 3기 기관장 선거는 전국에서 선발된 중앙위원·대의원에 의한 투표로 이루어졌다. 그러나 이번 대회부터는 각급 조직 간부의 의사를 폭넓게 반영하는 동시에 조직 활성화로도 이어지게 하고자 했다. 따라서 조직 최전선에서 활동하는 지부 등의 간부가 직접 선거에 참여할 수 있는 선거인제도가 도입되었다.[29]

민단의 제50회 2006년 10월 24일 임시 중앙대회가 열렸다. 이와 관련한 민단 중앙본부의 움직임을 보면, 민단 중앙본부는 2006년 7월 21일 중앙집행위원회를 개최했다. 하병옥(河丙鈺) 중앙단장이 9월 15일자로 사임할 것과 함께 10월 24일에 제50회 임시 중앙대회를 개최할 것을 결정했다. 의결기관은 중앙집행위원회의 요청으로 임시 중앙대회의 개최를 결정했다.[30]

민단의 제51회 정기 중앙대회가 2009년 2월 23일 도쿄 미나토구 소재 한국중앙회관에서 열렸다. 이 자리에서는 제51회 정기 중앙대회를 전날 열린 제63회 정기 중앙위원회의 결과를 보고 받았다. 곧이어 임기 만료

28) 『재외동포신문』 2003년 4월 1일.
29) 『민단신문』 2006년 2월 1일.
30) 『민단신문』 2006년 7월 26일.

에 따른 3기관장 개선을 실시해 단장에 정진(鄭進) 전 단장, 의장에 황영만(黃迎滿) 전 민단중앙 평화통일추진위원장, 감찰위원장에 김창식(金昌植) 전 감찰위원장을 선출하고, '총력을 결집해 위기를 극복하자'는 내용의 결의문을 채택했다. 당시 중앙대회 결의문을 보면 다음과 같다. 먼저 "우리는 제51회 정기중앙대회에 있어서 내외로부터 재일동포 사회를 위협하는 다양한 요인의 존재를 직시하고, 심각한 우려의 생각을 공유했다. 본 단은 창립 이래, 자유민주주의, 평화와 공생, 인도와 인권의 존중을 제일의로 하는 이념 아래, 재일동포의 생활을 지키고 발전시키는 것뿐만 아니라 조국의 방위와 근대화, 일본사회의 발전에 공헌하며 양국의 선린우호 증진에 최선을 다해 왔다. 우리는 선열 · 선배들이 구축한 민단 이념을 계승 · 발전시켜 본 단이 재일동포 사회의 유일한 구심체이자 지도단체라는 자각과 자부 아래 본 단의 총력을 결집시켜 위기를 극복할 것을 맹세하며 제51회 중앙대회의 이름으로 다음과 같이 결의한다."고 했다.

그리고 결의 내용은 다음과 같다. "하나, 북한은 핵병기의 개발 · 소유와 남북합의의 일방적인 파기 등 대남 위협 · 도발책동을 속히 중지하고 남북대화에 응하지 않으면 안 된다. 우리는 '개혁 · 개방 · 3000' 구상을 중심으로 하는 정부의 대북정책을 지지하며 한반도의 평화확보 · 통일촉진의 일익을 담당한다. 하나, 본 단은 조국의 경제발전을 일관하게 지지하며 국난 시에 국민과 하나되어 그것을 극복하는 등 역사적으로 본국과 강한 유대로 이어져 왔다. 우리는 이 사실을 상기하여 본국 경제의 난국타개와 '일류선진국' 실현에 적극 참여한다. 하나, 한일 양국은 동아시아의 발전과 새로운 국제질서 형성에 중요한 역할을 하며 공생 · 공동발전을 추구하는 관계에 있다. 우리는 한일 양국을 반목시키는 책동을 봉쇄하고, 양국의 가교적 역할과 지역주민으로서의 실적을 토대로 우호 · 협력 강화의 선두에 설 결의를 다지며 그 책임의식에 있어서도 지방참정권을 조기에 획득한다. 하나, 재일동포 사회는 이제 다양한 배경과 입장에 있는 동포로 구성되기에 이르렀다. 우리는 새로운 골조와 룰을 만들어 다양한 입장의 동포들을 민단 이념 아래에 폭넓게 규합한다. 하나, 현재의 세계적인 동시 불황은 중소 영세기업이 중심이 동포 경제를 약체화시켜 동포를 다시금 일본사회의 저변으로 몰아넣을 가능성이 있다. 우리는 한신협, 한상련, 본국 은행의 재일지점과 하나되어 역경 타개에 전력을 경주한다. 하나, 민족단체로서 출발한 본단은 특정 정치단체나 종교단체와 일선을 긋고 전재일동포의 생활공동체 형성에 노력해 왔다. 우리는 본단에 어떠한 정치적 대립도 가져오지 않고 동포사회의 교란시키는 어떠한 책동도 단호히 배제한다.[31]"고 했다.

이렇게 대회는 재일코리안 사회를 위협하는 다양한 내외 요인을 직시했다. 민단 이념을 계승 발전시켜 민단이 재일코리안 사회의 유일한 구심체이자 지도단체라는 자각과 자부를 갖고 총력을 결집해 위기를 극복할 것을 맹세했다. 그리고 만장일치로 다음의 내용을 채택했다. 첫째, 한반도 평화 확보와 통일 추진의 일역을 맡을 것, 둘째, 본국 경제의 난국 타개와 '일류선진국 실현'에 적극 참여할 것, 셋째, 지방참정권을 조기에 획득할 것, 넷째, 동포 경제의 역경 타개를 위해 전력을 다할 것 등의 내용이 그것이다.[32]

〈후기〉

2010년대에 들어선 2012년 민단의 제52회 정기중앙대회가 2012년 2월 23일 한국중앙회관에서 열렸다.[33] 전날 열린 제66회 정기중앙위원회의

31) 『민단신문』 2009년 2월 26일.
32) 『민단신문』 2009년 2월 26일.

결과에 대한 보고를 바탕으로 제7차 선언 · 신강령을 심의 · 승인한 이후, 임기 만료에 따른 3기 기관장의 개선을 실시했다.

이 자리에서는 새로운 단장에 오공태 전 중앙 부단장, 의장에 김한익 전 오사카 본부 단장, 감찰위원장에 한재은 전 중앙 부단장을 선출했다. 대회는 중앙위원 · 대의원 재적자 524명 중 481명이 출석했다. 제66회 정기 중앙위원회의 결과보고에 이어 제7차 선언안과 신 강령안을 심의하여 승인했다.[34]

중앙대회 이전 제51기 규약위원회[35]는 총 4회의 소위원회와 제2회 전체회의를 거쳐 신선언과 신강령의 안을 제52회 정기중앙대회에 상정했다. 전날 개최된 제66회 정기중앙위원회에 규약 · 규정의 일부 개정안을 상정해 각각 만장일치로 승인을 받았다.

선언은 역사적인 사명에 대한 민단의 기본자세를 표명하고, 강령은 이를 간결하게 정리했다. 선언 · 강령이 명시하는 이념 · 목적을 구현하는 것이 조직이며 규약 · 규정은 이를 위한 조직 운영의 합리적인 모습을 정했다.

여기에서는 1996년에 채택된 제6차 선언은 15년이 경과해서, 민단을 규정하는 내외의 제반 조건과 현행 규약에 맞지 않는다고 했다.[36] 그리고 민단의 당시 현행 규약은 한국 국적을 소지하고 있지 않더라도 한반도 출신자와 그 자손을 단원 자격으로 인정하고 있다. 그러나 6차 선언은 '대한민국의 재외국민으로서'라는 문언을 남기고 한국 정부 수립 이후부터 '국민단체'로서의 성격 규정을 바꾸지 않았다. 신선언은 '대한민국

33) 『민단70년사』, 재일본대한민국민단, 2017, 167쪽.
34) 『민단신문』 2021년 2월 29일.
35) 위원장은 황영만 중앙본부 의장이다.
36) 이하의 신선언과 신강령에 대한 내용은 다음을 참조한다(『민단신문』 2012년 2월 29일).

의 국민으로서 대를 거듭하는 단원을 중심으로'라고 국민을 중축으로 하면서도 '일본 국적 취득자' 등 다양한 동포를 폭넓게 결집할 뜻을 명시했다.

또한 민단은 스스로 '생활자단체'임을 반복적으로 강조해 왔다. 이는 틀림없이 민단의 기본적인 성향을 의미하는 것으로 과거 모든 선언에서 그 정신은 일관되게 유지되어 왔다. 그러나 조련과 그 후신인 총련의 정치성에 대항하여 특정 정치 · 종교 세력의 침투와 영향력 행사를 배제한다는 의미가 강했다고 평가하기도 한다. 선언 · 규약에서 '생활자단체'임을 명시한 적은 없어 관습적인 자기규정이라고 할 수 있다.

신선언에서는 '본 단은 그야말로 고난 극복의 역사가 키운 생활공동체로 더 나은 미래를 개척하는 운동체'라는 문구를 통해 생활자단체의 기조를 계승하면서 '운동체'로서의 성격을 전면에 내세웠다. '지역 주민 단체'임을 처음으로 언명해 '일본 스스로 영주외국인의 지방참정권을 조기에 부여하도록 강하게 촉구한다'는 문구를 추가했다. 강령도 이에 맞춰 '우리는 일본 지역사회의 발전을 기한다'를 추가했다. 나아가 22일 중앙위원회에서는 '국민단체'를 대체할 민단의 성격 규정이 명확하지 않다는 지적에 대해 황영만 의장이 "우리는 북한과 총련과 싸울 때에는 정치 단체적인 성격을 띤다"고 말해 민단이 '생활자단체'를 기본으로 삼으면서도 다양한 성격을 지니고 있음을 강조했다.

아울러 신선언은 '우리와 대한민국과의 연대를 새로운 차원으로 드높인다'고 판단하고 '(선진통일국가의 건설을 주도하는 대한민국의 국력 증강 등) 역사적 과업에 참획하기 위한 확실한 수단이 된다'는 견해를 포함시켰다.

제2대 국정선거 참여라는 새로운 조건을 맞이해 조국통일 문제에 있어서도 보다 명확한 자세를 보일 필요가 있다. 제6차 선언에서도 '조국의 통일이 인류 공통의 양식인 자유민주주의의 이념 아래 평화적 · 자주적으로 달성돼야 한다는 방침을 견지하고 이를 구현하기 위해 노력한다'고 밝히기는 했다. 신선언은 '한반도의 분단 구조는 남북 간의 현저한 격차 확대와 북한의 되풀이되는 부조리에 의해 지각 변동기에 놓여 있다'는 의식을 갖고 북한 체제의 붕괴를 염두에 두고 '재일동포 사회는 앞으로도 계속 적극적인 변화의 예조를 보이며 복잡하게 변하는 한반도 정세의 영향을 피할 수 없다'는 관점에서 첫 번째 실천 항목으로 결정했다. 즉 '우리는 대한민국 헌법 정신을 수호하고 재외국민 선거에 적극적으로 참여하는 것과 동시에 평화 통일과 선진조국 건설의 일익을 담당한다'고 했다.

이에 대해 신강령의 필두에 있는 '우리는 대한민국의 국시 구현을 기한다'와 연결지어 생각할 필요가 있다. 예전 강령에서는 이 부분이 '국시를 준수한다'로 되어 있다.

예전부터 조직 내부에서는 "국시라는 문언이 구태의연하다", "먼저 국시란 무엇을 뜻하냐" 등의 의견이 있었다. 그 개념에 대해서는 민단 65년의 역사 속에서 해석이 조금씩 바뀐 적은 있었지만 대한민국 헌법 전문에서 제창한 헌법 정신을 의미한다는 견해가 대세를 차지했다.

한편 조국 통일 문제에 대해 민단이 이를 주요 운동 과제로 삼아야 하고 통일 추진을 강령에 명시해야 한다는 주장도 강해졌다. 이에 대해 헌법 전문에 '평화통일의 사명'이 포함되어 있어 '국시 준수'는 자동적으로 통일 추진의 사명을 스스로에게 부여하는 것이라는 논의가 제기되어 왔다. 이러한 경위를 바탕으로 '정의 · 인도와 동포애로써 민족의 단결을 공고히 하고', '자유민주적 기본질서를 더욱 확고히 한다'는 헌법 정신을 기초로 '평화적 통일의 사명'으로 보다 능동적으로 참여한다는 의사를 밝히고자 국시 '준수'를 '구현'으로 한 단계 끌어올렸다.

그런가 하면 선언 · 강령 · 규약을 심의하는 규약위원회의 자리매김이 지금까지 규약에 명기되어 있지 않았다. 그 필요성에 비추어 의결기관의 조항 9조에 규약위원회를 중앙본부에 둘 수 있다는 6항을 추가했다.

민단 조직 내에서는 지단장의 3선 금지 해제와 관련해서 3선 금지는 조직의 독과점을 막을 뿐 아니라 인사 교대를 통해 보다 많은 단원을 조직 운영에 참가시켜 조직 활성화를 도모하려는 의도가 있었다. 그러나 특히 지부에서는 인력 부족이 심각해지고 있다. 지단장에 대해서는 1기 이상 미취임 기간을 두면 3선을 가능하게 했다.

감찰 임무에서의 제외에 대해서는, 감찰권 행사에 있어 공정을 기하기 위해 사안 당사자와 관계자 등의 경우 임무에서 제외되어야 한다는 제의가 있었다. 감찰위원회 운영규정의 제10조에 '당사자', '특정한 관계자', '가족과 친족'이 관계되어 있는 경우 '감찰임무에서 제외됨'을 추가했다.

선거인 제도에 대해서는 많은 지방 본부와 대형 지부에서는 원칙적으로 대의원제를 도입하고 있다. 대의원제를 도입한 일부 지방 본부는 선거인 제도를 도입하고 있지만 대의원제를 보완하고 보다 많은 의사를 반영한다는 본래 취지에 반한 예도 있다. 선거인 제도의 취지를 잘 알리기 위해 중앙 본부의 형태에 준해 실시할 것을 명기했다.

일본 국적 단원의 지부 3기관장 취임에 대해서는, 2005년 규약 개정으로 지방 본부 · 지부에서는 일본 국적 단원도 임원(부단장, 부의장, 감찰위원)과 고문에 취임할 수 있게 되었다. 그러나 지부에 관해서는 부임원뿐만 아니라 기관장도 허용해야 한다는 의견이 많았다. 전국 각지 지부에서 이미 일본 국적 단원이 3기관장에 취임한 실태도 있다. 지부 3기관장에 대해서는 일본 국적 단원에게 정식으로 문호를 개방했다.

민단은 제52회 정기중앙대회에서 조직의 새로운 모습을 갖추고 자리매김을 위해 적극적인 새로운 모습을 도모했다.

제53회 정기중앙대회 2015년 2월 18일 도쿄 미나토구(港區) 소재의 한국중앙회관에서 개최되었다.[37] 제53회 정기중앙대회에서 임기 만료에 따른 3기관장의 개선을 실시했다. 단장에 오공태 전 중앙단장, 의장에 여건이 전 중앙부단장, 감찰위원장에 한재은 전 중앙감찰위원장을 선출했다. 중앙대회에는 중앙위원·대의원 재적자 527명 중 422명이 출석했다.

이 자리는 제69회 정기중앙위원회 결과에 대한 보고를 받는 동시에 향후 3년이 재일코리안과 민단의 장래를 크게 좌우하는 중요한 국면이 된다는 인식을 공유했다. 그리고 첫째 한일관계, 둘째 대북한, 셋째 통일문제, 넷째 평창 동계올림픽, 다섯째 재일사회의 5항으로 구성된 '결의문(역사 수정·왜곡 허용치 않겠다－한일관계 조기 회복 등 결의문)'을 만장일치로 채택했다.[38] 그 내용은, "조국통일 과업의 일익 담당"이라는 부제 아래, "제53회 정기중앙대회에 결집한 우리는 당면의 중대 사안을 전망하고, 향후 3년이 재일동포와 본단의 장래를 크게 좌우하는 중요한 시기가 된다는 인식을 공유했다. 한일 국교정상화 50주년, 민족 분단이 되기도 했던 광복으로부터 70년이 되는 올해 역사인식을 둘러싼 확집이 한일 간, 남북 간에 함께 격화될 수 있고, 한국은 또한 2016년 국회의원 선거·2017년 대통령 선거 과정에서 경제 진흥에 전력을 다하지 못한 채 정치적 갈등을 증폭시킬 수 있다. 우리는 2018년 초 정권교체와 평창 동계올림픽 대회를 향해 한국의 정치적 안정과 국력 충실은 말할 것도 없고, 한일관계의 조기 회복을 축으로 한 동아시아의 평화와 안정의 증진을 진심으로 갈망한다. 또한 재일동포의 생활을 지키는 본 단의 기본 사명의 중요성을 재확인하고, 조직의 역량 강화에 부단히 노력하겠다. 우리는 3·1 독립운동의 선구가 된 2·8 독립선언 발포, 6·25 한국전쟁 시

37) 『민단70년사』, 재일본대한민국민단, 2017, 169쪽.

38) 『민단신문』 2015년 2월 26일.

의 의용군 참전, 세계에 자랑할 만한 경제적 약진을 위한 헌신 등 한국과 함께 걸어 온 재일동포의 역사를 상기하고, 본 단이 그 지도모체로서 70년의 실적을 가진 것을 자부하면서 다음과 같이 결의한다."고 했다.

그 결의 내용을 보면 다음과 같다.

1. 한일 양국 정부에 대해 국교정상화 50주년을 계기로 원활하게 관계를 정상화시키고, 양국 국민과 국제사회의 기대에 부응할 것을 촉구한다. 우리는 가교가 되어 우호 증진에 공헌하는 한편, 일본에 있어서 역사 수정주의의 움직임에 경종을 울리고, 재일동포의 인권을 위협하는 헤이트 스피치의 근절에 전력을 다한다.
1. 광복 70주년은 내외의 국민·동포가 건전한 역사관을 공유하는 장이 되어야 한다. 우리는 한국을 비하하며 반민족·반통일 노선을 고집하는 북한 정권 및 종속세력에 의한 역사 왜곡을 단호히 배격한다.
1. 우리는 2대 국정 선거에 적극 참여하는데 그치지 않고, 한국이 연내에 제정할 통일헌장에 호응하여 조국통일 과업의 일익을 담당한다.
1. 평창 동계올림픽 대회의 성공은 한국의 국제 공약이나 다름없다. 우리는 관민이 국가의 위신을 걸고 준비에 만전을 기하길 바라는 한편, 1988년 서울대회 등 올림픽 후원사업의 경험을 살려 총력을 다한다.
1. 본 단은 지도 간부의 제2세대에서 제3·4세대로의 이행기에 직면해 있다. 우리는 중견 간부 역량의 개발, 차세대 육성, 재일 대통합을 지주로 조직을 재생시키면서 창단 70주년 사업을 성공시켜 새로운 출발을 기한다.[39]

한편 제54회 정기중앙대회 2018년 2월 22일 제54회 정기중앙대회를 한국중앙회관 8층 대강당에서 열어, 신임 중앙단장에 여건이, 중앙의장에 박안순, 감찰위원장에 양동일을 선출했다.[40]

39) 『민단신문』 2015년 2월 26일.
40) 『민단신문』 2018년 2월 26일, 월드코리안뉴스(http://www.worldkorean.net) 참조.

대회에서 향후 사업 방향을 단장인 여건이는 분명히 천명했다. 그 내용은 다음과 같다. 1. 민단 재생, 2. 자주 재정 기반 구축, 3. 재일동포 사회 화합과 통합 추진, 4. 생활인 단체로서의 역할 충실화, 5. 헤이트스피치 근절에 주력, 6. 지방 참정권 운동의 재구축, 7. 차세대 육성 사업을 확충, 8. 한일 우호 증진과 신뢰 강화.

〈표 22〉 주요 민단 전체대회 현황-제3기(2000년대) 이후

차수	대회 명칭, 일시 및 장소 등
47	정기중앙대회 2003년 3월 27일 도쿄(東京) 미나미아자부(南麻布) 한국중앙회관
49	정기중앙대회 2006년 2월 24일
50	임시중앙대회 2006년 10월 24일
51	정기중앙대회 2009년 2월 23일 도쿄 미나토구 한국중앙회관
52	정기중앙대회 2012년 2월 23일 도쿄 미나토구(港區) 한국중앙회관
53	정기중앙대회 2015년 2월 18일 도쿄 미나토구(港區) 한국중앙회관
54	정기중앙대회 2018년 2월 22일 도쿄 미나토구(港區) 한국중앙회관

이상과 같은 민단의 조직은 거듭 재구성되어 왔다. 그 결과는 다양한 모습으로 여러 내용적 함의 포함하고 있었다고 말할 수 있다.

〈표 23〉 역대 민단 중앙 단장과 재임기간[41]

차수	단장(기간)	차수	단장(기간)
1~5대	박열 (1946년 10월 3일~1949년 4월 1일)	6대	정한경(鄭翰景) (1949년 4월 1일~1949년 6월 9일)
7, 8대	조규훈 (1949년 6월 9일~1950년 3월 25일)	9, 10대	김재화(金在華) (1950년 3월 25일~1951년 4월 3일)
11대	원심창(元心昌) (1951년 4월 3일~1952년 4월 3일)	12대	단장단 (원심창, 김광남(金光男), 김재화) (1952년 4월 3일~1952년 10월 4일)

13~16대	김재화(金在華) (1952년 10월 4일~1955년 4월 13일)	17~19대	정찬진 (1955년 4월 13일~1958년 4월 26일)
20~21대	김재화(金在華) (1958년 4월 26일~1959년 7월 14일)	22~23대	정인석(鄭寅錫) (1959년 7월 14일~1960년 7월 25일)
24대	조영주 (1960년 7월 25일~1961년 5월 15일)	25~26대	권일 (1961년 5월 15일~1963년 5월 25일)
27대	김금석(金今石) (1963년 5월 25일~1964년 7월 12일)	28~29대	권일 (1964년 7월 12일~1967년 6월 13일)
30대	이유천 (1967년 6월 13일~1969년 3월 26일)	31~32대	이희원 (1969년 3월 26일~1972년 8월 8일) 단장 대리 윤달용(尹達鏞)
33대	김정주 (1972년 8월 8일~1974년 3월 24일)	34대	윤달용(尹達鏞) (1974년 3월 24일~1976년 3월 31일)
35대	조영주 (1976년 3월 31일~1979년 3월 28일)	36, 37대	장총명 (1979년 3월 28일~1985년 3월 18일)
38, 39대	박병헌 (1985년 3월 18일~1991년 3월 24일)	40대	정해룡 (1991년 3월 24일~1994년 4월 20일)
41, 42대	신용상 (1994년 4월 20일~2000년 3월)	43, 44대	김재숙 (2000년 3월~2006년 2월)
45대	하병옥 (2006년 2월~2006년 9월)	46, 47대	정진 (2006년 9월~2012년 2월)
48, 49대	오공태 (2012년 2월~2018년 1월)	50대	여건이 (2018년 2월~)

2) 활동

민단은 조직적인 활동을 2000년대 내내 수행해 왔던 것은 사실이다. 그 내용을 2000년대의 주요 보고서를 통해 대강을 보면 다음과 같다.

41) 위키백과 참조.

〈표 24〉 민단의 주요 활동(2000년대)[42]

2002년	1. 지방참정권획득운동 2. 민족금융기관 육성강화 3. 조직강화활동 4. 본국경제 위기타개와 지원활동 5. 소위 일본 역사왜곡(歪曲) 교과서 불채택 운동 6. 취업 · 결혼 상담사업의 접충 7. 민족교육 · 10월의 마당 강화 8. 2002년 월드컵 성공을 위한 후원사업 9. 어린이 서울 잼버리 개최 10. 민단의 홍보활동 강화
2003년	1. 지방참정권운동의 계속적인 추진 2. 민족금융기관 지원 3. 조직활성화 4. 민족교육 · 문화진흥 5. 조선총련동포와의 화합 · 교류촉진
2004년	1. 지방참정권운동의 계속적인 추진 2. 조직개혁 추진 3. '우리지부 우리자랑운동'의 본격적인 추진 4. IT전국화 5. 민단 복지사업 추진 6. 역사인식 문제 7. 어린이잼버리
2005년	1. 광복 60주년 동포화합 사업 2. 지방참정권 획득운동 3. 조직활성화 사업 4. 고령자 복지사업 5. 역사인식 문제와 차세대 육성 6. 아이치반파쿠(愛知万博) 후원사업
2006년	1. 창단 60주년 사업 2. 지방참정권 획득운동 3. 내외 교류－재일화합과 조국통일 4. 호별방문을 통한 생활자 단체 활성화 5. 생활권 확충 운동 6. 차세대 육성 사업－어린이 사업의 충실화 7. 재정 확립
2007년	1. 동포의 생활 지원 2. 재정의 자립화 3. 한반도의 비핵화

	4. 지방침정권 획득운동 5. 조직 활성화 6. 차세대 육성
2008년	Ⅰ. 2008년도 3대 운동 1. 지방참정권 획득운동 2. 조직강화를 위한 운동 3. 한반도의 비핵화와 평화정착을 위한 운동 Ⅱ. 2008년도 5대 사업 1. 동포생활에 대한 지원사업 2. 동포경제에 대한 지원사업 3. '어린이 잼버리'와 차세대 육성 4. 'M I N D A N문화상'과 문화진흥 5. '한일관광교류의 해'사업
2009년	1. 지방참정권 획득 운동 2. 동포 경제 · 생활 지원 운동 3. 차세대 육성과 교육, 문화 진흥 4. 조직 강화를 위한 사업

민단은 2000년대 참정권 획득 문제, 민족교육 그리고 재일코리안의 일상생활에 주목해 왔다. 그리고 민단 중앙조직은 "2010년도 전망－역사적으로 중요한 시기임을 강하게 의식－창단 65주년 사업준비도"에서 어려운 환경에 굴하지 않고 매진해야 한다고 했다. 여기에서는 6가지의 방침을 제기했다. 그 내용을 정리해 보면 다음과 같다.[43]

첫째, 지방참정권 획득운동에 주목했다. 지방참정권 획득 운동은 최후의 고개로, 영주외국인에 대한 새로운 국면을 맞이했다고 하고 중앙본부에 설치한 참정권 획득운동본부와 지방본부에 설치한 추진위가 하나 되어 총선거 후 조기입법화를 위해 진정요망활동을 전개해 왔다고 하면서, 지금 열리고 있는 통상국회에서 법안이 상정되어 성립되기를 기대한다는 것이다. 그러나 아쉽게도 일부 반대운동이 일어나고 있다고 하고, 과

42) 민단 홈페이지 참조.
43) 민단 홈페이지 참조.

거 참정권 부여를 요구하는 결의를 한 지방의회에 대해 반대결의의 움직임이 일고 있으니, 이러한 반대운동을 넘어야 하지 않으면 안되는 최후의 고개로 인식하고 있다는 것이다. 그러나 일본인 대다수는 영주외국인의 지방참정권 부여에 찬동하고, 인권 존중의 조류를 주도하는 일본으로서도 외국국적 주민을 받아들이지 않으면 안 될 것이라고 한다.

둘째, 조직 활성화운동을 들 수 있다. 민단은 유동화에 위기의식 갖고 대처해 왔는데, 제51회 정기중앙대회에서 재선된 정진 중앙단장은 취임사에서 "2006년은 조직 혼란 사태로 창단 60주년 사업이 제대로 이루어지지 않았다. 2011년에 65주년을 맞이하여 조직 재생을 이루자"고 제의했다. 창단으로부터 64년, 민단을 둘러싼 환경은 크게 변화하여 민단에 주어진 과제에는 무게감이 느껴진다면서, 새로운 세대의 다양한 가치관, 일본국적 취득자의 증가, 국제결혼에 의한 일본 국적 자제의 격증 등 재일동포사회의 유동화 현상은 각급 조직 간부의 위기의식을 높이고, 명실공히 민족단체이자 생활자단체로서 '동포를 위한 조직운동'의 전개와 시대에 대응한 확고한 기반을 구축해 나가겠다고 했다.

민단은 재외국민등록의 정비 추진운동을 전개했는데, 운동의 핵심은 작년 2월에 한국의 국정참정권이 재외국민인 우리들에게 부여된 사실을 전 단원에게 알리고, 적극적인 참여를 촉구하는 것이라고 했다. 호별방문 활동을 통해 알리는 동시에 영사사무의 일부인 출생신고 및 재외국민등록의 정리를 촉구해 나간다는 것이다. 이와 병행하여 부실조직에 대한 실태파악을 통해 조직정비를 추진하고 '단원과의 대화의 장소'를 적극적으로 마련하여 단원을 위한 민단을 호소하며 동포들의 즐거운 만남의 장을 구상하기 위해 민단 중앙본부는 각급 조직의 상근자의 상호교류를 실시하고, 활동자를 파견하여 지방 활동에 참여하도록 하겠다고 했다.

셋째, 차세대 육성운동을 전개했다. 민단은 청년회 강화를 위한 3년

계획으로, '조직활성화 운동'의 또 하나의 목표는 '차세대 육성'이라면서, 지금까지의 차세대·후계자 육성, 그리고 민족교육사업을 연동시켜 재일동포사회의 새로운 세대의 등장을 조직적으로 뒷받침하는 '차세대 육성 운동'으로서 체계화하고자 했다. 구체적으로 네 가지 내용을 정리했다.

(1) 최근 후계자 육성사업의 중심인 청년회의 강화, 전국화 3년 계획을 시작했다. 차세대 육성사업의 상징인 '재일동포 어린이잼버리'의 성공은 청년회를 중심으로 학생회, 모국수학생들의 참여가 있었기 때문에 가능했다. 그리고 모국연수회를 개최할 계획이고, '88서울올림픽' 재일한국인 후원회의 성금의 일부로 건설된 '올림픽 유스호스텔'의 개관 20주년 보은 행사로서 적극적인 협조를 받았다. (2) 과거 5회 개최하여 성과를 거둬온 '재일동포 어린이잼버리'를 개최, 잼버리는 어린이와 보호자, 그리고 리더인 청년·학생들과의 새로운 동포의 유대를 형성하는 차세대 육성운동의 상징적인 사업이다. (3) '4개 민족학교'의 지원과 '어린이 토요학교' 전국화 및 '민족학급' 지원했다. 잼버리에 참가한 어린이들을 가능한 한 계속성을 갖는 '4개 민족학교'와 '어린이 토요학교', '민족학급'으로 연결시켰다. (4) 매년 7월 말부터 8월 말까지 각 지방본부에서 개최하고 있는 어린이 하계행사와 동계행사, 그리고 중고생 및 대학생을 대상으로 하는 정부 초청사업 재외동포 학생 하계학교를 적극적으로 개최했다.

넷째, 민단은 조국 평화통일을 위해 적극적으로 활동했다. 총련의 자세에 변혁 촉구. 동북아시아의 평화와 안정을 위해 북한의 핵문제를 다루는 6자 회담의 추이와 북한의 자세와 반평화적이고 반민족적인 북한과 총련 중앙의 자세를 산하 동포에 계속해서 호소했다.

다섯째, 자립재정 확립을 위해 진력했다. 민단은 단비 납입 향상에 주력. 최근 재정자립을 위해 각급 조직이 힘썼다. 중앙본부는 '조직정비·활성화 운동'을 통해 참여의식을 제고하기 위해 모든 간부와 함께 주력했다. 각급 조직의 재산보전을 포함한 자립재정 확립방법과 더불어 전국 조직 네트워크를 활용한 서비스사업의 모색을 위해 노력했다.

여섯째, 밝은 재일동포 사회의 구축을 위해 노력했다. 우리는 향후 100년을 향한 밝은 재일동포 사회의 구축을 위해 주어진 권리를 적극 활용하여 활동했다. 특히 한국 강제병합으로부터 100년이 되는 올해, '재일한인역사자료관'은 그 어느 때보다도 존재의미가 있고, 한일 간의 올바른 역사인식을 키우기 위해 저명한 학자들의 참여를 받아 심포지엄 등을 개최했다.

이렇게 민단은 2010년대 미래를 전망하면서, 조직 활성화 그리고 차세대 육성운동 나아가 지방참정권 획득운동에 주목했다. 그리고 평화통일과 민단의 자립재정 확립, 재일코리안 사회의 미래 방향 정립을 위해 노력했다.

이상과 같은 민단의 기관지는 『민단신문』이다. 재일본대한민국민단의 기관지로서의 창간은 1946년 3월 10일이었다. 당시의 조선건국촉진청년동맹(건청)이 발행한 『조선신문』에서 『신조선신문』을 거쳐 민단 중앙 기관지 『민단신문』이 되었다가 『민주신문』, 『한국신문』으로 개칭되었다. 그리고 지금의 『민단신문』에 이르고 있다. 최고 발행 부수는 10만 부이다.

3. 재일본한국인연합회의 조직과 활동

1) 결성

(1) 조직

재일본한국인연합회는 1980년 후반 이후 급속히 늘어난 재일코리안 뉴커머의 일본 사회에서의 현실적인 필요에 따라 만들어진 조직이다. 기존의 재일코리안 단체와 별도의 조직을 결성한 것으로 상호부조를 내건 친목 단체이나 내용적으로는 한국과 관련한 각종 정치적 문제에 관심을 갖고 있다고 판단된다. 약칭하여 '한인회'라고 한다.

10년의 발자취를 정리한 내용을 통해 한인회의 태동을 보면 다음과 같다. "재일 뉴커머의 수가 18만여 명에 이르는 상황에서 민단에만 의지할 수 없고, 뉴커머의 문제는 뉴커머들이 해결해야 하고, 그러기 위해서는 뉴커머만의 단체가 독자적으로 조직되어야 한다는 취지에서 한인회는 2001년 5월 20일 창립총회를 열고 첫 발걸음을 시작하였다. 이날 오후 6시 신주쿠 카이요호텔에서 열린 창립총회에는 수도권은 물론 야마나시현, 도호쿠 지방에서까지 뉴커머들이 몰려 400여 명의 가까운 회원이 참석하였고, 단독후보였던 김희석 씨가 만인의 신임을 얻어 만장 일치로 초대 회장에 선출되었다. – 회장선출 이후에 25명의 초대 이사들이 선출되었으며, 이어 6월 16일에는 제1차 이사회가 개최되어 초대 한인회의 모양을 갖추었다."[44]

이 조직의 목적을 재일본한국인연합회 회칙에서는, "본 모임은 재일한국인의 친목과 협력 증진에 노력하고, 권익을 옹호함으로써 재일한국 사회의 통합과 번영을 도모하며, 한일 교류와 지역 발전에 공헌할 것을 목적으로 한다."[45]고 했다.

2001년 5월 20일 결성[46]된 본 조직은 2000년 9월 신주쿠(新宿) 오쿠보(大久保)에 거주하는 뉴커머 6명이 모여 '재일한국인을 생각하는 모임'을 조직한 것이 출발이다. 그리고 2000년 12월 2일 각종 재일조선인의 문제

44) 「한인회 발자취 10년」, 재일본한국인연합회, 『한인회 회보』(12), 2011, 17쪽.
45) 재일본한국인연합회(http://www.haninhe.com), 정희선 외 역, 『재일코리안 사전』, 선인, 2012.
46) 본 내용은 한국민족문화대백과사전과 홈페이지를 주로 참조한다.

와 한국 문제에 관심이 있고 함께 할 의지가 있던 사람들이 모여 가칭 '재일 한국인 사회를 생각하는 모임'을 갖고 뉴커머의 이해를 대변하고 당면한 문제를 함께 풀어갈 수 있는 단체의 필요성에 동의하고 '재일본한국인연합회'의 결성을 추진했다. 이를 위해 '한인회 추진위원회'를 설립하고 본격적인 준비 작업에 착수해 2001년 5월 20일 창립총회를 개최하였다.

재일본한국인연합회 홈페이지[47]의 창립목적 가운데 '역할과 책임'의 내용을 정리하고 있다. "한인회는 다음과 같은 역할과 책임을 다할 것입니다. 먼저, 한인회는 재일 한국인들의 친목과 협력의 장이 될 것입니다. 이국생활에서도 민족적 정체성을 잃지 않도록 서로 격려하는 한편, 정보의 공유와 다양한 협력 사업을 통해 공동의 이익을 실현해 나갈 것입니다. 다음으로, 한인회는 재일 한국인의 권익옹호를 위해 노력할 것입니다. 재일 한국인들이 일본사회에 정착하는데 필요한 안내와 상담을 적극적으로 펼칠 것이며, 이를 위한 법적, 제도적 지원을 갖추는데도 노력을 경주할 것입니다. 또한 한인회는 일본 사회에서 우리에게 요구되는 책임과 의무에도 소홀히 하지 않을 것입니다. 지역사회와 공존할 수 있도록 다양한 친목 도모사업을 전개할 것이며, 나아가 한일 교류의 실질적 담당자로서의 역할을 적극적으로 개척해 갈 것입니다."[48]고 했다.

한인회의 역할과 책임은 첫째 재일코리안의 친목과 협력의 장이 될 것, 둘째 재일코리안의 권익 옹호를 위해 노력할 것, 구체적으로는 재일코리안이 일본 사회에 정착하는데 필요한 안내와 상담, 이를 위한 법적, 제도적 지원을 갖추는 데 노력을 경주할 것, 셋째 일본 사회에서 요구되는 책임과 의무에도 소홀히 하지 않을 것 등이다.[49]

47) 재일본한국인연합회 홈페이지(http://www.haninhe.com/).
48) 재일본한국인연합회 홈페이지(http://www.haninhe.com/).

추진위원회는 회원 확대, 사무실 설치, 회칙 초안 작성 등의 준비과정을 거쳐, 90여 명의 회원이 참석한 2001년 3월 31일 제3차 총회에서 한인회의 근간이 될 회칙을 의결했다. 초대 임원은 회장 김희석(金熙錫), 부회장 조옥제(趙玉濟), 사무국장 안창덕(安昌德) 등이었다. 결성 당시는 회원이 400명 정도였는데, 반년 정도 지나서는 1,800명에 이르렀다.

2002년 5월 19일 정기총회가 창립 1주년 기념행사와 함께 열렸다. 약 300여 명이 참석한 신주쿠 페아레홀에서 열린 행사의 1부 정기총회 자리에서는 김희석 회장의 인사말, 안창덕 사무국장의 활동 보고, 송하승 감사의 회계감사 보고가 있었다. 이어서 총회 의장으로 이순배 부이사장이 선출되었으며, 회원 입회 자격의 확대, 이사회 활동의 활성화 등에 중점을 둔 회칙개정안 설명이 있었다.[50] 그리고 심의에서 통과되었다. 2부에는 문화행사가 있었다.

2003년 5월 18일 제2차 정기총회가 열렸다.[51] 기념행사와 함께 이 자리에서 1부 정기총회가 열려서 총회의장에 이순배가 선임되었으며, 의장 주재 아래 회의가 진행되어 안창덕 사무국장의 집행부 활동 보고와 김재호 총무이사의 이사회 활동 보고가 있었다. 감사보고는 송하승 감사가 했다. 2년 동안의 회장단과 집행부 사퇴 후 2대 회장 선출이 진행되어 김희석이 재선되었다. 그리고 2부 문화행사가 있었다.

2004년 6월 8일 제3차 정기총회가 열렸다.[52] 1부에서는 재일본한국인연합회 집행부의 2003년도 활동 보고 및 재정 보고가 있었다. 질의응답

49) 「한인회 발자취 10년」과 함께 다음의 내용 참조. 지충남, 『재일한인 디아스포라-재일본대한민국민단과 재일본한국인연합회의 단체 활동과 글로벌 네트워크』, 마인드탭, 2015, 108~129쪽.

50) 「한인회 발자취 10년」, 재일본한국인연합회, 『한인회 회보』(12), 2011, 17쪽.

51) 「한인회 발자취 10년」, 재일본한국인연합회, 『한인회 회보』(12), 2011, 20쪽.

52) 「한인회 발자취 10년」, 재일본한국인연합회, 『한인회 회보』(12), 2011, 22쪽.

은 이순배 부회장이 담당했다. 지난 1년 동안의 활동을 총괄한 대회였다. 2부 문화행사도 있었다.

제4차 재일본한국인연합회 정기총회가 2005년 5월 22일 열렸다.[53] 카이요호텔에서 열린 회의는 정기총회와 문화행사로 구성되었다. 1부 정기총회는 이승민의 사회로 개회선언, 국민의례, 인사말, 집행부 2004년 활동 보고, 재정 보고가 있었다. 그리고 집행부 사퇴가 있었고 뒤이어 총회 의장 주도 아래 신임 회장 선거가 열려 만장일치로 조옥제가 제3대 회장으로 추대되었다. 이어 이사진과 감사 선출이 있었다. 그리고 문화행사가 열렸다.

새롭게 회장이 선출된 한인회는 청소년, 문화 관련 사업 등과 같이 내실 있는 사업을 추진하고자 했다.

2006년 5월 31일 재일본한국인연합회 제5차 정기총회가 열렸다. 이날 행사에는 한인회 회장 이하 집행부, 이사회, 고문, 상담역, 발전 위원회 및 조직 강화위원회 등 36명이 참가했다. 이 자리에서는 2005년 5월 정기총회 때 선출된 조옥제 회장체제의 1년의 활동 보고와 이사회 보고, 감사 보고가 있었다.[54]

2007년 제6차 정기총회가 5월 20일 열렸다.[55] 신주쿠 아스카신용금고 7층 대회의실에 열려 정기총회와 축하 파티가 있었다. 정기총회는 활동 보고와 감사보고 그리고 회칙개정이 이루어졌다. 제4대 회장으로 조옥제 씨가 연임되었다. 그리고 축하 파티가 있었다.

2008년 제7차 정기총회가 5월 29일 열렸다.[56] 조옥제 회장을 비롯한

53) 「한인회 발자취 10년」, 재일본한국인연합회, 『한인회 회보』(12), 2011, 23쪽.
54) 「한인회 발자취 10년」, 재일본한국인연합회, 『한인회 회보』(12), 2011, 25쪽.
55) 「한인회 발자취 10년」, 재일본한국인연합회, 『한인회 회보』(12), 2011, 27쪽.
56) 「한인회 발자취 10년」, 재일본한국인연합회, 『한인회 회보』(12), 2011, 29쪽.

120여 명이 참가한 자리로 신주쿠의 국제학생지원센터에 열렸다. 1부 행사에는 한인회 7년차의 활동보고, 회계감사 보고, 8년차 활동계획 보고 등이 있었다. 2부 행사는 간담회와 축하 파티가 있었다.

제8차 정기총회가 2009년 5월 20일 열렸다.[57] 회의는 신주쿠 문화센터에 열렸는데, 1부에서는 집행부 보고와 회계감사 보고가 있었다. 그리고 전임 회장과 집행부 총사퇴 이후 신임회장을 선출, 박재세가 제5대 회장으로 취임했다. 2부에서는 '다문화 공생 도시 신주쿠의 발전과 한인회의 역할'이라는 주제로 한인회 창립 8주년 기념 심포지움이 진행되었다. 제9차 정기총회가 2010년 5월 20일 열렸다.[58] 한국문화원 한마당홀에서 열린 회의는 심포지움과 축제가 함께 진행되었다. 먼저 1부 정기총회에서는 인원만 참석하여 활동보고, 감사보고, 회칙개정과 관련한 총회안건 토의가 있었다. 아울러 신주쿠한인발전위원회의 조직 개편과 임명장 수여가 있었다. 2부는 창립 9주년 심포지움으로 가와무라 교수의 '글로벌적인 미래를 여는 다문화 도시의 창조'를 주제로 하는 발표와 토론이 이어졌다. 그리고 3부 한마당 축제가 열렸다.

재일본한국인연합회 제10차 정기총회는 2011년 5월 27일 열렸다. 동시에 10주년 기념식도 거행했다. 이후 정기총회는 2019년 5월까지 8차례 열렸다.[59] 그 내용을 보면, 11차 2012년 5월 정기총회 및 회장 이취임식, 12차 2013년 8월 임시 정기총회 및 7대 회장 취임, 13차 2014년 5월 정기총회, 14차 2015년 5월 정기총회, 15차 2016년 5월 정기총회, 16차 2017년 5월 정기총회, 17차 2018년 5월 정기총회와 이사회가 있었다.

재일본한국인연합회는 몇 차례 회칙을 개편했다. 1차 정기총회에서

57) 「한인회 발자취 10년」, 재일본한국인연합회, 『한인회 회보』(12), 2011, 31쪽.
58) 「한인회 발자취 10년」, 재일본한국인연합회, 『한인회 회보』(12), 2011, 38쪽.
59) 재일본한국인연합회 홈페이지 참조.

회칙을 개편, 구체적으로는 이사회 활동 강화를 위한 개편을 단행하고, 2007년 5월 20일 정기총회에서 회칙을 재개정했다. 여기에서는 "제13조 3항의 회장임기와 연임회수에 관한 건에 대하여 차기에는 이 규정을 적용하지 않는 것으로 한다."로 했다.

2016년 5월 26일 정기총회에서 회칙을 개정하여 "제18조 1항의 명예회장, 고문 및 자문위원 위촉에 관한 건에 대하여 차기에는 이 규정을 적용하지 않는 것으로 한다."고 했다.

(2) 조직 변천

집행부의 변천을 정리해 보면, 제1, 2대 회장은 김희석(金熙錫), 제3, 4대 회장은 조옥제(趙玉済), 제5대 회장 박재세(朴栽世), 제6대 회장 백영선(白永善), 제7대 회장 이옥순(李玉順), 제8, 9대 회장은 구철(具哲)이었다.[60]

최근의 조직으로 제7대 조직의 경우는, 회장: 이옥순(李玉順), 부회장: 김상열(金相烈), 김운천(金雲天), 신우순(辛宇淳), 이기도(李基道), 이명식(李明植), 이의형(李義炯), 정용수(鄭鏞秀), 사무총장: 정용수(鄭鏞秀), 이사장: 구철(具哲), 수석 부이사장: 이충기(李忠基), 부이사장: 김재욱(金宰郁), 옥동호(玉東鎬)이었다.[61]

회원 구성은 주로 도쿄도, 가나가와현, 사이타마현, 치바현, 야마나시현 등의 동일본(東日本)에 거주하는 전후에 정착한 뉴커머 재일코리안으로 구성되어 있다.

이후 제8대와 9대 조직은 다음 〈그림 3〉 제8대 한인회 조직도, 〈그림 4〉 제9대 한인회 조직도와 같다.[62]

60) 재일본한국인연합회 홈페이지 참조.
61) 재일본한국인연합회 홈페이지 참조.

〈그림 3〉 제8대 한인회 조직도

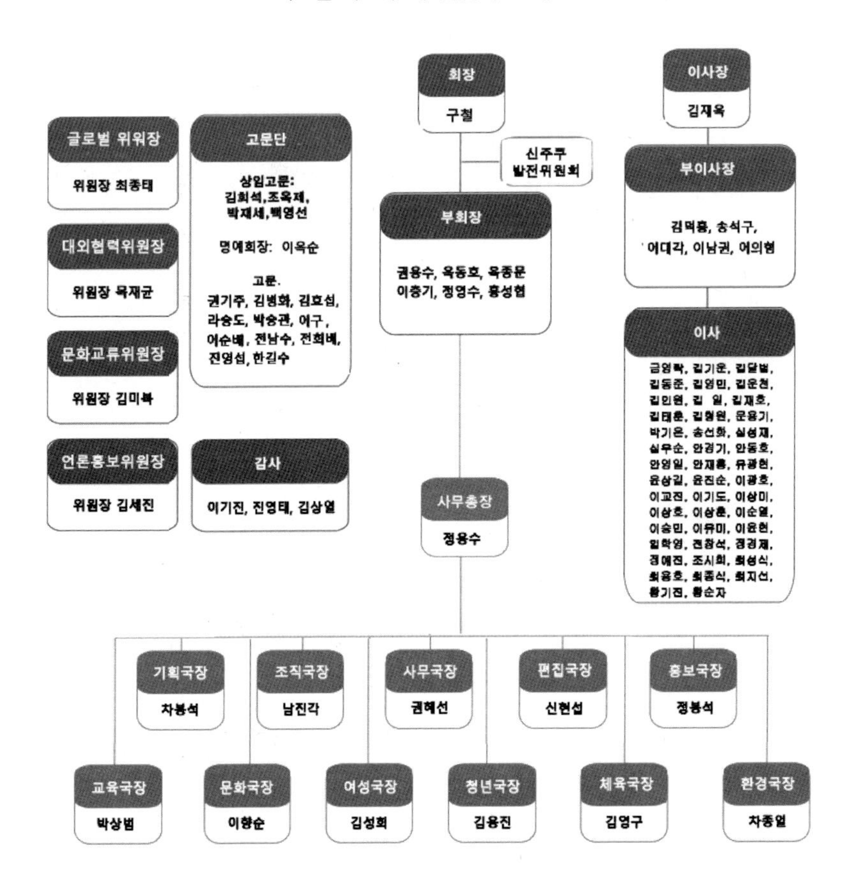

62) 재일본한국인연합회 홈페이지 참조.

〈그림 4〉 제9대 한인회 조직도

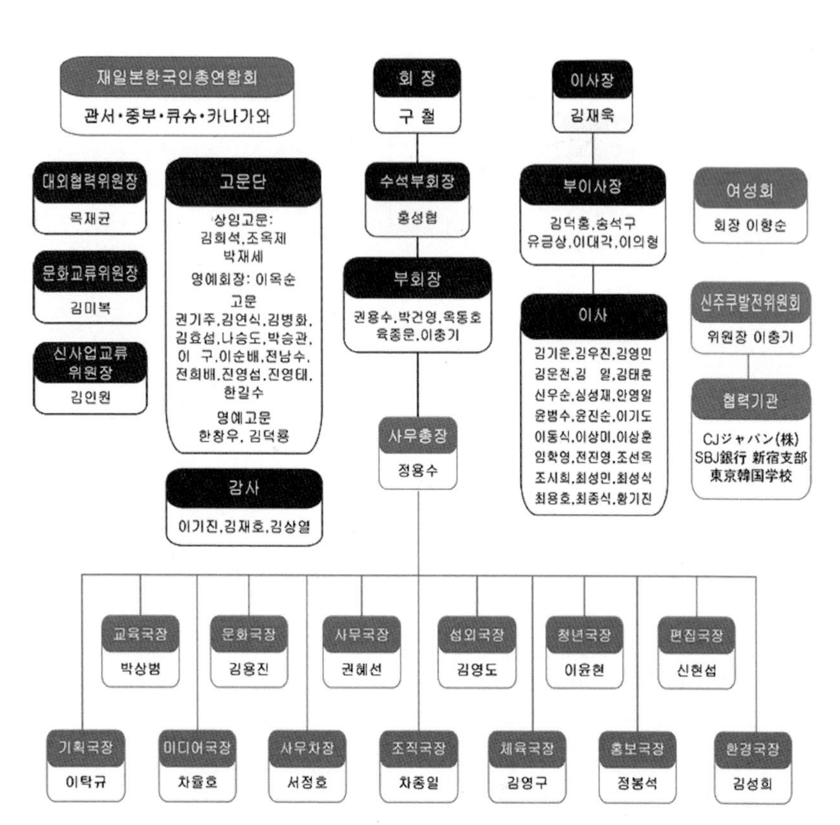

일본 재일코리안 뉴커머 사회의 새로운 중심으로 조직을 유지해 온 본 조직은 전국적인 전망을 갖고, 조직의 새로운 모습이 거듭 재구성되고 있다고 할 수 있다.

2) 주요 활동

재일본한국인연합회는 본 조직의 사업과 관련해서는 홈페이지에서 다음의 내용을 들고 있다. 1. 회원명부 작성 및 회보 발행, 2. 재일한국인의 친목과 협력을 위한 사업 또는 행사, 3. 재일한국인과 지역사회와의 이해증진 및 친목 도모를 위한 사업 또는 행사, 4. 재일한국인의 권익옹호와 건전한 일본 정착을 위한 안내, 상담, 중재, 건의 등의 활동, 5. 한일간 및 대외적인 경제, 문화교류를 위한 활동, 6. 기타 본회의 목적 달성을 위하여 필요하다고 인정되는 활동 등이다.

일지를 통한 활동으로 제7대 조직의 주요 사업은 일상에 주목하여 총회의 조직과 개최, 송년회와 각종 친선대회, 세월호 희생자 추모 등을 전개했다.

- 2013년 8월 한인회 임시 정기총회 및 제7대 회장 취임 리셉션 개최한인회 제68주년 광복절 기념행사 참가, 재일본중부한국인연합회 워크샵 참가
- 2013년 9월 정기 클린 활동 실시, 관서한인회 정기총회 참석
- 2013년 11월 제18회 재일본한국인연합회 장학 챠리티 골프대회, 한일 의원연맹 방문
- 2013년 12월 동경 상공회의소 송년회, 재외동포재단 이사장 방일, 홍동호 경제공사 방문, 한인회 12월 월례회의 및 송년회, 세계한인무역협회 동경지회(OKTA) 송년회, 후쿠시마 가설주택 주민 식사 초대

- 2014년 1월 주일 한국대사관 신년 인사회 참석, 1월 클린 활동 실시, 재일본대한민국민단 중앙본부 신년회 참석, 재일한국농식품연합회 신구이사장단 이취임식 참석, 재일본한국인연합회 신년회 개최, 대사관 k move 민간협의회 참가, 동경한국상공회의소 신춘 명함 교환회 참가, 가나가와현 한인회 신년회 참가
- 2014년 2월 재일 세계한인상공인연합회 신년회 참가, 동경한국학교 졸업식 참가, 신오오쿠보 영화제 발족식 참가
- 2014년 3월 중앙민단 3.1절 기념식 참석, 이병기 대사 · 김용길 총영사 클린 활동 참가, 제6회 한인회 워크샵 개최

- 2014년 4월 재일한국인귀금속협회 포장마차 축제 방문. 한인회산하 신주쿠한인발전위원회 4월 클린 활동 실시, 동경한국학교 개교60주년 기념행사 참석, 동경한국상공회의소 정기총회 참석, 청년일본지출지원 TF 참석, 세월호희생자 분향소방문 추도
- 2014년 5월 신오쿠보상점가진흥회 정기총회 참석, 제13차 정기총회 개최
- 2014년 6월 재일본한국인연합회와 동경한국상공회의소. 상해한국상회와 자매결연 체결, 중앙민단 워크숍 참가, 제13차 이사회 정기총회 개최, 제1회 글로벌한인리더육성 K-MOVE스쿨 개최
- 2014년 7월 동경한국상공회의소와 공동주최로 미야마투자설명회 개최, 클린 활동 7월부터는CJ재팬도 함께 참가하게 됨
- 2014년 8월 주일특파원 초청간담회 개최, 제1회 만남콘서트(중앙민단 오공태 단장 : 재일코리안의 역사와 미래), 제69회 광복절 기념식전 참가
- 2014년 9월 클린 활동 실시, 유흥수 주일대사님 취임 환영회 참가, 한일축제한마당 집행위원회, 기자발표회 참가, 한일축제한마당 한식품부스 운영
- 2014년 10월 국경일 리셉션 참가, 재일한국인귀금속협회 골프대회 참가, 신쥬쿠 오오쿠보 마츠리 퍼레이드 참가, 일한친선협회 동경민단 골프대회 참가, 제19회 재일본한국인연합회 챠리티 골프콤페 개최, 한국기업연합회 골프대회 참가
- 2014년 11월 클린활동 실시. 유흥수 대사 김용길 총영사 참가 후 간담회 개최, 재일한국상공회의소 50주년 기념행사 참가, 중앙민단주최 시민공개 강좌 참가
- 2014년 12월 동경한국상공회의소 골프대회 참가, 재일한국경제인대회 참석, 제1회 재일한인청년포럼 개최, 제1회 전일본 한국어스피치대회 개최, 클린 활동 실시, 동경한국상공회의소 송년회 참석, 재외동포재단 조규형 이사장과 간담회 개최, 옥타 동경지회 송년회 참석, 제1회 재일한인사회 미래혁신포럼 개최, 한인회 송년회 개최, 중앙민단주최 헤이토스피치근절 심포지움 참가, 부경대학교와 MOU체결

- 2015년 1월 주일대사관 신년회 참가, 한국기업연합회 신년회 참가, 동경민단중앙민단 합동 신년회 참가, 재일본한국인연합회 신년회 개최, 동경한국

상공회의소 신년회 참가, 신주쿠상공회 신년회 참가, 한인타운 로고공모전 실시, 옥타 동경지회 신년회 참가, 신주쿠민단 신년회 참가, 김용길 총영사 발로 뛰는 영사상 상패 전달식, 동포재단지원금관련 설명회 참가

- 2015년 2월 동경일한친선협회 신년회 참가, 박원순 서울시장 강연회 참가, 재일한인상공인연합회 신년회 참가, 동경한국학교 졸업식 참석, 전남도민회 신년회 참가, 가나가와한인회 신년회 참가, 외교부 이명렬 재외동포영사국장과 오찬간담회 개최, 홍동호 경제공사 및 재일단체장과의 오찬간담회 참석, 한일청소년무용교류회 참가, 한인타운 로고공모전 시상식
- 2015년 3월 FOODEX JAPAN2015 참가, 한일교류마츠리 실행위원회의 참가, 한일수교50주년기념 백건우 피아노리사이틀 참석, 마음의 집 동경양로원 착공기념행사 참가, 서울아카데미 개교10주년행사 참가, 동경한국학교 졸업식, 회칙 개정위원회 구성(위원장 이기진 감사), 신주쿠다문화 공생연락회 회의
- 2015년 4월 재외국민선거 개선 방안을 위한 간담회, 일한월드센타 개관식, 제1회 재일영호남향우회 자선골프대회 주관, 제1회 한골련정기골프대회 주관, 동경한국학교 입학식, 제14차 정기총회 준비위원회 구성(위원장 김운천 부회장), 신주쿠 다문화공생 네트워크 발족식, KCON 2015 JAPAN F&B 운영

한편 연합회와 재일코리안 뉴커머의 미래는 차세의 주목의 대상이라고 할 수 있다.[63] 현재 재일코리안 사회에서 뉴커머의 위상이 제고되고 있는 것은 부정할 수 없다. 이들이 만들고, 운영하고 있는 각종 단체가 늘어나고 있는 것도 사실이다. 그리고 뉴커머의 정주도 일본 내에서 이미 시간적 흐름으로 볼 때 점차 길어지고 있다. 따라서 이들 재일코리안 뉴커머의 역할이 요구된다고 생각된다.

첫째, 재일코리안 뉴커머는 올드커머와 함께 새로운 구심체 만들기를 적극 추진할 필요가 있다. 이것을 위해서는 개방적 관점과 역지사지라는

63) 필자의 다음의 선행 연구를 참조한다(김인덕, 「재일동포 사회와 뉴커머-뉴커머 역할을 중심으로-」, 『글로벌 코리안 연구』(2), 2016).

차원의 행동이 요청된다고 생각한다.[64] 그리고 이를 위한 정확한 시점을 재고할 필요가 있다.

둘째, 재일코리안 사회는 개방형 민주적 조직의 구성이 요구되기도 한다. 일반적으로 오래된 조직은 기존 구성원의 기권이 있고 이를 무시할 수 없다. 그렇다면 기존 민단 구성원의 사고와 논리가 시대의 변화와 함께 재편성될 필요도 있다고 보인다. 새로운 구성원이 들어오면 기존의 구성원이 개방적 관점을 갖고 조직의 활성화를 위해 공동의 장을 마련하는 것이 필요하다. 이를 위한 재일동포 뉴커머의 적극성이 요청된다.

셋째, 기존 조직의 축소와 조직의 단일화가 절실한 부분도 있다. 그것은 재일코리안 사회의 또 다른 변화를 가져올 것으로 보이는데, 민족단체의 다양화와 약화에서 그 원인을 찾고 이를 재구성해야 할 것이다.

오늘날 재일코리안 사회를 대변해 왔던 양대 민족단체인 민단과 총련은 회원 이탈 등의 여러 문제가 있다. 그리고 조직력이 갈수록 약화되고 있다. 2015년 12월 말 현재를 기준으로 민단의 조직 현황은 48개 지방본부, 276개 지부, 108개 분단, 1,149개 반, 그리고 대마도연락사무소로 구성되어 있다. 그동안 체계적으로 조직, 운영되어왔던 민단 조직도 점점 축소되는 경향임을 알 수 있다. 그 근간이 되는 전국 지방본부는 48개로 변함이 없다고 하더라도 지부, 분단, 반, 단원 세대, 국민등록자 총수는 해를 거듭할수록 다운사이징(downsizing)하고 있음을 확인할 수 있다. 특히, 북한과 일본의 관계 악화로 인해 총련은 더욱 큰 위기를 맞고 있다.[65]

[64] 이미 재일본대한민국민단과 한인회가 통합 문제를 논의했는데, 한인회는 (1) 민단의 정치적 성향이 강하다, (2) 연공서열이 강하고 젊은 인재의 참가가 곤란하다, (3) 한국어가 안 되는 등 정체성이 모호하다, (4) 세대차가 크다, (5) 조직이 크면서도 봉건적이고 뉴커머 흡수에 소극적이라는 등을 거론하기도 했다(유혁수, 「재일한국/조선인 사회의 갈등과 과제: 올드커머와 뉴커머 관계를 중심으로」, 『일본비평』 10, 2014.2, 318~319쪽).

[65] 라경수, 「일본 속의 재일한인: 과연 "주류화"가 가능한가?」, 재외한인학회 외편, 『재외동포의 주류화: 거주국 주류사회 진출 현황과 과제』(발표문), 2016, 63쪽.

3) 재일본관서한국인연합회

재일코리안 뉴커머 조직으로 관동뿐만 아니라 관서지역에 재일본관서 한국인연합회가 2010년 9월 29일 창립되었다.[66] 창립된 이후 재일본관서 한국인연합회는 일본 관서지역 재일코리안 뉴커머 사회를 대표하는 단체로서 역할을 하고 있다. 특히 이 조직은 뉴커머의 권익 신장과 위상 강화를 위해 일하고 다양한 커뮤니티 활동을 통해 다른 단체와의 연대 및 2세들을 위한 한민족 정체성 확립을 통해 한인사회의 새 역사를 창조해 나아가는 일에 주목하고 있다.[67]

이 조직의 창립과 관련한 내용을 보면 다음과 같다. "2010년 7월 9일 재일본한국인연합회 임원단이 오사카를 방문하여 관서지방을 대표하는 교민 기업가들과 만사서－관서지방한국인연합회 설립을 위한 창립준비 모임을 가졌다. 오사카를 필두로 가까운 시일 내에 요코하마지역과 치바지역에 한인회 지부를 창립하여 명실상부한 뉴커머를 대표하는 교민 단체로"[68]이다.

이렇게 재일본관서한국인연합회는 재일본한국인연합회 관서지부의 형식으로 출발했다. 창립 총회를 9월 22일 계획하고 있었는데, 당일 창립총회가 있었다.

재일본관서한국인연합회 창립총회는 2010년 9월 22일 오사카부 교육회관에서 재일본관서한국인연합회 창립총회가 열렸다. 300여 명이 참석한 자리에서 초대 회장에 한형섭 씨의 추대로 박양기가 맡았다.[69]

---

66) 재일본관서한국인연합회 홈페이지(http://www.kansaikorean.org/) 참조.
67) 주소는 다음과 같다. 大阪市生野区鶴橋2-17-12サンライオンビル3F.
68) 「한인회 발자취 10년」, 재일본한국인연합회, 『한인회 회보』(12), 2011, 39쪽.
69) 「한인회 발자취 10년」, 재일본한국인연합회, 『한인회 회보』 (12), 2011, 40쪽.

이후 총회를 통해 다양한 활동을 전개했는데 총회의 내역을 정리하면 다음과 같다.[70] 구체적으로, 2011년 9월 19일 제5차 이사회 및 제1기 정기총회, 2012년 9월 29일 제7차 이사회 및 제2차 정기총회, 2013년 9월 28일 제3차 정기총회, 이형배 회장 취임, 2014년 10월 12일 재일본관서한국인연합회 제4차 정기총회, 2015년 10월 3일 관서한인회 제5차 정기총회, 2016년 제6차 정기총회, 2017년 9월 23일 제7차 정기총회, 2018년 9월 29일 제8차 정기총회 등이 있었다.

주요한 조직의 변화를 보면, 전흥배체제의 조직은 다음 〈그림 5〉 재일본관서한국인연합회 조직안내와 같다.[71]

70) 재일본관서한국인연합회 홈페이지(http://www.kansaikorean.org/) 참조.
71) 재일본관서한국인연합회 홈페이지(http://www.kansaikorean.org/) 참조.

〈그림 5〉 재일본관서한국인연합회 조직안내

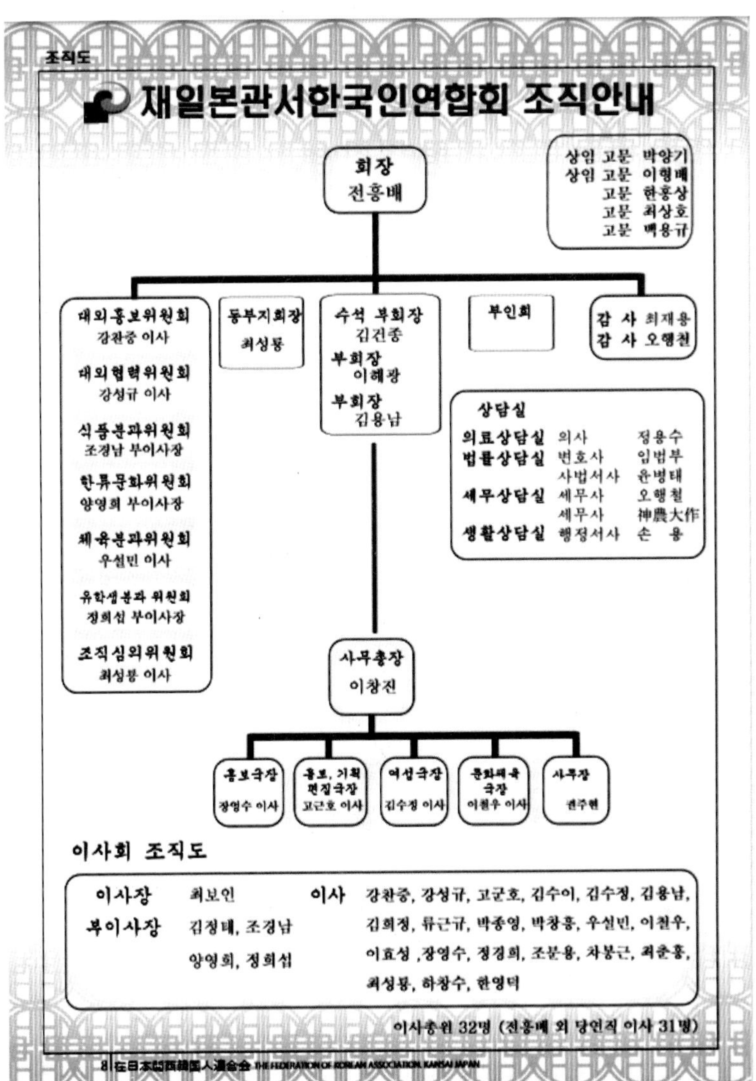

2018년 10월 이후 최근까지 회장은 김건종이다.[72] 조직도는 다음 〈그림 6〉재일본관서한국인연합회 조직안내와 같다.

〈그림 6〉 재일본관서한국인연합회 조직안내

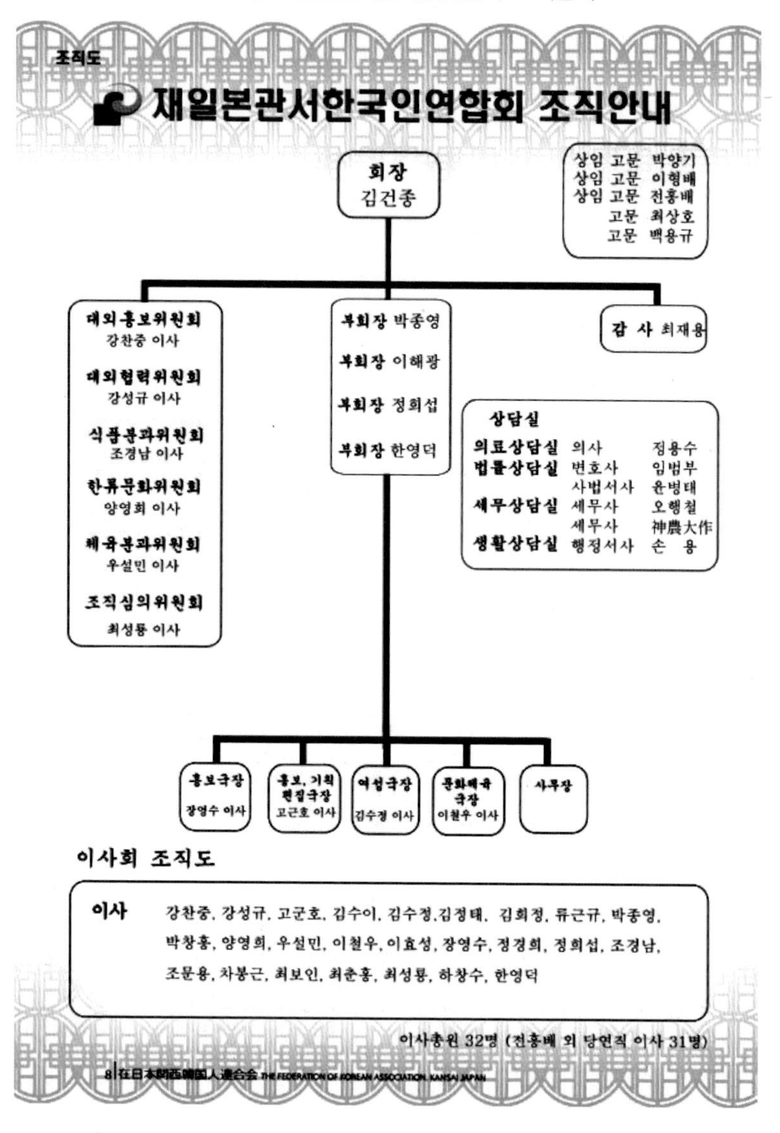

72) 재일본관서한국인연합회 홈페이지(http://www.kansaikorean.org/) 참조.

아울러 재일본구주한국인연합회 사무국과 홈페이지[73]와 나고야, 가나가와, 히로시마 재일본한국인연합회도 존재한다.[74]

이상과 같은 재일본한국인연합회 조직은 민단과 총련의 사이의 또 다른 재일코리안 조직으로 존재하고 있다. 그리고 일상적, 봉사적, 그리고 한국정치에 적극적으로 대응하는 모습이 주목된다고 하겠다. 국내 정치의 변화가 민단보다 적극 개입되어 있는 것이 재일코리안 뉴커머 조직으로 재일본한국인연합회의 동태적 모습이라고 할 수 있다.

73) 재일본구주한국인엽합회 홈페이지 참조.
74) 김건종 회장 면담(2019년 12월 27일, 재일본관서한국인연합회 사무실)

맺음말

본 연구는 재일코리안의 대표적인 전후 단체인 조련, 민단, 민전, 총련, 연합회를 중심으로 연구를 진행했다. 구체적인 조직의 대강과 활동을 고찰하기 위해 본 연구는 각종 단체의 중요 대회를 중심으로 사료에 기초하여 고찰해 보았다.

주요 중심 과제는 각 단체의 재일코리안 사회 속 역할을 갈등과 화합이라는 축으로 역사를 구성하고자 했다. 이를 통해 '재일의 정치적 본질'에 접근하고, 활동을 통해 전체적인 위상을 자리매김하고자 했다. 각 단체별 조직과 활동의 내용을 정리하면 다음과 같다.

1. 조련의 조직과 활동

역사적 존재로서 해방 공간 조련은 결성된 이후 해산될 때까지 재일코리안의 구심체였다. 다양한 경향성의 사람이 모여 있었고, 내부와 외부에 지속적으로 조직을 분열시키려는 움직임이 존재했으나, 조련은 부단히 활동했다. 그 역사를 기억할 필요가 있는 것이다.

이런 조련은 재일코리안 사회의 구성원을 중시했다. 따라서 조련 조직을 하향식으로 조직하지 않고, 상향식 조직과정을 통해 전국적으로 조직했다. 그리고 조직사업에 있어 우선적으로 친일파의 배제와 구축을 진행했다. 실제로 조직에 대한 조련의 전술에 있어 주목되는 시기가 제3회 전체대회 때이다.[1] 전술했듯이 제3회 전체대회 때는 조련의 일반 활동방침 중에 조련 기관 사이의 신속한 연락체제 구축과 지방협의회의 역할 재검토와 조직 강화를 도모하여 관동지방협의회를 비롯해 8개 지방협의회가 설치되었다.

조련 제4회 전체대회는 조직 강화와 관련하여 구체적인 전술이 채택되었다. 여기에서는 하부 조직의 강화, 각 기관 사이의 연결 고리의 확립, 할거주의의 청산 등에 주목했다. 그리고 선전 활동을 조직화하여 조직의 확대 강화에 첨병적 역할을 수행할 것을 결의했다. 조련 제5회 전체대회 시기는 조직 강화와 관련하여 진전되었다. 이 자리에서는 조직 선전 강화대책을 수립하여 산하 조직의 단일 지도체제 수립을 추진하고, 지부 조직의 통합과 활동의 강화를 도모할 것을 결정했다. 아울러 조련 산하의 각종 조직 단위 사이의 유기적 연계를 긴밀히 할 것을 결의했다.

이렇게 각종 조직 전술을 전체대회와 중앙위원회에서 논의 및 결의한 조련은 초기부터 조직 발전의 성과를 거두었다. 전체대회 별로 그 성과를 정리해 보면, 준비위원 시기의 14개 단체의 대표가 참가하여 조련이 조직화되어 1945년 10월에 28개 본부체제가 되었다. 그리고 다음해 1월에 전국적인 규모로 성장하여 47개 지방본부를 갖게 되었다. 특히 협의

[1] 이하 조련의 전체 대회별 조직 관련 논의 및 결의 사항은 전술한 "2. 재일본조선인연맹 전체대회와 재일코리안 사회의 발전"을 참조한다.

회체제가 정비되는 제3회 전체대회 이후부터는 8개 지방협의회가 중심이 되어 전국 조직을 강화해 나갔던 것으로 볼 수 있다. 이후 재일코리안 사회의 분열과 함께 조직원이 이탈했고, 일본 당국에 의해 해산을 당할 때에는 48개 본부, 365,792명의 조직이었다. 특히 조련 지방 본부에서는 지역별 협의회의 회의 개최, 산하 단체 지원, 각 지부 관리, 민족교육의 실시 등을 실제로 집행했다. 조련은 전제대회와 중앙위원회 등을 통해 중앙 조직의 임원을 재편해 갔다.

당시 조련 중앙본부 임원은 재일코리안 운동을 주도하던 리더그룹의 하나였다.[2] 그들은 운동의 방향 설정, GHQ 및 일본 정부와의 교섭, 국내 관련 사업의 추진, 조련 조직의 관리, 각종 대회와 행사 주최, 회의·교육과 훈련 등을 주도했다. 그리고 일정한 한계를 갖고 있었으나 재일코리안 사회의 상당히 많은 지지와 지원이 있었던 것도 부정할 수 없다.

이런 조련의 핵심 구성원의 경우 주목되는 부분이 있다. 시간적 변화와 함께 핵심 구성원의 변화가 보인다. 조직의 중앙 임원은 준비위원회 시기의 경우 위원장 조득성을 제외하고, 전술했듯이 일심회의 간부와 공산주의자가 중심이었다.[3] 이후 조련은 대회별로 구성원의 변화를 확인할 수 있다. 제1회 전체대회는 반일운동가와 유학생이 주도하고 있었다. 1945년 11월에 이르면 조련에는 조직적인 변화가 있다. 준비위원회가 지난날의 전쟁협력자들에 의해 주도되었던 것과 달리 이른바 활동가 그룹이 조직을 선도했다. 그리고 조련이 정치적 민족단체로서의 성격을 강화해 갔던 것은 부정할 수 없는 사실이다. 제2회 전체대회는 단일지도체제로 이행하기 시작했다. 민족 반역자를 내부적으로 정리하고 중앙 간부의

2) 鄭榮桓, 『朝鮮独立への隘路—在日朝鮮人の解放五年史』, 法政大學出版局, 2013, 133쪽.

3) 본고의 "2. 재일본조선인연맹 전체대회와 재일코리안 사회의 발전"의 "1) 재일본조선인연맹 준비기"의 내용을 참조한다.

진영을 정리하여 조련 내부의 반체제파가 정리되었다. 그러나 전면화되지는 않았다. 주목되는 제3회 전체대회 시기는 조직의 조직화 및 강화가 도모되었다. 제9회 중앙위원회 때 중앙 상임기구를 기존의 8부제, 1국 7부제를 3국 5부 22과제로 개편했다. 제11회 중앙위원회는 중앙 상임기구를 의장단, 서기장, 1국 8부제로 하고 의장단은 대회에서 선출하는 것으로 정리했다. 제4회 전체대회 시기는 조직의 틀이 확정되었다. 1국 8부제로 상임기구를 편성했다. 그리고 제4회 전체대회 셋째 날에는 의장단제를 결정하여 선거를 통해 중앙 임원을 개선했다.

조련은 재일코리안 사회의 대부분을 포괄하는 조직이었고, 재일코리안에게는 일종의 정부와 같았다. 이런 조련 조직과 관련된 조직은 일본공산당이다. 당시 일본공산당은 재일코리안 당원을 조직에 흡수하고, 조련도 일본공산당의 산하 단체로 소속시켜 지도하려고 했다.[4] 그리고 일본혁명을 달성하기 위해 조선인이 일본인과 함께 활동해야 했던 것은 당시에는 결정적 사항이었다.

조직의 발전을 보이던 조련의 경우 조직적 발전은 선언과 강령의 변화와 함께 진행되었다. 초기의 애매함이 시간이 경과하면서 구체화되었고, 이에 따른 각종 슬로건도 정치적 성향을 분명히 보이는 것도 사실이다.

2. 민단의 조직과 활동

민단은 재일코리안 사회의 한 축을 담당해 오고 있다. 초기 민단은 건총과 건동의 연결선에 있었고,[5] 본국 지향적이었다. 비정치성을 초기 보

[4] 呉圭祥, 『ドキュメント在日本朝鮮人連盟－1945~1949－』, 岩波書店, 2009 참조.
[5] 지충남, 『재일한인 디아스포라』, 마인드탭, 2015, 90쪽.

였으나 한국 정부의 수립 이후에는 그 성격을 분명히 하여 한국을 지지했다.

민단은 중앙본부 아래 간토(關東), 도호쿠(東北), 추호쿠(中北), 긴키(近畿), 주고쿠(中國), 규슈(九州), 시코쿠(四國)지방협의회가 있고, 산하에 지방본부가 있었다. 아울러 산하 단체로 재일본대한민국부인회, 재일한국상공회의소, 재일본대한민국청년회, 재일대한체육회, 재일학도의용군동지회, 재일본대한민국학생회, 재일한국과학기술협회가 있다. 교육기관으로 동경한국학교, 오사카백두학원, 오사카금강학원, 교토국제학원 등이 있었다.

재일코리안의 정주화가 진행됨에 따라 민단은 새로운 길을 모색해 가고 있었다. 권익옹호운동은 공민권운동의 색채가 강해지고 있고, 지문날인 유보운동은 영주외국인 지문날인제도 폐지라는 성과를 거두기도 했다. 아울러 협정 3세 이후의 일본 영주를 허가한 '한일 각서'가 체결되기도 했다. 동시에 영주 외국인의 지방참정권을 요구하는 운동도 전개되었다.

특히 민단 내부의 재일동포 21세기위원회가 제안하여 일본 국적 재일동포를 정 단원으로 하는 민단 규약이 개정되었다. 동시에 재일코리안 역사교과서의 제작, 재일한인 역사자료관의 설립 등이 이루어졌다.

2005년 7월에 출판된 『만화 혐한류』를 계기로 표면화된 '조선(인)'·'한국인'을 혐오하는 사회현상. 이 책은 발매된 지 반년 만에 약 45만 부, 2006년에는 『만화 혐한류』 2도 출판되어 1개월 만에 약 20만 부가 팔렸다고 한다. 또 여러 출판사에서 유사한 책이 판매되어 인터넷 게시판이나 블로그 등의 미디어를 통해 퍼져나갔다.

이런 '혐한류' 현상의 첫 번째 특징은 실제로는 지극히 다양한 '조선(인)', '한국인'을 정형화하여 비난하거나 멸시한다는 점이다. 그럼으로써 그와 대극점에 있는 허구의 '일본(인)'을 정당화한다. 두 번째 특징은 조선의 식민지 지배를 정당화하려 하는 점이다. 그것은 사실 오인이나 과장된 부분이 많지만, 그 근저에는 식민지의 '조선(인)'을 차별하고 배제하려는 식민지주의가 있다. 재일코리안에 대한 공격도 식민지주의에 의한 것이며, 국민으로서의 '일본인'이 다른 역사 · 문화를 가진 사람들을 차별하는 인종주의와 결부되어 있다. 세 번째는 가부장제, 교통질서, 장애인 차별, 성매매 문제 등 현대 한국 사회가 안고 있는 문제를 들어 비난할 뿐, 그것들을 역사 · 사회적 맥락에서 파악하거나 일본 사회에도 마찬가지로 존재하는 문제로 생각하려 하지 않는다는 점이다. '혐한류' 현상이 퍼지는 배경에는 현대 일본의 고용 불안정, 격차의 확대, 폐쇄성 등 사회가 안고 있는 불안이 있는데, 그것을 '조선인' · '한국인'을 비난하거나 멸시함으로써 해소하려는 움직임이 있는 것으로 보인다. 이에 반해 '혐한류' 현상을 비판, 극복하고 열린 관계의 구축을 지향하자는 책도 나왔다. 2005년 7월에 일본을 공식 방문한 두두 디엔(Doudou Dien)은 2006년 1월에 유엔 인권위원회에 제출한 보고서에서 '혐한류'를 "문화적 · 역사적 성질을 갖는 차별"의 예로 들고 있다.[6]

초기 민단의 성격을 거론할 때 역사주의적 관점에서 일진회, 협화회, 흥생회의 구성원의 가담과 이와 관련한 제한성은 지금도 회자되어 온 것이 사실이다.[7]

---

6) 정희선 외 역, 『재일코리안사전』, 선인, 2012 참조.
7) 지충남, 『재일한인 디아스포라』, 마인드탭, 2015, 90쪽.

3. 민전의 조직과 활동

한국전쟁하의 재일코리안의 활동은 이전과 달랐다. 재일조선인의 의식에서 조국과의 연결을 강화함과 동시에 일본인 측에서도 재일코리안이 조국을 가진 외국인이라는 것을 인식시켰다고 할 수 있다. 특히 샌프란시스코조약 발효 이후 민전의 활동은 북한을 배경으로 하는 내정간섭이라고 간주되기도 했다. 재일코리안의 민족교육이 일본인들 사이에서 조선인에 대한 배외주의가 일전하게 강화되기도 했다.[8)]

조직적으로 민전은 1950년대 전반 일본지역 재일코리안 사회의 중심이었다. 6차례의 전체대회와 20회의 중앙위원회와 각종 회의체를 통해 민전은 운영되었다. 1, 2차 전체대회기는 조직 출범기로 3, 4차 전체대회기는 활동 강화기로 그리고 5, 6차 전체대회기는 조직 개편준비로 평가할 수 있다. 그리고 일본공산당의 지도 조직으로 일방적인 정리는 민족단체로서의 재일조선인과 민대부의 역할을 무시한 것으로 보인다.

민전은 1953년 6월 시기 조직과 비교해 보면, 지구협의회의 증가(7개소에서 24개소로)와 지구위원회의 증가(278개소에서 338개소로)가 보이고 반면 지부는 123개소에서 101개소로 줄어든 것으로 기록되어 있다. 아울러 민단 산하 단체 구성원은 138,754명에서 172,572명으로 증가한 것으로 파악하고 있다. 이런 사실의 확인은 당사자 자료에 기초한 조사가 필요할 것으로 보인다.

제5차 전체대회의 선언은 정치성이 선명하다. "미일 반동의 어떠한 박해도 재류동포의 투쟁의 불길을 꺾지 못할 것이다.---조선민주주의 인민공화국 공민으로서의 권리를 끝까지 고수하여 싸울 것이다."

8) 도노무라 마사루 저, 신유원 · 김인덕 역, 『재일조선인사회의 역사학적 연구』, 논형, 2010, "4. 한국전쟁 하의 재일조선인운동과 일본의 민중의식의 변화" 참조.

아울러 강령상의 변화를 보면, 일상의 문제에 주목하던 제1차 전체대회의 강령에서 정치적 내용이 농후한 강령으로 변화되었다는 것을 확인할 수 있다.

4. 총련의 조직과 활동

재일코리안 사회의 또 다른 조직인 총련은 홈페이지에서 '재일조선인 운동'의 승리와 성과는 주체적인 애국 역량을 어떻게 마련하는지, 특히 애국 역량의 상속문제, 새로운 세대의 문제를 어떻게 해결할 것인가에 크게 달려 있다고 했다. 그리고 재일코리안 사회의 다수를 차지하게 된 새로운 세대인 3세, 4세는 총련과 재일코리안 운동의 현재와 미래를 짊어질 주인공이라면서, 총련은 차세대 동포들에 대한 홍보 활동을 꾸준히 하고 그들을 존중하고 모든 활동을 새로운 세대를 중심으로 전환하고 있다고 했다.

총련은 차세대 단체인 조청, 청상회, 류학동의 역할을 높이는 한편 각급 조직의 청년들과의 활동에 힘을 쏟고 있고 새로운 세대의 절반을 차지하는 동포 여성을 더욱 중시하고 총련 중앙 본부를 비롯한 각급 기관에 여성 부서를 신설 여맹 조직들의 역할을 높이는 데 큰 힘을 부여하고 있다.[9] 재일코리안 사회의 새로운 세대에 주목하고 있다.

총련은 중앙기구와 지방본부, 지부, 분회로 구성되어 있다. 중앙기구는 3년 마다 열리는 최고 의결기관인 전체 회의, 전체 회의가 열리지 않는 동안의 최고 의결기관인 중앙위원회, 중앙상임위원회로 구성되어 있

[9] 총련 홈페이지 참조.

다. 위원회에는 의장, 제1부의장, 책임부의장, 부의장 등이 있다. 의장은 모든 일을 주관한다. 총련의 주요 기관과 같이 총련의 산하 단체로는 재일본조선인민주여성동맹 등을 비롯해 재일본조선인인권위원회, 재일본조선인평화통일위원회 등의 위원회가 존재하고 있다.

총련은 조직의 비대화와 권위의 확립으로 관료적이라고 할 수 있다. 그리고 재일코리안의 환멸과 상공인에 대한 강제모금 등으로 조직이 극도로 약화되어 가고 있다. 폐쇄성, 독선이 조직에서 재일코리안이 이탈하는데 결정적인 역할을 하고 있다고 말 할 수 있다.

총련은 구성원이 특별영주권자의 10% 정도인 4만 명이 되었다. 북한의 해외 교포 조직이 아니라는 점을 분명히 하면서 재일코리안 사회의 새로운 단체로 거듭나는 것이 총련이 안고 있는 과제라고 할 수 있다.

아울러 총련은 재일코리안의 민족교육에 주목했다. 3·1운동 1923년 조선인학살 등의 각종 역사적 기억 운동, 일상적 스포츠, 학술, 인권 관련 행사, 고교무상화교육에 조선학교를 배제한 일에 대해 대항했다. 조선고급학교 10개교 중 오사카, 아이치, 히로시마, 후쿠오카, 도쿄의 조선학원과 학생들은 고교무상화 제외 취소소송과 국가배상 소송을 제기했다.[10)]

5. 연합회의 존재 의미와 역할

역사적 존재인 재일코리안은 미래 한국의 또 다른 차원의 존재로 1945년 이후에 형성된 전후 한국의 발전이 증명해준다고 생각한다. 계속되는 한

10) 실제로 총련은 현재 이전에 비해 상대적으로 역량이 저하되고 있고, 여기에는 일본당국의 탄압과 규제가 작용하고 있는 것이 사실이다.

국과 일본의 갈등 속에서도 재일코리안은 '본국'에 대한 애정을 키우고 있다. 1~5세로 세대가 바뀌어도, 국적이 바뀌어도 그것은 끊임없이 지속될 것이다.

재일코리안 뉴커머는 올드커머에 비해 상대적으로 한국과의 관련성이 높다고 할 수 있다. 이들의 경우는 역사적, 사회적 경험이 한국지향적인 경향성을 강하게 보이고 있다. 최근에는 이들의 일본 사회 내 영향력이 강해지면서 이들의 한민족에 대한 의식이 중요하게 작용하게 될 것으로 전망된다. 따라서 이들이 어떤 관점을 갖고 한반도 문제를 보는 것은 그 중요성이 증대될 것으로 보인다.

이들 재일코리안 뉴커머가 사고하는 한반도에 대한 틀은 그들의 사회적, 역사적 경험을 극복하는 한반도 전체 차원의 관점이 요구된다. 민족적 관점과 동아시아적 관점에서 한반도 평화공유와 동아시아 국제연대라는 틀이 제기될 이들에게 요구된다고 생각한다.

재일코리안을 연구하는 사람들은 일본 내 인구 축소와 민족적 공동체가 소실되는 현실에서 민족적 차원의 민족교육을 새롭게 준비해 가야 할 시점이라고 한다. 이를 추진할 주체는 재일코리안 올드커머와 뉴커머이다. 이들이 중심이 되어 다른 민족세력을 함께 모아내는 것이 현실적으로 타당하다고 하겠다.

재일코리안 민족교육의 문제는 민족공동체적 관점에서 생각하고 실천해야 한다.[11] 현실에서는 도덕적 의무로 하는 민족교육은 설득력이 없다. 실제로 재일코리안은 세대에 따라 다른 구조 속에서 일본 사회와 대결해 왔다. 1세와 2세는 차별과 싸우면서 일본 사회 속에서 생활의 근거

11) 강영우, 「재일동포 민족교육의 현황과 과제 그리고 진로－학교교육을 중심으로－」, 『재일동포교육 어제, 오늘 그리고 내일』(민단 창단50주년기념 재일동포민족교육서울대회 자료집), 1996, 70쪽.

를 마련했다. 그리고 3세와 4세는 '또 하나의 나', 즉 '민족으로서의 나'와의 싸움을 전개하고 있다. 이 가운데 정체성의 혼란을 경험하게 되고, 재일동포의 민족교육은 여기에서 진행되고 있다.

현재 연합회는 6개의 조직으로 분리 조직되어 활동하고 있다. 연합회는 일상의 생활 관련 각종 모임, 국제화 관련 활동, 공생문제, 인권교육 등에 주목하고 있다.

6. 재일코리안 단체의 역사적 함의

역사적 존재로 재일코리안 단체는 현존하고 있다. 이들의 재일코리안 역사 속의 존재 이유와 모습은 다음과 같이 정리할 수 있다.

첫째, 재일코리안 단체는 단체를 통해 존재했다. 역사 속에서 갈등과 화합의 핵심적 존재로 트라우마와 제노사이드 극복의 주체로 역사의 중심이었다. 갈등을 넘어 화합의 공동체로 재일코리안 단체는 존재해 가야 할 것이다.

둘째, 재일코리안 단체는 변화를 거듭해 왔다. 정치적 변화와 연동하여 재일코리안 사회의 중심으로 그 역할을 했다. 한반도 정치가 그대로 일본에 이어지는 현실 정치는 재일코리안 사회의 현재성을 규정하고 있다.

셋째, 재일코리안 단체는 미래 공동체의 축이 될 것이다. 미래의 다양성을 주도하는 선구적 존재로 그 역사적 위상을 갖는 것은 사실이다. 역사적 위상을 넘어서는 것이 현실이고 현실적 구성체인 재일코리안 단체는 본질의 자기규정력을 증대시키고 있는 것은 부정할 수 없는 사실이다.

넷째, 재일코리안 사회는 식민지 과거청산과 관련한 현재적 존재이다. 역사는 현재의 역사로 현재는 미래 사회의 출발점이다. 그 출발의 시점이 바로 제국의 식민지 통치의 문제로 가해와 피해의 문제에 대한 엄정한 비판을 인권적 차원에서 검증할 필요가 있다.

다섯째, 재일코리안 단체는 재일코리안 사회의 구심체로 존재한다. 재일코리안 단체는 인간을 중심으로 하며, 여기에서 출발하여 한일 간 갈등과 화합의 역사 공동체이다.

여섯째, 재일코리안 사회는 한반도 문제의 또 다른 축이다. 재일코리안 사회는 현실 정치의 중심축으로 한반도 정치 속 존재가치를 발하고 있다.

갈등과 화합의 공동체인 재일코리안 단체는 현재 존재한다. 그리고 다양한 공동체의 구성원을 내포하고 있다. 단순한 존재가 아닌 살아 있는 유기체로 존재의 가능성 자체가 현실성을 내포하는 것을 인정해야 할 것이다. 단, 동아시아 속 미래 사회의 축으로 자리매김의 역할을 스스로 시도하는 규정 노력이 요구되기도 한다. 그들의 몫이기도 하다. 그리고 재일코리안 개인의 문제이기도 하다.

참고문헌

1. 사료

『民衆新聞』

『民主朝鮮』

『해방신문』

『민단신문』

法務研修新,『在日北鮮系朝鮮人團體資料集』, 1952.

『재일본조선인총련합회 제6차 전체대회 문헌집』, 재일본조선인총련합회 중앙위원회, 1961.5.

『戰後自治史』(Ⅳ), 地方自治研究センター, 1961.

『最近における日共の基本戰略戰術』 6巻, 日刊勞動通信社, 1962.

朴慶植 編,『在日朝鮮人關係資料集成』(2-1), 三一書房, 1975.

朴慶植 編,『朝鮮問題資料叢書』(5), 三一書房, 1982.

『민단50년사』, 재일본대한민국민단, 1997.

박경식 편,『재일조선인관계자료집성(전후편)』, 불이출판사, 2000.

『총련 제19차 전체대회 보고 : 새 세기의 요구와 재일동포들의 지향에 맞게 재일조선인운동을 더욱 강화발전시킬데 대하여』, 2001.5.

『총련』, 조선신보사, 2005.

『총련 제21차 전체대회 보고』, 2007.5.

『총련 제22차 전체대회 보고』, 2010.5.

『총련 제23차 전체대회 보고』, 2014.5.

『민단70년사』, 재일본대한민국민단, 2017.

『총련 제24차 전체대회 보고』, 2018.5.

2. 단행본

가지무라 히데키 저, 김인덕 역, 『해방 후 재일조선인운동(1945~1965)』, 선인, 2014.
강만길, 성대경 엮음, 『한국사회주의운동 인명사전』, 창작과비평사, 1996.
권일, 『권일회고록』, 한민족, 1982.
김인덕, 『재일본조선인연맹 전체대회 연구』, 경인문화사, 2007.
박병헌, 『숨 가쁘게 달려온 길을 멈춰 서서(전 재일민단 단장 박병헌의 회고록)』, 재외동포재단, 2007.
변은진, 『파시즘적 근대체험과 조선민중의 현실인식』, 선인, 2013.
윤건차 지음, 박지우 외 옮김, 『자이니치의 정신사』, 한겨레출판, 2016.
재일본조선인총련합회, 『총련』, 조선신보사, 2005.
재일본한국인연합회, 『한인회 회보』 (12), 2011.
전준, 『조총련연구』 (1), 고려대학교출판부, 1973.
전준, 『조총련』 (2), 고대출판부, 1973.
정희선 외 역, 『재일코리안사전』, 선인, 2012.
지충남, 『재일한인 디아스포라』, 마인드탭, 2015.
최영호, 『재일한국인과 조국광복 : 해방 직후의 본국귀환과 민족단체활동』, 글모인, 1995.

金慶海, 『在日朝鮮人民族教育の原點』, 田畑書店, 1979.(다음의 책으로 번역되었다. 정희선 외 옮김, 『1948년 한신교육투쟁』, 경인문화사, 2006)
金德龍, 『朝鮮學校の戰後史－1945~1972－』, 社會評論社, 2002.
金斗鎔, 『日本に於ける反朝鮮民族運動史』, 鄕土書房, 1947.
金石範, 『1945年夏』, 筑摩書房, 1974.
金贊汀, 『在日コリアン百年史』, 三五館, 1997.
林永彦, 『韓国人企業家ニューカマーの企業過程とエスニック資源』, 長崎出版, 2004.
朴慶植, 『在日朝鮮人運動史研究－8・15解放前－』, 三一書房, 1979.

朴慶植, 『解放後 在日朝鮮人運動史』, 三一書房, 1989.

朴斗鎭, 『朝鮮總連』, 中央公論社, 2008.

小澤有作, 『在日朝鮮人教育論』, 亞紀書房, 1988.

梁永厚, 『戰後・大阪の在日朝鮮人運動 1945~1965』, 未來社, 1994.

呉圭祥, 『記録 在日朝鮮人運動朝鮮総 連50年』, 有限会社RAS, 2005.

呉圭祥, 『ドキュメント在日本朝鮮人連盟－1945~1949－』, 岩波書店, 2009.

吳圭祥, 『記錄 朝鮮総聯60年』, 2015.

外村大, 『在日朝鮮人社會の歴史學的研究－形成・構造・變容－』, 綠蔭書房, 2004.

鄭忠海, 井下春子 譯, 『朝鮮人徵用工の日記』, 河合出版, 1990.

朝鮮民衆社 編, 水野直樹 譯, 『寫眞集 朝鮮解放1年』, 新幹社, 1994.

坪井豊吉, 『在日朝鮮人運動の概況』, 法務研修所, 1959.

坪井豊吉, 『在日同胞の動き：在日韓国人(朝鮮)関係資料』, 自由生活社, 1975.

3. 논문

姜晶薰, 「解放後在日朝鮮人社會における'公益'擁護運動(1945~1947)」, 『한일민족문제연구』 (32), 2017.

강철수, 「재일본조선인총련합회의 노선전환에 관한 연구」, 서울대학교대학원 석사학위논문, 2007.

김광열, 「1930년대 일본 혁신노동조합의 한인조합원운동－일본노동조합전국협의회를 중심으로－」, 『일본역사연구』 (23), 2006.

김인덕, 「재일동포가 걸어온 두 갈래 길, 민단과 조총련」, 『한일관계 2천년 보이는 역사, 보이지 않는 역사』, 경인문화사, 2006.

김인덕, 「임광철의 재일조선인사 인식에 대한 소고」, 『사림』 (59), 수선사학회, 2017.1.

박미아, 「해방 직후 재일조선인의 경제활동 : 1945~1950년 암시장을 중심으로」, 서강대학교 박사학위논문, 2016.

박한용, 「일제강점기 조선 반제동맹 연구」, 고려대학교 박사학위논문, 2012.

임경화, 「목소리로 쇄신되는 '조선': 1946~1955년의 일본 좌파운동과 조선 이미지」,

『한림일본학』 22, 2013.
임영언, 김인덕, 「재일코리안연구」, 윤인진 외 지음, 『재외한인 연구 동향과 과제』, 북코리아, 2011.
정진성, 「조총련 조직 연구」, 『국제지역연구』 14-4, 서울대학교 국제학연구소, 2005.
정진성, 「민단－총련 관계의 변화: 남북한관계에 미칠 영향에 대한 탐색」, 『사회와 역사』 제82집, 2009.
정혜경, 「일제하 在日한국인 민족운동의 연구 : 大阪지방을 중심으로」, 한국정신문화연구원 한국학대학원 박사학위논문, 1999.
정혜경, 「재일한인의 정착과 생활(1920-1928)」, 『일본 한인의 역사』(상), 국사편찬위원회, 2009.
진희관, 「조총련연구 : 역사와 성격을 중심으로」, 동국대학교 박사학위논문, 1999.
홍인숙, 「1945~48년 재일조선인연맹의 조직과 활동」, 『근현대 한일관계와 재일동포』, 서울대학교출판부, 1999.

金耿昊, 「戦後日本における在日朝鮮人の生活困窮問題—民族団体による生活権擁護運動を中心に—」, 東京大學 博士學位請求論文, 2017.
金太基, 「'前後'在日朝鮮人問題の起源」, 一橋大學大學院法學研究科, 1996.(金太基, 『戰後日本政治と在日朝鮮人問題』, 勁草書房, 1997)
朴慶植, 「解放後における在日朝鮮人の民族的統一運動の再検討」, 『在日朝鮮人史研究』(15), 1985.
小林知子, 「8・15直後における在日朝鮮人と新朝鮮建設の課題－在日本朝鮮人聯盟の活動を中心に－」, 『在日朝鮮人史研究』(21), 19991.
小林知子, 「戰後における在日朝鮮人と'祖國'－1945~1952－」(미간행 레포트).
梁仁實, 「戰後日本の映像メデイアにおける「在日」表象－日本映畵とテレビ番組を中心に－」, 立命館大學大學院 博士論文, 2003.
魚塘, 「解放後初期の在日朝鮮人組織と朝連の教科書編纂」, 『在日朝鮮人史研究』(28), 1998.
呉永鎬, 「1950~60 年代における朝鮮学校教育史」, 一橋大学 博士學位請求論文.
李承珉, 「韓国人ニューカマーの定住化と課題」, 川村千鶴子, 『「移民国家日本」と多文化共生論 多文化都市・新宿の深層』, 明石書店, 2008.

林光澈, 「渡航史－並にその性格」, 『民主朝鮮』 (33), 1950.7.

林光澈, 「在日朝鮮人問題」(『歷史學研究』(特輯 「朝鮮史の諸問題」), 1953.

林光澈, 「在日朝鮮人運動・10年の歩み(上)」, 『新朝鮮』 (8), 1955.9.

鄭榮桓, 「'解放'後在日朝鮮人における活動家層の形成と展開－在日本朝鮮人聯盟を中心に－」, 一橋大學大學院 修士論文, 2005.

鄭榮桓, 「'解放'直後在日朝鮮人自衛組織に關する一考察－朝連自治隊を中心に－」, 『朝鮮史研究會論文集』 (44), 2006.10.

鄭栄桓, 「「解放」後在日朝鮮人史研究序説(1945-1950년)」, 一橋大学大学院博士学位論文, 2010.

강덕상 구술(2013. 4. 5, 도쿄 아리랑센터(청암대학교 재일코리안연구소 비공개 자료)).

4. 각종 싸이트

월드코리안뉴스(http://www.worldkorean.net)

재일본관서한국인연합회 홈페이지(http://www.kansaikorean.org/)

재일본대한민국민단 홈페이지(www.mindan.org)

재일본조선인총련합회 홈페이지

재일본한국인연합회 홈페이지(http://www.haninhe.com/)

찾아보기

【ㅎ】

【기타】

김인덕

청암대학교 교수, 재일코리안연구소 소장.

저서로는 『재일코리안 민족교육 연구』(국학자료원, 2017), 『한국현대사와 박물관 연구』(국학자료원, 2018), 『오사카 재일조선인의 역사와 일상』(선인, 2020) 등이 있다. 논문으로는 「일본 국립역사박물관 현대사 전시－한국에서 보기－」(『현대사와 박물관』 1호, 2018), 「한국현대사와 박물관 전시－전시와 '한국근현대사' 시점 넘어 보기－」(『세계 역사와 문화연구』 55호, 2020), 「1930년대 중반 『民衆時報』의 의료 광고를 통한 자이니치의 의료 일상」(『일본문화연구』 75호, 2020) 등이 있다.